本书为北京市教委
"科研基地-体育人文社会学科发展研究"
资助项目（PXM2011-014206）成果。

RESEARCH ON THE DEVELOPMENT
OF SPORTS HUMANITIES AND SOCIOLOGY IN CHINA
OVER THE PAST TEN YEARS (2002-2011)

中国体育人文社会学研究十年发展报告

(2002—2011)

王子朴 著

中国社会科学出版社

图书在版编目（CIP）数据

中国体育人文社会学研究十年发展报告：2002～2011 / 王子朴著．—北京：中国社会科学出版社，2014.9
ISBN 978—7—5161—4552—4

Ⅰ．①中… Ⅱ．①王… Ⅲ．①体育运动社会学—研究报告—中国—2002～2011 Ⅳ．①G80-05

中国版本图书馆CIP数据核字（2014）第156744号

出 版 人	赵剑英	
责任编辑	黄　山	
责任校对	张文池	
责任印制	王　超	
出　版	中国社会科学出版社	
社　址	北京鼓楼西大街甲158号（邮编 100720）	
网　址	http://www.csspw.cn	
	中文域名：中国社科网　010-64070619	
发行部	010-84083685	
门市部	010-84029450	
经　销	新华书店及其他书店	
印　刷	北京市大兴区新魏印刷厂	
装　订	廊坊市广阳区广增装订厂	
版　次	2014年9月第1版	
印　次	2014年9月第1次印刷	
开　本	710×1000　1/16	
印　张	15	
插　页	2	
字　数	236千字	
定　价	48.00元	

凡购买中国社会科学出版社图书，如有质量问题请与本社联系调换
电话：010-64009791
版权所有　侵权必究

目 录

第一章 引 论 ··· 1
    第一节 关于体育人文社会学 ··· 3
    第二节 研究方法及数据获取 ··· 13
    第三节 相关的文献计量方法简介 ······································· 16
    第四节 研究内容描述 ··· 23

第二章 中国体育人文社会学研究概况分析 ······························ 31
    第一节 体育人文社会学论文刊载期刊分析 ······························· 32
    第二节 引文概况分析 ··· 37
    第三节 论文类型分析 ··· 40
    第四节 小结 ··· 42

第三章 中国体育人文社会学论文引文分析 ······························ 43
    第一节 引文语种分析 ··· 45
    第二节 引文类型分析 ··· 51
    第三节 小结 ··· 60

第四章 中国体育人文社会学引用网络构建与分析 ······················· 62
    第一节 体育人文社会学学科引用分析 ··································· 63

第二节　体育人文社会学学科被引分析 …………………………… 69
　　第三节　小结 …………………………………………………………… 73

第五章　体育人文社会学作者、机构学术影响力分析 ……………… 75
　　第一节　概述 …………………………………………………………… 75
　　第二节　作者学术影响分析 …………………………………………… 77
　　第三节　机构学术影响力分析 ………………………………………… 86
　　第四节　小结 …………………………………………………………… 95

第六章　体育人文社会学论文合作研究分析 …………………………… 97
　　第一节　体育人文社会学论文合作概况与对比分析 ………………… 98
　　第二节　作者合作研究模式分析 ……………………………………… 101
　　第三节　机构间合作研究分析 ………………………………………… 106
　　第四节　地区间合作研究分析 ………………………………………… 110
　　第五节　小结 …………………………………………………………… 115

第七章　基于CSSCI的体育人文社会学论文关键词分析 ……………… 116
　　第一节　关键词分类分析 ……………………………………………… 117
　　第二节　关键词共现分析 ……………………………………………… 127
　　第三节　小结 …………………………………………………………… 140

第八章　体育人文社会学转载分析—基于人大复印报刊资料 ………… 141
　　第一节　关键词分类分析 ……………………………………………… 142
　　第二节　关键词共现分析 ……………………………………………… 154
　　第三节　小结 …………………………………………………………… 158

第九章　体育人文社会学研究最有学术影响的论文 …………………… 159
　　第一节　高被引论文概况分析 ………………………………………… 160
　　第二节　国内入选论文主题分析 ……………………………………… 167

第三节　小结 ·· 185

第十章　体育人文社会学研究最有学术影响的图书 ·············· 186
　　第一节　高被引图书概况分析 ·· 187
　　第二节　高被引图书类型分析 ·· 192
　　第三节　小结 ·· 213

第十一章　体育经济学研究概况分析 ··· 214
　　第一节　体育经济学研究特征分析 ·· 214
　　第二节　体育经济学学术资源分析 ·· 217
　　第三节　体育经济学研究成果的学术影响分析 ································ 220
　　第四节　体育经济学研究对体育学科的促进分析 ····························· 222
　　第五节　体育经济学的研究趋势分析 ··· 223
　　第六节　小结 ·· 226

参考文献 ·· 228

后记：又是有关十年的话题 ·· 233

第一章　引　论

从事体育人文社会学科研究和教学的工作者，经常会被问及这样的一个话题：到底什么是体育人文社会学？它具体研究什么的？这个学科发展状况如何？等等。即便不被问及，相信这样的问题某种程度也会或多或少地困扰着体育人文社会学科研究工作者本身，因为直观地或者感性地回答似乎很容易，但仔细深究似乎又不那么容易。

认可与否，实际上我们许多学者和专家在回答这样的问题时，往往大多都是直观地凭着多年来从事该领域研究的经验来泛泛而谈。有的时候这样的回答已经不是模棱两可的问题了，而是截然相反的答案。比如，在本书中的专家访谈阶段，被问及"当前体育人文社会学科的研究热点和重点"时，受访专家认为体育产业、体育经济是近一段时期乃至今后一段时期的研究热点。而实际上，本书中的文献计量分析结果显示并非如此（见本书第七章"基于CSSCI的体育人文社会学论文关键词分析"）。又如，调查中问及体育经济领域的研究热点和重点时，大多被访专家除却体育产业、体育营销之后多为体育休闲或休闲体育了，而实际研究中，在体育经济研究领域中的关键词统计，体育休闲却排在十名以外，也就是说，实际研究中，体育休闲并非研究热点和重点（见本书第八章"体育人文社会学转载分析——基于人大复印报刊资料"）。即便我们不通过这些与本课题研究主题一致的专家访谈统计情况，纵观当前我国几近于国家标准的学科设置情况，从中也不难发现类似的矛盾：1996年我国把体育学列为一级学科，1997年在体育学下设立体育人文社会学等4个二级学科，体育人文社会学的设置，显示出中国的体育理论开始重视人文学科①。体育人文社会学下又设立了体育哲学、体育史学、体育法学、体育人类学、体育社会学、体育管理学、体育心理学、体育经济学、奥林匹克研究等三级学科②。但在本研究中体育人文社会学引用相关学科统计分析中发现：在教育学、经济学、管理学、法学和社会学更多地被体育人文社会学引用，说明这些学科对体育人文社会学的影响更大，而心理学则被体育学其他学科更多地引用，这与体育心理学是体育人文社会学的下属学科这一事实矛盾（见本书第四章"中国体育人文社会学引用网络构建与分析"）。即便不通过文献计量的引文分析来探讨目前体育学下属二级学科的学科属性问题，通过学科发展规律等角度来分析，似乎也验证了上述体育人文社会学科属性的现状问题，例如包括类似体育经济、体育管理学科属性的问题，目前无论通过学科标准划分，还是学科学会组织结构来看，目前都是归属于体育学科，但通过更深入的研究和分析，或者从学科发展的角度来看，隶属于更为成熟的经济学、管理学这样的一级学科更为科学合理，而不是目前的体育学或者体育人文社会学范畴，这也进一步支撑了本研究的结论和研究目的。③

这些案例和相关统计结果固然有着本研究所存在的局限性，但至少说明了体育人文社会学看似范围庞大、研究对象多样，研究重点和热点显现，但实际上，通过文献计量学的定量分析之后，相去甚远。换句话说，目前的体育人文社会学定性研究虽然有了一定的基础，但还有待于进一步的定量分析研究，以此更准确地界定其研究内容和学科属性。本项目将利用体育人文社会科学研究的有关数据对体育人文社会科学研究成果进行多角度的分析评价，主要目的是通过客观数据和分析评价来揭示我国体育人文社会学科研究的特征、热点和趋势，规范体育人文社会学科研究方法、范式，依托文献学对体育人文社会学科研成果进行计量统计，以客观数据为依据，厘清体育人文社会学科研究现状，为体育人文社会学科建设和完善打下相

---

① 姜艺、王丽娟、马玉成等：《体育的人文精神》，《体育文史》2001年第3期。
② 刘一民、曹莉：《体育人文社会学的特性与定位——体育人文社会学元问题研究之一》，《武汉体育学院院报》2008年第3期。
③ 王子朴：《体育经济热点问题研究》，高等教育出版社2012年版，第9—14页。

应理论基础，以促进中国体育学研究和体育事业的更快更健康的发展，为中国体育人文社会学科发展起到积极有价值的推动作用。

第一节 关于体育人文社会学

这也许可以从自然科学和人文社会科学的直观区别说起。长期以来，在大多数科学研究工作者和学者看来，自然科学似乎更具有科学的属性，比如问题的提出更具有现实意义，研究对象更明确，研究方法更具体，研究结论更具有实际价值等。而人文社会科学恰恰相反，研究问题的指出似乎更宏观、更抽象，研究对象也远不如自然科学那么具体，采取的研究方法也更具有哲学高度而远非自然科学那么直观和具体，当然研究结论和观点也往往表现为理论高度和思想层面。但实际上，人文社会科学从上述的角度而言更有价值和意义。因为它的研究内容更宏观，研究对象更前沿、更现实。换句话说，人文社会科学重要的价值在于为政府决策提供参考，使得政府的决策直接为社会经济的发展起到导向性作用，即政策性建议。于是人文社会科学的研究出发点应当是社会经济发展中的热点或前沿性问题所在。体育人文社会科学也是如此。

本书从什么是体育人文社会学开始，首先梳理传统的关于体育人文社会学主流观点，并从目前的体育人文社会学研究范围和领域认识和分析体育人文社会学的发展状况，从中引出本研究的文献计量手段对当前体育人文社会学科的研究路径。

一 关于体育人文社会学的各种主流观点

（一）关于体育人文社会学的概念

学术界对体育人文社会学的概念界定还没有达成一致，下面列举几个研究者有代表性的定义。

卢元镇在其所著《体育人文社会科学概论高级教程》一书中，将体育人文社会学界定为一门研究体育运动领域中各种人文现象和社会现象的综合性学科。①

熊文在《体育社会科学的定位及与相关概念的关系》中认为：体育人文社会学是以体育现象及其发展规律以及本领域中的各种关系为研究对象的人文和社会学科的总称。按照联合国教科文组织对人文社会科学的定义，凡是把体育与社会学、政治学、心理学、经济学、人口学、语言学、人类学、史学、艺术及艺术科学、法学、哲学相联系、相结合的研究都属于体育人文社会学研究范畴。普遍意义上，"体育人文社会学"或"体育人文社会科学"均与体育社会科学具有意义的通用。②

杨思瞳等在《浅析高校体育人文社会学学科建设》中认为："体育人文社会学是一门包含了人的身体运动与人文科学、社会科学的交叉性学科集合。它以体育人在社会的存在价值为主要研究对象，以探索、揭示体育的社会本质和体育运动在社会中的发展规律为研究目的，将身体运动与社会科学合称为体育人文社会学。"③

上述几位学者对体育人文社会学概念的界定已经较全面，虽莫衷一是，但是也不难看出存在着一定的共性，从概念的内涵可以看到，第一，体育人文社会学的研究对象是体育领域的社会现象和人文现象；第二，体育人文社会学是综合性学科。

（二）关于体育人文社会学科的研究对象及范畴

随着体育事业的发展，体育现象的复杂化致使体育人文社会学研究对象不断演变。有研究者提出："体育人文社会学研究的领域和范畴，是我们必须首先弄清楚的问题。人文和社会之间很难划出一条清晰的界线，世界上的划分方法并不完全一致：有的把人文与社会学合在一起，也有的将其分为人文科学和社会科学两大门类。近几年，似乎越来越多的学者认为把科学领域分为三大块比较合适，即以自然界为研究对象称之为自然科学，以

---

① 丁先琼：《体育人文社会学理论范式的构建》，《继续教育研究》2009年第9期。
② 熊文：《体育社会科学的定位及与相关概念的关系》，《武汉体育学院学报》2013年第7期。
③ 杨思瞳、梁爱群、李春风：《浅析高校体育人文社会学学科建设》，《吉林体育学院学报》2008年第2期。

社会现象为研究对象的称之为社会科学,以个体人为研究对象的称之为人文科学。从学科发展趋势来看,研究方向越来越细化,应用方向越来越综合。穷本溯源,众多学科本同根所生,自然科学、社会科学、人文科学都曾孕育于百科全书式的哲学之中。它们之间的交错、渗透有着其"学缘"关系。体育人文社会学应该研究什么,大体可把它看成研究体育运动中社会现象和人文现象。从体育二级学科分野来看,它的内容就更加广泛,它包含几十门甚至更多的学科。[1]

目前,体育人文社会学的研究对象已基本明确。[2]刘一民等认为:"体育人文社会学作为体育学的一个二级学科群,目前有所属三级学科十余门之多。体育人文社会学范畴包括了体育哲学、体育史学、体育法学、体育人类学、体育社会学、体育管理学、体育心理学、体育经济学、奥林匹克研究、其他三级学科。因为体育学还是一门尚不成熟的新兴学科,因此,目前体育人文社会学对人文社会科学所属相关学科的依附性仍较强。"[3]

吕志刚认为:"体育人文社会学研究内容包括体育概论、体育哲学研究、社会体育学研究、学校体育学研究、体育经济学研究、体育管理学研究、体育法学研究、体育社会学研究、体育史学研究、比较体育研究、体育美学研究、体育伦理学研究、奥林匹克运动、运动心理学。"[4]

韩春利等认为:"体育人文社会学研究主要集中在以下9个重点研究领域:体育与经济、社会发展关系、体育事业改革与发展战略、实施全民健身计划的理论与实践、实施奥运争光计划的理论与实践、发展体育产业的理论与实践、体育管理体制改革、体育法制建设、奥林匹克研究、体育人文社会科学的基本理论与学科体系。"[5]有学者提出了新的问题:"体育人文社

---

[1] 杨文轩:《构建体育人文社会学的理论框架》,《体育文化导刊》2003年第11期。

[2] 韩春利、曹莉、孙晋海等:《我国体育人文社会学发展现状、问题与对策研究》,《北京体育大学学报》2008年第9期。

[3] 刘一民、曹莉:《体育人文社会学的特性与定位:体育人文社会学元问题研究之一》,《武汉体育学院学报》2008年第3期。

[4] 吕志刚:《体育人文社会学学科建设的思考》,《北京体育大学学报》2005年第5期。

[5] 韩春利、曹莉、孙晋海等:《我国体育人文社会学发展现状、问题与对策研究》,《北京体育大学学报》2008年第9期。

会学与体育教育训练学、运动人体科学、民族传统体育学并列为二级学科，学科之间交叉渗透非常密切，体育人文社会学和体育教育训练学、民族传统体育学之间的界限越来越模糊，其研究领域的无限制的扩张，压缩了体育教育训练学和民族传统体育学的学科发展空间，不利于体育学二级学科发展的良性互动，制约着体育学学科体系的整体发展。体育人文社会学的研究对象是人的体育行为活动以及由这些活动引发的人文、社会现象，既然这样体育教育、运动训练、民族传统体育等都是人的体育行为活动，也都可以引起一系列的人文、社会现象，都可以划到体育人文社会学的研究对象中，这样一来，体育人文社会学就有涵盖体育教育训练学和民族传统体育学之嫌，不可避免会出现体育人文社会学研究领域无限扩张的现象。因此，我们面临着明确体育人文社会学与其他二级学科的界限、研究领域边界界定的问题。"[1]

从上述学者的划定来看，体育人文社会学的研究范畴并未形成统一认识，目前已经形成共识的有：体育经济学、体育法学、体育管理学、体育社会学、奥林匹克运动、体育哲学、运动心理学。随着体育现象和体育规律的发展变化，当前，体育人类学、体育史学、体育美学、体育伦理学、比较体育学等也逐渐凸显，理应划归到体育人文社会学研究的范畴。除此，体育人文社会学与其他二级学科间的融合与借鉴，使得学科间的界限逐渐在模糊，体育人文社会学研究范畴仍未清晰。

（三）关于体育人文社会学科的研究方法

韩春利等认为："体育人文社会学方法论体系可分为一般方法论、特殊方法论、个别方法论三个层次。一般方法论是指揭示整个体育人文社会学研究对象所共有的最一般规律、最一般本质、最一般特点的方法论体系。如哲学思维方式，即哲学方法论。特殊方法论是指揭示体育研究对象的特殊领域、特殊方法、特殊阶段的特殊规律、特殊本质、特殊性质的方法论。如提示运动训练领域、运动训练规律的方法论体系。个别方法论主要是指

---

[1] 李新红、陈雪梅、薛明陆等：《我国体育人文社会学学科发展反思与策略研究》，《山东体育学院学报》2012年第2期。

适用于某种具体学科的具体研究方法的方法论体系。如适用于体育教育学的体育技术教学法等，其特点是适用对象的狭窄专一、普遍性程度低，个体经验性和程序操作性并存。体育人文社会学的研究方法逐渐成熟。社会调查的方法得到广泛的应用，成为收集体育社会信息的重要方法，建立社会调查网络的意识已经形成。"[1]

胡永红同样认为："当前，体育人文社会学研究中运用实地研究已渐成潮流，这说明实证研究和思辨研究的这种结合范式已经自觉或不自觉地引起体育人文社会学术界的关注和重视。"[2]

无独有偶，陈俊钦也认为："实证研究范式与理解研究范式成为当今科学研究的两大范式，这两种研究范式从不同的视角审视世界，有着不同的理论基础，不同的方法体系和研究习惯。体育人文社会科学作为科学的一部分，这两种研究范式目前在它的研究中都得到了应用。"[3]

但也有学者提出："目前，我国体育科学的研究在研究方法上存在许多的问题，这些都制约了体育研究的发展。作为研究体育与人、体育与社会相互关系及其基本规律的体育人文社会学，不能局限于传统的文献资料分析、问卷调查、数理统计、逻辑分析等研究方法，而应吸收教育学、医学、人类学中已经得到广泛使用的质的研究的滋养。体育人文社会学的研究如果能涵盖各种研究方法，势必能够显示出其固有的、整体的影响力。"[4]

综上可见，实证研究范式和理解研究范式从体育人文社会学诞生起就一直应用于研究中，并且正在形成自身规定性的研究模式，而在方法上的创新，还需要有更多的研究者以具体的成果佐证和突破。

---

[1] 韩春利、曹莉、孙晋海等：《我国体育人文社会学发展现状、问题与对策研究》，《北京体育大学学报》2008年第9期。

[2] 胡永红：《体育人文社会学实证和思辨研究的差异与整合》，《武汉体育学院学报》2009年第4期。

[3] 陈俊钦：《体育人文社会科学研究中"实证"与"理解"范式的对立统一》，《武汉体育学院学报》2008年第7期。

[4] 张军献、虞重干：《质的研究范式在体育人文社会学研究中的应用》，《体育科学》2010年第10期。

（四）关于体育人文社会学科的性质

对体育人文社会学科的性质早已有人提及并研究，但是，仍未达成共识。

较早提出的陈兴亮等认为："体育人文社会科学就是建立在对社会人所从事的体育运动这一社会活动的方方面面加以研究之基础上的，它既是整个社会科学研究的一个分支，又是体育科学体系中的一个重要组成部分。"[①]

吕志刚认为："体育人文社会学实际上是一类十分庞杂的旨在关注和考察体育现象及其发展规律的学科群，是由许多学科交叉组成的、具有相对独立性的人文科学和社会科学的边缘学科群。"[②]

直到2008年，"体育人文社会学科的属性仍然没有一个定论。而学科属性的混乱会影响到体育人文社会学科整体性的发展"。[③]

刘一民等认为："人文社会科学是体育人文社会学'间接'的母体科学。体育人文社会学作为一门还处在'哺乳期'的新兴学科，其发展和成熟在很大程度上还依赖于社会科学和人文科学诸多学科的理论成果。在学术界和行政管理部门，人们越来越多地把与自然科学相对的知识领域，即人文科学与社会科学统称为人文社会科学。就体育现象来讲，虽然体育人文现象与体育社会现象有一定区别，前者更强调体育的理想、观念、文化和个体的体育心理等特殊方面，后者更强调体育的社会性、关系性、组织性、协调性等共性方面，但就其与体育自然现象的差别而言，体育人文现象与体育社会现象之间的差别就不那么显著了。体育人文科学和体育社会科学的研究对象是由人、体育、社会三者构成的同一个整体，只是各自从不同侧面以不同的方式认识、诠释、反映整体的不同属性、特征和规律性。研究对象的亲缘性、同一性，成为体育人文科学与体育社会科学一体化的客

[①] 陈兴亮、柳伯力：《论体育人文社会学基础与发展》，《成都体育学院学报》2000年第6期。

[②] 吕志刚：《体育人文社会学学科建设的思考》，《北京体育大学学报》2005年第5期。

[③] 杨思瞳、梁爱群、李春风：《浅析高校体育人文社会学学科建设》，《吉林体育学院学报》2008年第2期。

观基础。"①

冯瑞等认为:"由原体育理论(或体育概论)派生出来的,分为有关体育的人文学科和有关体育的社会学科两类学科群。体育人文社会学强调用科学的人文和社会学方法来研究体育领域内人们的社会生活及其规律性,即体育人文社会学是研究体育运动领域中各种人文现象和社会现象的综合性学科。"②

以上不同的论断证明,体育人文社会学的学科性质是学术界共同关注的问题,但是没有形成统一理论,出现了两种观点:1)体育人文社会学是综合性学科。2)体育人文社会学是由许多学科交叉组成的、具有相对独立性的边缘学科群。学科性质的不明晰对研究工作将会造成一定的负面影响。尽快明确体育人文社会学学科性质是一个亟须解决的问题③。

(五)关于体育人文社会学发展的现状

卢元镇认为:"体育人文社会学尚处于一种松散集成的状态,虽然体育的人文观和社会观有了初步的表述,但体育人文社会学的总体理论框架尚未形成,体育人文社会学的功能、学科基本特点,人文学科与社会学科的关系,以及各分支学科的整合等许多问题还有待进行深入研究。在体育人文社会学的分支学科中,有的在当前适宜的社会经济土壤中得到较快发展,如体育经济学、体育社会学,表现为研究人员的迅速集中,特别是青年学者的大量涌入,研究成果占到总成果的60%以上;有的需要迅速提升,以满足体育实践的需要,如体育法学、体育伦理学,其主要表现是体育伦理基础和法理基础对社会转型的不适应;有的新学科建立了起来需要扶植,如体育人类学、体育娱乐休闲理论,这些学科处在学科的引进阶段,我们原有的知识储备严重不足;有的老学科需要突破性进展,如体育史,基本上仍

---

① 刘一民、曹莉:《体育人文社会学的特性与定位:体育人文社会学元问题研究之一》,《武汉体育学院学报》2008年第3期。

② 冯瑞、聂晶、韩彩灵:《再度审视体育人文社会学学科发展》,《黄河科技大学学报》2009年第3期。

③ 韩春利、曹莉、孙晋海等:《我国体育人文社会学发展现状、问题与对策研究》,《北京体育大学学报》2008年第9期。

然保留在史料的收集和初步解释的阶段；有些学科要加快前进的脚步，如体育美学出现了严重的后继乏人和理论难以创新的现象；有的学科则需要摆脱母学科教条的枷锁，求得新生，如体育哲学。体育人文社会学必须实现自身的现代化，体育人文社会学的职能将由议论和论述性的转变为说明和解释性的，进而成为预见性的、决策支持性的，从而提高我国体育实践的预见性、科学性和自觉性。"[①]

韩春利等在2008年发表了《体育人文社会学发展现状、问题与对策研究》，文中提到："体育人文社会学的'学术学科'体系已初步建立起来。当前研究者所构建的体育人文社会学学科体系是基于研究对象的'二分法'，即人文现象和社会现象展开的，故把体育人文社会学的学科体系构建为体育人文学科和体育社会学科两个不同领域的平面性结构。体育人文社会学的学科知识结构和学科内容已初步确立。当前，研究者所确立的体育人文社会学的知识结构和学科内容是基于三级学科展开的。"[②]

目前，体育人文社会学整体发展现状的研究还较薄弱，仅以上两位学者对其展开过系统讨论，较早关注体育人文社会学学科发展的学者是卢元镇，韩春利的研究尽管对体育人文社会学科发展现状进行了质性的描述，但缺乏更加详细的量的佐证。

二 体育人文社会学的研究领域

如果说上述主流观点不过是当前对体育人文社会学的研究对象、学科性质、概念观点的一些理论界定的话，那么具体到体育人文社会学的研究领域好像还没有交代清楚。当然，除了前面我们部分否定的主观经验判断的结论外，我们还可以采取比较机智的回答，即从哲学概念出发的排除法。也就是说历史上的哲学定义就是逐步地将一些搞清楚研究对象的学科从庞大的哲学体系中剥离出来后，剩下的尚处于搞不清楚的研究领域就是所谓

---

① 卢元镇：《体育人文社会学的学科集成于研究前沿》，《体育学刊》2005年第1期。

② 韩春利、曹莉、孙晋海等：《我国体育人文社会学发展现状、问题与对策研究》，《北京体育大学学报》2008年第9期。

的哲学了。体育人文社会学科是体育学科中4个二级学科之一，其他3个学科我们还是比较明确其研究对象和方法的，其他还没有界定清楚的自然就归属体育人文社会学科了（见图1-1）。虽然这种方法的界定也难免存在定性甚至投机的成分，但起码相对清楚了体育人文社会学的研究范围，某种程度上也为本研究在方法上界定了统计对象问题。

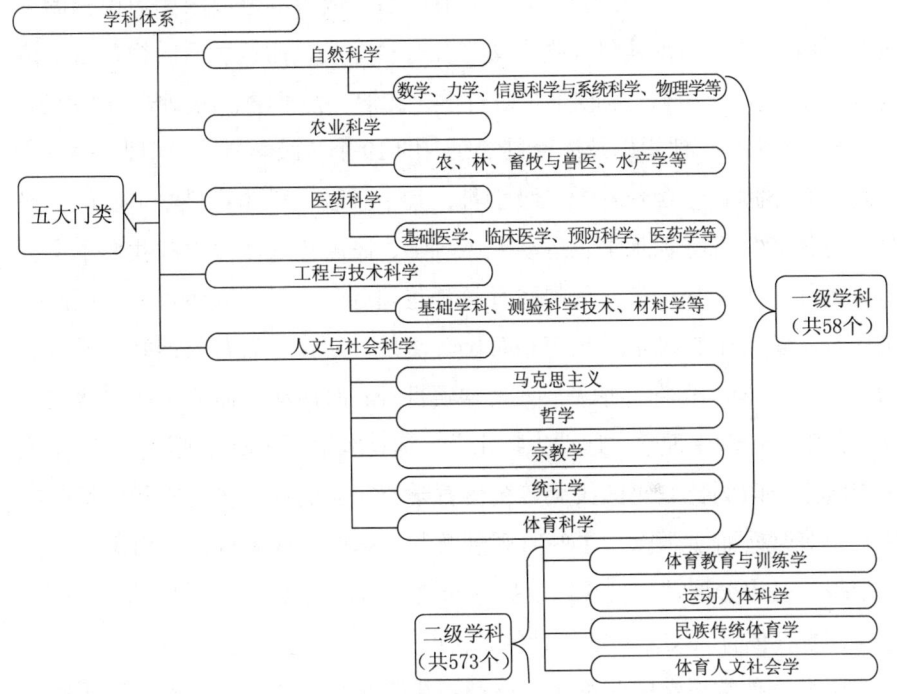

图1-1 中国体育学科体系结构图

资料来源：根据《中华人民共和国学科分类与代码国家标准》简称《学科分类与代码》（GB/T 13745—92）编绘。

从图1-1中我们可以这样解释什么是体育人文社会学。根据《中华人民共和国学科分类与代码国家标准》简称《学科分类与代码》，将中国科学体系共分为5个门类、58个一级学科、573个二级学科、近6000个三级学科，其中5个门类包括自然科学类、农业科学类、医药科学类、工程与技术科学类以及人文与社会科学类。对应着这五大门类的科学又分别包含了许多一级学科，如自然科学门类下的数学、信息科学与系统科学、力学、物理学、化学等；农业科学类包含了农学、林学、畜牧与兽医科学、水产学等；医药科学类又包含了诸如基础医学、临床医学、预防科学、药学等；工程与技术科学类又有工程与技术学科基础学科、测绘科学技术、材料科学、矿山工程技术、冶金工程技术、机械工程、动力与电气工程、能源科学技术等。上述这些门类及其所包含的一级学科，我们很好理解或者相对比较清楚，但是还有一些与哲学、社会、人文多有联系，或者划分界限相对模糊的一级学科我们可以都将其归入到人文与社会科学类，而这里面同样包含了诸如马克思主义、哲学、宗教学、语言学、文学、艺术学、历史学、考古学、经济学、政治学、法学以及体育科学在内的19个一级学科[①]。同理，每一个一级学科下面又包含着若干二级学科，其中一级学科体育科学下属的二级学科有体育教育与训练学、运动人体科学、民族传统体育学和我们本文要研究的体育人文社会学。其中体育教育与训练学、运动人体科学、民族传统体育学这三个二级学科我们相对比较清楚，如体育教育与训练学所包含的运动训练学、田径、游泳、三大球项目等；而运动人体科学所包含的运动解剖学、运动生理学、运动生物化学、运动医学、运动心理学等，甚至成为二级学科时间比较短的民族传统体育学所包含的武术等内容我们都很容易和直观地理解。那么，不好直观理解和认识的，或者说研究对象和方法界定得不是十分清楚的，我们就把它归属到体育人文社会学科里面去好了。这样一来，体育人文社会学科是什么，也就解释清楚了。

作为一种常识性的解读，也许利用排除法可以似乎大概地了解了体育人文社会学科的研究领域和范围，但是直接地定义其内涵和外延，以及准确地研究对象和研究状况，恐怕这种剔除已知便是未知的排除定义则难以服众了。尤其是长期以来，人文社会学科无论作为人文社会科学的分支学科，还是作为体育学研究的二级学科，体育人文社会学科一直是其重要的研究内容。而且随着体育科学的丰富和完善，一些新理论、新方法的应用

---

① 中华人民共和国国家标准学科分类与代码表（GB/T13745—92）（国家技术监督局1992年11月1日批准，1993年7月1日实施），(http://baike.baidu.com/link?url=67M6sQVF9deR CaBNFxW0—1sspaiTQqRdW0iHln_oFkpEjm298565RYLK—yV02_cuq4r6qjGJV_piIMvKOYBME_)。

和借鉴，体育人文社会学研究范围也愈发庞大，不要说与其他各二级学科的界限越来越交叉模糊，甚至与许多人文社会学科融合也愈发严重，进而导致其研究范围难以界定。于是，在上述我们可以权且称之为排除法的基础上，在体育人文社会学研究范围简便而实用的界定前提下，进一步地定量研究显得越发重要。

第二节 研究方法及数据获取

定量研究最重要的方法瓶颈就是基础数据的获取和分析，近年来，有很多学者利用 CSSCI 来对中国人文社会科学各学科作分析评价，但还没专门利用 CSSCI 对体育人文社会学科进行评价的成果。此外，也有很多学者有对当代中国体育人文社会学的发展状况作研究，但都停留在以体育基本理论及应用实践方面为主的定性评价研究层面。因此从文献计量学的角度来反映中国体育人文社会学研究的学术影响和研究发展具有现实意义。早在 2006 年，就有研究指出体育学正在走向成熟，但跟其他人文社会科学学科比起来还是有较大差距[1]。那么差距在哪里？到底有多大？作为其二级学科的体育人文社会学具体表现如何？就需要对各级各类数据进行全面分析。特别是那些包含了体育人文社会学和人文社会学科的基础性数据。

那么 CSSCI（中文社会科学引文索引）就提供了这样一种数据。同时在此基础上的文献计量学分析，具体来说是从体育人文社会学的发文和引文概况、论文类型及刊载期刊类型等方面展开分析，来展现其研究的现状、特点、不足及趋势，以便于人们能更全面、深入地了解体育人文社会学的科学研究状况，以及通过与体育学其他学科的相关数据进行比较，可以展现体育人文社会学在体育学中的影响力及地位。

---

[1] 朱唯唯、邓三鸿、白云：《体育学学术影响力研究报告——CSSCI 体育科学文献分析》，《体育科学》2006 年第 10 期。

一 CSSCI简介

南京大学中国社会科学研究评价中心于1999年独立研制开发成功中文社会科学引文索引（Chinese Social Sciences Citation Index），主要面向各大高校科研机构提供中文人文社会科学领域的论文收录和被引用检索服务，并基于CSSCI独家提供高校科研成果数据分析服务。

CSSCI遵循文献计量学规律，采取定量与定性相结合的方法从全国2700余种中文人文社会科学学术性期刊中精选出学术性强、编辑规范的期刊作为来源期刊。目前收录包括法学、管理学、经济学、历史学、政治学等在内的25大类的500多种学术期刊，现已开发CSSCI（1998—2013年）16年度数据，来源文献120余万篇，引文文献1000余万篇。

目前，利用CSSCI可以检索到所有CSSCI来源刊的收录（来源文献）和被引情况。来源文献检索提供多个检索入口，包括：篇名、作者、作者所在地区机构、刊名、关键词、文献分类号、学科类别、学位类别、基金类别及项目、期刊年代卷期等。被引文献的检索提供的检索入口包括：被引文献、作者、篇名、刊名、出版年代、被引文献细节等。其中，多个检索口可以按需进行优化检索：精确检索、模糊检索、逻辑检索、二次检索等。检索结果按不同检索途径进行发文信息或被引信息分析统计，并支持文本信息下载。

作为中国人文社会科学主要文献信息查询的重要工具，CSSCI可以为广大用户提供以下服务：对于社会科学研究者，CSSCI可以从来源文献和被引文献两个方面向研究人员提供相关研究领域的前沿信息和各学科学术研究发展的脉搏，通过不同学科、领域的相关逻辑组配检索，挖掘学科新的生长点，展示实现知识创新的途径；对于社会科学管理者，CSSCI可以提供地区、机构、学科、学者等多种类型的统计分析数据，从而为制定科学研究发展规划、科研政策提供决策参考。对于期刊研究与管理者，CSSCI提供多种定量数据：被引频次、影响因子、即年指标、期刊影响广度、地域分布、半衰期等，通过多种定量指标的分析统计，可为期刊评价、栏目设置、组稿选题等提供定量依据。CSSCI也可为出版社与各学科著作的学术评价提供定量依据。

CSSCI 数据库面向高校开展数据统计分析服务，目前 CSSCI 数据库已被北京大学、清华大学、中国人民大学、复旦大学、国家图书馆、中科院等 400 多所高校科研单位包库使用，为高校师生的科研工作提供了帮助。

二 数据来源和方法

在 CSSCI 数据库平台基础上，对体育人文社会学科发文文献进行了界定、检索，并对其数据进行处理和分析。

（一）数据源

本书以《中文社会科学引文索引》（CSSCI）为统计源，由于 CSSCI 收录了体育学 10 种优秀期刊，体育人文社会学的主要优秀论文基本刊载于其中，选择这样的统计源具有一定的权威性，可以以部分窥视全貌。CSSCI 的著录数据为我们进行地区、机构、学科、学者等多角度统计分析提供了科学数据。2012 年 5 月，南京大学中国社会科学研究评价中心为提升 CSSCI 的系统检索、统计功能，研制开发了 CSSCI 新版平台。本研究就是在界定了体育人文社会学文献范围的前提下同时利用 CSSCI 新版平台跟旧版平台来整合数据。

（二）检索方法

通过对中图法分类号的分析，体育人文社会学内容分别属于中图类号 G811.4、G812.4、G807、G812.7、G812.9、G89、G80-05，应该说，这些类号包含了体育人文社会学领域全部内容。但由于在论文的分类著录中有可能将一些交叉于体育人文社会学和其他学科的论文划分在体育人文社会学类所属上述分类以外，所以，我们又选取了与体育人文社会学密切相关的几个重点关键词：体育社会学、体育人文社会学、大众体育、体育文化、体育消费、体育休闲、体育经济，以这几个关键词和上述的分类号同时检索，合并后去除重复者，得到最后的统计数据。

（三）数据整理

我们编制了程序，以检索命中记录的 ID 号作为唯一标志，将重复命中者剔除。然后，利用 EXCEL 的统计功能，分别从体育人文社会学论文的刊载期刊类型、发文和引文概况、论文类型等方面对检出文献作统计，其中将论文刊载的期刊类型分为体育学期刊和非体育学期刊，分别统计体育人文社会学文章刊载在这两个类型期刊上的历年数量。为了分析其发文和引文概况，将历年的文献总量、引文总量进行统计，并把文献分为有引文文章和无引文文章来分别统计其数量。而论文类型则是根据源数据给出的类型来进行分类统计，分为研究论文、综述、评论、传记资料、报告、译文、其他共计7种。

（四）数据清洗

数据清洗的目的是确保数据的一致性，使统计分析更加准确可靠。清洗的内容包括：人名的校正，如作者在引用文献时将作者人名写错；机构的统一，如一些机构的名称变化、机构的简称与全称的描述等；论著名称的一致性，如同一篇论文（著作）的名称在被引用时存在的不一致性；不同机构的同名作者的区分和认定，对于作者机构变化，如工作调动、博士期间发文和工作单位发文，当遇到作者同名但机构不一致的情况，进行查询和调查，确认是否为同一作者；等等。这个数据清洗工作是多方面的，其工作量也是巨大的，但为了统计数据的准确可靠，分析结论的令人信服，这是我们这项研究必须要做的基础工作。

第三节　相关的文献计量方法简介

本书将对CSSCI概况数据的分析总结体育人文社会学科研究特征，分析期刊发文情况、引文情况、关键词分析等，通过包括体育人文社会学科发文年度变化、载文期刊类型、引文情况中的引用状况、作者、机构和地区的发文与被引用数据来考察学术资源、学者个人、学术团体和学术成果的影响力，以及关键词分析展现的体育人文社会学科研究热点和趋势。本研究主要通过CSSCI数据对中国体育人文社会学科研究进行总体和具体内容的概况分析。研究方法主要采用文献计量学、文献引文概况分析等。

一 发文概况分析

发文概况主要是指相关学科发表论文的总体数量、年度变化情况、载文期刊类型以及发文类型等，通过对这些数据的分析比较，可以发现学科的发展总体态势以及发展阶段中的时代特征，比较载文期刊类型以及比较不同学科在相应期刊的载文变化情况，能够了解该学科对其他相关学科的影响或者受其影响程度，即学科的交叉度、融合度和开放程度。在本研究中，主要就是通过一段时期（2002—2011年）体育人文社会学科在CSSCI上发表论文的数据统计分析，从中了解体育人文社会学科的发展态势及学术表现。

（一）发文总量

在一段时期内的科技论文发文数量，在一定程度上反映了相关学科或者地区等科研发展状况。一般情况下，随着科技水平的提高，科研产出不断增加，相关领域或者地区的发文量会相应增加。考察学科以及地区科学研究的学术水平可以通过该学科或地区作者发表的学术论文反映出来，一般来说某个学科或者一个地区发表的论文越多，该学科科学研究呈现发展态势及该地区的学术产出率高、学术环境好的表现。

（二）发文年度变化

发文年度变化主要反映了学科或者机构研究能力的变化情况，尤其是一些较为明显的突升或者突降年度发文变化，直观地反映了社会时代特征和该学科或者某地区的关系及影响。一般说来，在正常社会经济发展中，发文年度变化相对呈现平稳变化；或者在相对平稳变化趋势中，突然出现了某一年度"拐点"，那么该年度前中后的一些社会经济现象必然和该学科研究有一定的联系。

（三）载文期刊类型

载文期刊类型主要分本学科期刊和非本学科期刊两种类型，反映的主要是学科研究的离散与集中程度，以及该学科研究的开放程度、学科交叉程度和融合程度。一般来说，在本学科期刊上发表该学科的学术论文占据大多数比重，这也是布拉德福（Bradford）文献集中与分散定律所展示的文献规律，同时也指出了该学科的成熟性。而在非本学科期刊发文比重和数量又从另一个侧面反映了该学科和其他学科的交叉程度和融合程度，比重和数量高也就意味着其交叉程度和融合度高。

（四）发文类型

科研论文的发文形式一般包括研究性论文、综述类、评论性、传记、研究报告、译文等多种形式。对发文类型的统计分析，主要目的是了解学科的主要研究方式，不同类型的论文在学科发展中有着不同的含义，例如研究论文一般代表了原创性的研究，综述和评论类论文主要是学者对过去研究的回顾以及学者之间的对话，有助于学科学术传统的形成，而译文则反映了对国外学术成果的关注度[①]。

二 引文概况分析

引文概况主要是指学科的论文的平均引文数量、引用文献的语种、引用文献类型、不同类型文章的引文数量等，通过对这些数据的分析我们可以发现不同学科之间研究的特点和差异。以往的CSSCI统计数据中，体育学引用文献语种类型统计时分为中文、外文、译文三项，为了将体育人文社会学与体育学进行对比，我们也将体育人文社会学的外文语种（英文、德文、法文、俄文、日文、译文、其他语种）合并为外文一项；其次，统计过程中我们发现，中文引用文献最多，占有很大的比重，外文中英文相对较多，而其他语种则非常少，可以忽略不计，例如俄文引文数量有五年是零篇。因此，为了便于数据分析，我们将英文等外文语种合并为外文一项。具体分析方法如下：

（一）论文的篇均引用文献数

学科论文的平均引文数量，能够反映出一个学科研究的整体学术规范程度、研究习惯、研究深度和学者的学风。因为，任何一项研究通常都是建筑在他人的研究基础之上，其成果不可能是空中楼阁，需要借鉴、引用

---

① 魏姝：《中国政治学研究概况分析——基于CSSCI分析》，《重庆大学学报(社会科学版)》2008年第5期。

他人成果。一般来说，研究深度越深，引用的文献也会越多。一个学科整体学术规范程度越高，成果引用的文献也相对较多。总之，一个学科整体引用文献多，表明了该学科学者具有良好的研究习惯和严谨的学术作风。

（二）引用文献的语种

引用文献的语种分析可以发现一个学科的研究与国外研究接轨的状况，对国外研究成果、学术理念、研究方法的引入情况。通过对引用文献的语种分析，也能看出一个学科研究人员的整体语言能力和获取学术资源的范围。一般说来，外文文献引用较多的学科，该学科研究的发展较为迅速，与国外研究接轨的能力也越强。

（三）引用文献的类型

引用文献的类型可以反映出学科的成熟度以及学科的新颖度。一般说来，新兴学科以及发展迅速的学科引用文献中期刊论文、研究报告等类型的文献较多，而较古老的学科以及较为成熟的学科其引用文献中图书的比例较大。例如，一方面，自然科学整体上发展迅速，其引用的期刊论文占整个引用文献的 70% 以上，而人文社会科学的引用文献中 1/3 为图书。另一方面，一些学科引用图书较少，也说明了该学科的经典著作也较少。

（四）文章类型及引用文献数

期刊所刊登文章的类型以及不同类型文章的引文数量的统计可以反映出这一学科的一些特征，如评论性文章较多说明这一学科注重学术批评，学术活跃；综述性文章则可以帮助学界进行学术回顾和反思。这两类文章是促使学科健康发展的重要组成部分。因此，对文章类型的统计数据分析以及不同类型文章的引文数量的考察，可以发现学科研究的主流成果和成果中尚缺完备的方面。

三 关键词分析

关键词分析主要目的是根据关键词出现的频次及升降趋势来确定研究热点和趋势。长期以来，科学研究的热点和趋势通常由专家凭借自己对学术领域的把握来认定，尤其是在人文社会科学领域，这种认定难免带有专家的主观意识。如果通过一些客观数据来科学地反映学科的热点研究领域和研究发展趋势，将具有一定的客观科学性，摆脱了以往的主观因素。

（一）关键词频次即研究热点分析

本研究从体育人文社会学科研究论文中抽取出关键词进行统计，并汇集近年来在论文中出现的关键词数量，并将出现频率较高的关键词列出，然后将同义关键词汇集讨论，指出各学科研究热点。可以说，关键词所代表的主题出现得越多，越可能是学术界研究热点，因为关键词出现的多少是由论文主题来确定的，所以一般情况下，关键词出现得越多，其涉及的研究主题就越有可能是学科研究热点。

（二）关键词升降趋势即研究趋势分析

本研究对体育人文社会学科的研究趋势是根据对关键词出现的频次的变化情况分析得到的，我们将出现频率较高的、并且在近年间频次变化较大的关键词提取出，分析它们出现次数的升降变化情况，并根据各学科研究领域的半衰期，预测各学科的研究趋势。过去我们对该学科的热点主要凭专家的经验主观判断，本研究采取的是依据客观数据进行的科学推测，应该说这是科学研究发展趋势预测的一大进步，我们早期利用这一方法对图书情报领域研究趋势的分析成果，已经证明我们过去的预测符合当前研究现状[①]。

四 研究机构影响力分析

科学研究的主体是学者和学术研究机构，他们在学术活动中发挥着重要作用。如何考察学者以及机构在学术活动中的贡献？如何反映他们在学术研究中的学术影响力？应该说，一方面可以从他们的科研产出力（论文发表的数量）、科研承接力（承担科研项目的能力）、科研影响力（学术成果被他人引用的情况）等多方面考虑；另一方面，学术影响力也可以根据其成果被他人（机构）在实际工作采用、在各项决策中被吸收等情况反映出来。为了考察体育人文社会学的学者和机构的学术产出力和影响力，我们从CSSCI数据库中检索出2007—2011年5年间的体育人文社会学论文，以

---

① 苏新宁：《图书馆、情报与文献学研究热点与趋势分析（2000—2004）——基于CSSCI的分析》，《情报学报》2007年第3期。

此为依据来考察中国体育人文社会学领域较有影响的学者和机构,以及中国各地区在体育人文社会学领域的科研产出力。

五 论文及图书影响力分析

论文和图书是学科发展中学术成果展现的最普遍的形式,也是学术研究探讨和交流的主要平台。通过对论文和图书的被引用情况统计分析,能够了解该学科中产生较大影响的论文和图书以及作者状况。

(一)论文影响力分析

一般而言,在学术交流中论文被引用得越多,说明其对科学研究发挥的作用也越大,产生的学术影响也越大。正是基于这样一种认识,我们对体育人文社会学论文的引用文献进行了文献类型的分类,并统计出论文的被引用次数,从而遴选出对中国体育人文社会学学术交流产生较大学术影响的论文以及学者。

(二)图书影响力分析

图书是科研产出表现形式之一,同时也是传承文明和信息交流的基本手段。[1]对较有影响的图书进行研究,能说明学科的发展状况以及对应领域学者主要使用的图书来源,可用于推荐图书、指导研究、补充馆藏从而促进学科发展。[2]对图书进行影响测评的依据包括图书的销售量、图书馆借阅量、读者调查、专家评价[3]以及图书被引次数。根据引文分析,图书的被引次数能够说明图书在学科领域中的影响力,被引次数越高,则图书的影响力越大[4]。图书的被引次数反映了图书的学术影响作用,相比图书的销售量

---

[1] 杨思洛、王皓、文庭孝:《基于引文分析的图书影响力研究——以图书情报领域为例》,《情报资料工作》2010年第1期。

[2] 苏新宁:《我国人文社会科学图书被引概况分析——基于CSSCI数据库》,《东岳论丛》2009年第7期。

[3] 杨思洛、王皓、文庭孝:《基于引文分析的图书影响力研究——以图书情报领域为例》,《情报资料工作》2010年第1期。

[4] 贾洁:《我国"图书馆、情报与文献学"图书学术影响力报告——基于CSSCI的分析》,《中国图书馆学报》2010年第2期。

和借阅量，更能体现图书的学术影响力。同时，采用图书的被引次数进行图书影响力评价比进行读者调查和专家评价更为客观快速。正是基于这样一种认识，我们对体育人文社会学论文的引用文献进行了文献类型的分类，统计其中图书的被引次数，从而遴选出对中国体育人文社会学学术交流产生较大学术影响的图书以及著者。

六 合作研究分析

合作是人们为了彼此之间达到共同的目的，而进行的相互配合、相互补充的联合工作的手段与方式，是各研究领域实现研究目标的有效途径，一方面，通过合作研究能够发现研究领域内新的研究议题，富有成效的合作能创造新的知识，有力推动现有研究领域的进步；另一方面，对于同一研究议题，通过将不同研究人员各自独特的专业知识、技术与资源相结合，研究人员能够解决用单一研究途径无法解决的问题[1]，领域内的合作研究者之间由此还能够获得不同角度的思考空间。当前，中国在很多领域中都提倡协同创新式的发展方式。科研领域中协同创新的特征在于将不同领域的知识、属于不同背景的人的经验、智慧和才能以及属于不同组织的资源、信息有机地结合起来，达到优势互补、综合集成，打破空间和层次界限，开放式地解决复杂创新问题[2]，它可以有效构建科研领域中的知识创新[3]，合作研究正是科研工作协同创新的具体表现。

本研究中涉及的文献计量分析方法还有很多，也很具体、细致。特别是涉及具体研究对象中的数据识别和遴选都使用了大量的人工手段和花费了大量时间。具体方法运用和数据处理方面的细节，在本研究的具体章节里面都会有所体现。

---

[1] ［美］麦克里那：《科研诚信——负责任的科研行为教程与案例（第三版）》，高等教育出版社2011年版，第143—144页。

[2] 李金亮、沈奎：《创新与政府》，广东经济出版社2010年版，第82—85页。

[3] 全国科技管理干部培训阅读丛书编委会：《建设创新型国家》，上海科学技术出版社2009年版，第168页。

第四节 研究内容描述

本研究的实质是通过文献计量学的定量研究来把握体育人文社会学科发展状况，主要的研究对象是体育人文社会学的研究范式，体育人文社会学的研究重点和趋势，以及交叉学科等。具体的研究内容体现在包括体育人文社会学研究概况，体育人文社会学引用概况，体育人社会学关键词分析、研究机构分析、合作者分析以及有影响力的论文、图书等，此外还有基于人大复印资料（体育）的体育人文社会学关键词分析，以及具体子学科体育经济学的研究范式的枚举研究。

一 体育人文社会学研究范式

体育人文社会学研究范式并非表面的研究方法问题，如同研究范式的内涵一样，它是体育人文社会学研究发展中包括了研究方法、形式、观点等的一系列理论的归纳和总结。即在一段时期内，能体现出体育人文社会学研究的共同特点和重点，反映出研究者对体育人文社会学研究的态度和趋向，但不限制转移空间出现的一种模式，又或称为一种归纳、总结[①]。

人文社会科学与自然科学研究的区别表面上看来自然科学更具有科学的属性。因为自然科学的研究对象、研究方法以及对社会经济促进的积极作用和价值等方面，似乎比人文社会科学更有条理，更为严谨。而实际上，人文社会科学从上述的角度而言更有价值和意义。因为它的研究内容更宏观，研究对象更前沿、更务实。因为人文社会科学重要的价值在于为政府决策提供参考，使得政府的决策直接为社会经济的发展起到导向性作用，即政策性建议。于是人文社会科学的研究出发点应当是社会经济发展中的热点或前沿性问题所在。体育人文社会学科正是如此，虽隶属人文社会科学，但研究范式应当不失其普遍性、公有性、无私利性和有条理的怀疑性

[①] 董梦也：《试论我国体育经济学研究范式》，首都体育学院硕士学位论文，2013年。

的自然科学属性。

具体的研究过程通过对2002—2011年间体育人文社会学的发文总量进行统计分析，包括期间体育学发文情况、体育人文社会学发文情况，载文期刊类型、比例分析，增长分析等，以及引文情况分析中的体育学和体育人文社会学的引文分别统计比较分析，分析点：引文数量、引文语种、引文类型等。在此文献计量分析基础上，通过对其研究特征、学术资源分析、研究成果的学术影响分析，以及体育人文社会学研究对体育学科的促进分析、体育人文社会学的研究趋势分析等。本研究的首要研究内容则是归纳和概括体育人文社会科学研究范式，规范学科发展的同时，又进一步促进其学科发展。

二 体育人文社会学研究热点和趋势

长期以来，科学研究的热点和趋势通常由专家凭借自己对学术领域的把握来认定，这种认定难免带有专家的主观意识。学界也希望能通过一些客观数据来科学地反映各学科的热点研究领域和研究发展趋势，CSSCI给我们创造了这样的条件，本研究就是利用对体育人文社会学类论文中关键词数量的统计以及各年度变化情况，来分析体育人文社会学研究中的热点和趋势。

（一）研究热点分析

本书从体育人文社会学论文中抽取出关键词进行统计，并汇集2002—2010年在论文中出现的关键词数量，并将出现频率较高的关键词列出，然后将同义关键词汇集讨论，指出体育人文社会学科研究热点。可以说，关键词所代表的主题出现得越多，越可能是学术界研究热点，因为关键词出现的多少是由论文主题来确定的，所以关键词出现得越多，其涉及的研究主题就越有可能是学科研究热点。为了更清晰地把握各研究领域的研究热点，我们还进一步把关键词作了领域区分，比如体育社会学、学校体育、体育经济、体育新闻与传播等，可以分领域地深入讨论其研究热点。

（二）研究趋势分析

对体育人文社会学科的研究趋势是根据对关键词出现的频次的变化情况分析得到的，将出现频率较高的、并且在2002—2010年间频次变化较大的关键词提取出，分析它们出现次数的升降变化情况，并根据各学科研究领域的半衰期，预测各学科的研究趋势。这是一项具有开拓意义和价值的研究，过去的热点凭的是专家的经验主观揣测，本研究是采取的依据客观数据进行的科学推测，应该说这是科学研究发展趋势预测的一大进步，早期利用这一方法对图书情报领域研究趋势成果的分析，已经证明过去的预测是符合当前研究现状的。

这部分内容主要体现在体育人文社会学关键词分析、引文概况、二次文献转载分析即人大报刊资料（体育）关于体育人文社会学载文的关键词和内容分析等。

三 体育人文社会学交叉科学研究

体育人文社会学是多种学科交叉、融合，甚至是许多学科的边缘学科所致，对其相关学科的研究将有助于本学科的良性发展，且对本学科未来发展也将起到一定的积极意义。本研究的主要成果即是在分析和梳理相关交叉学科的发展对体育人文社会学的影响，同时也指出了体育人文社会学对其他交叉学科的贡献。研究方法上不仅通过体育人文社会学的发文以及发文期刊类型的比例，来了解该学科的开放度和融合度，同时还有通过引文分析来体现体育人文社会学的引用网络，即学科间的交叉情况。

学科间的交叉渗透已是越来越普遍的现象，这种现象会使学科出现新的增长点和研究方向，促进学科理论和方法的完善和发展，因此探索学科间的关系具有重要意义。本书依据CSSCI（2007—2011年）的引文数据，从学科引用和被引两个角度探讨了体育人文社会学与其他相关学科的关系，构建了学科引用网络和学科被引网络，揭示了体育人文社会学的引用和被引规律以及该学科的学术依赖和学术影响，进一步分析得出该学科目前发展的优势和弊端，以期使得体育人文社会学这一新兴学科能更好地发展。

四 后续研究

体育学在整个学科体系中所占的比重并非很重，但自身却是一个发展迅速，也是一个涉及人文社会、自然科学在内的多学科交叉学科，同时自身属下也不仅仅是一个体育人文社会学所能概括的一个单一学科,而是还包括了体育教育与训练学、运动人体科学、民族传统体育学在内的多个子学科。通过文献计量学的定量分析研究方法率先对体育人文社会学的发展状况进行研究,旨在为后续的其他体育学二级学科发展状况研究打开一条定量分析研究的路径,以及整个体育学整体发展状况。

后续的研究还包括体育科研评价体系、体育学科发展状况研究等相关研究。相关后续研究的统一思想都是有别于传统的定性学科分析法,而是基于文献计量学的定量研究。

(一)体育科研评价体系研究

研究内容目标是完善体育科研评价体系和建立体育科研的评价模型,通过这个模型使我们能够了解体育学研究的现状、特点,发现体育学科研新的增长点。这个评价体系并非仅仅是给体育学个人和机构排座次,其主要着眼点放在发现体育科研存在的不足,对体育学术资源进行合理的分析,对体育研究机构进行科学的评估,对体育科研的研究趋势进行预测。

体育科研评价体系分为纵横或者说微观、宏观两个层面:微观层面也即纵向是具体的指标体系层面;宏观也即横向上是指具体体育科研评价对象体系。

1. 体育科研评价指标体系

该体系主要包括了以下5个方面内容,综合反映了评价对象的科研影响力等。

(1)体育科研成果的特征分析

这一指标主要用于发现体育科研的研究特征,发现体育科研存在的不足,指导改进体育科学研究,并指出改进体育学研究的方法和途径。

(2)体育科研的学术资源的分析

分析国内外体育学术资源,考察中国体育科研的学术资源使用状况(并考察体育学领域对其他学科资源的引用情况),分析中国体育科研者对学术资源的利用情况,特别是体育学各二级学科对学术资源的利用情况分析,并对科研创新能力进行评估。

(3)体育研究成果的学术影响分析

科研成果的学术影响来自是否被利用,具体表现在是否被读者阅读和被其他学者在研究中引用。本研究将综合考察下载率和引用分析，发现有重要影响的学术成果，有重要影响的学者，有重要影响的学术机构。这一指标将对指导学者阅读和获取重要成果有参考价值，对学术交流和学习提供线索。

（4）体育科研对体育事业的促进分析

该指标主要考察科研成果是否对体育竞技、大众体育和体育规划与决策具有指导作用。这项指标对考察中国体育科研是否与实际脱节或是否与体育事业紧密结合的有效途径。从而避免或减少大量的科研投入而实效甚微的窘地。

（5）体育科研的趋势分析

这项研究不仅考察体育学领域的研究热点，还将通过体育学科研究领域的主题半衰期预测未来的研究热点（趋势），通过学科交叉成果和对其他学科知识引入的成果，分析未来体育学学科创新点，以此为调整学科结构提供参考。

2. 体育科研评价对象体系

该体系是宏观也即横向上是指具体体育科研评价对象体系。就目前体育科研评价比较突出，也比较能够概括当前体育科研影响力的5个方面，结合上述微观指标客观分析评价。

（1）学术机构和地区科研产出排行榜

学术机构和地区科研产出排行榜主要指机构和地区发表体育学研究文章数量的排行榜，这一排行榜是对学术成果统计分析得到，体现了机构和地区的体育科研产出力，发现核心研究机构和地区，同时将统计分析深入到体育学二级学科。

（2）机构和地区的学术影响力排行榜

机构和地区的学术影响力排行榜主要是对机构和地区作者的文章被引情况统计分析得到。也就是说，对这些研究机构和地区的文章被引用的数量统计后，给出的排行榜。该排行榜的目的，反映各机构和地区在体育学领域的学术影响力。

（3）学者排行榜

作者是科学研究的主体，对于体育科研学者来说，他们的研究成果主要是通过论文和著作形式表现出来，论文和著作发表得越多说明该学者的科研产出率高，他们的研究成果得到一定的认可。另一方面，作者的学术影响更多地表现在其成果被他人引用和借鉴，因此作者被引（指作者成果被引）得越多说明该学者在学术界的影响越大。因此，学者排行榜主要是反映学者的科研产出力排行榜（发文数量排行）和学者学术影响力排行榜（被引数量排行）。

（4）成果学术影响力排行榜

成果学术影响力排行榜主要是对文章引用的文献统计得到。一般而言，在已出版的成果中，被引用得越多，其产生的学术影响就越大。该排行榜就是根据成果被引情况统计得到，主要提供论文被引排行和著作被引排行，以后根据数据还可能增加博士论文被引排行。该排行榜为读者阅读、机构收藏、政府机构评奖等提供有效的参考。

（5）学科特征与研究趋势发展报告

该报告主要根据对体育科研论文和引文的分析，反映体育学研究的特征，存在问题、发展趋势。如通过引用文献的数量考察体育科研的学术规范和深度；引用文献的语种考察与国外研究的接轨度；学科交叉情况分析发现体育科研新的增长点；关键词统计并辅以半衰期的分析得到未来的研究趋势；等等。需要强调的一点是，所有的分析将深入到体育学二级学科层面进行。①

（二）体育学科发展状况

通过对体育人文社会学科的发展状况研究，以及对体育学科研评价体系的研究基础上，体育学科的整体发展状况研究自然而然地提到了议事日程。体育学不仅是具有自然科学和人文社会科学双重属性的综合学科，同

---

① 该部分内容根据作者相关立项课题，北京市教委研究项目"科研基地—科技创新平台—高等体育院校科研管理服务体系构建及运行机制研究"2012年北京市教委科研基地项目（PXM2012_014206_000050）整理。

时还包括体育教育与训练、运动人体科学、民族传统体育等多学科在内的交叉性学科，各种新理论、新方法、新观念层出不穷，可以说是学科发展极具挑战性。当然，作为一个正在迅速成长的新兴学科，如何促使其更加快速和沿着科学的轨道发展，对过去的研究进行回顾、对研究状况进行分析以及对未来的研究进行展望都是非常必要的。此部分研究将延续本研究的研究方法和成果，继续对近年来特别是进入 21 世纪以来的十余年间的体育学科发展进行分析和总结，以便体育学界对本学科研究状况有进一步了解，并以此促进中国体育学研究更快更深入地发展。

近十余年来应该来说是中国体育科学发展较快并具有代表性的一个时期，总结近十余年来体育科学研究状况具有重要价值和意义。按照当前体育科学的一级学科分类，结合本研究思路中 CSSCI 引文计量分析方法，本研究具体研究目标内容包括：

1. 中国体育人文社会学科研究状况

体育人文社会学科隶属人文社会科学，其研究范式应当不失其普遍性、公有性、无私利性和有条理的怀疑性的自然科学属性。本研究的首要研究内容则是在文献计量分析基础上，归纳和概括体育人文社会科学研究范式，规范学科发展的同时，又进一步促进其学科发展。

2. 中国体育教育与训练学科研究状况

体育教学与训练学科一直是中国体育学科研究的重点和热点，而传统此类研究往往由专家凭借自己对学术领域的把握来认定，难免主观意识较浓。学界也希望能通过一些客观数据来科学真实地反映本学科的热点和发展趋势，本项目基于此将充分利用定量分析的方法来对该研究领域研究做出客观评价和分析。

3. 中国运动人体学科和民族传统体育学科研究状况

这两部分研究领域长期以来处于体育科学发展研究中相对薄弱环节，尤其是定量分析。但作为体育科学的重要组成部分，其发展状况不容忽视。

无论现有研究和后续研究都有别于传统的定性分析，而是从定量分析入手，通过对发文量、引文等定量分析，对体育学及其子学科研究成果进行多角度的分析评价，主要目的是通过客观数据和分析评价来揭示中国体育学及子学科研究的特征、热点和趋势，规范体育学研究方法、范式、评价体系等，依托文献计量学对体育学科及其子学科研究成果进行计量统计，以客观数据为依据，厘清体育学研究现状，为体育学建设和完善打下相应理论基础，以促进我国体育学研究健康发展，为我国体育学发展起到积极有价值的推动作用。[①]

[①] 该部分内容根据作者相关立项课题，北京市教委研究项目"近十年我国体育科学研究状况——基于CSSCI（2002—2011）定量分析"2012年北京市教委科研基地项目（PXM2012_014206_000050）整理。

第二章 中国体育人文社会学研究概况分析

体育人文社会学是研究体育运动领域中各种人文现象和社会现象的综合性学科，它是在体育科学和人文社会科学两个母学科基础上发展起来的新兴学科[1]。其范畴主要包括学校体育学、体育伦理学、体育社会学、体育哲学、体育法学、体育管理学、体育史学、比较体育、体育经济学等学科[2]。自1997年被列为体育学的二级学科以来，体育人文社会学获得了快速的发展，无论是在学科理论构建方面，还是学科应用方面都日趋成熟，其地位和作用越来越受到人们的关注。在这良好的发展态势下，对体育人文社会学进行全面的审视显得尤为重要。

近年来，有很多学者利用CSSCI来对中国人文社会科学各学科作分析评价，但还没有专门利用CSSCI对体育人文社会学科进行评价的成果。此外，也有很多学者有对当代中国体育人文社会学的发展状况作研究，还有学者仅对体育社会学作研究[3]，但都停留在以体育基本理论及应用实践方面为主的定性评价研究层面。因此从文献计量学的角度来反映中国体育人文社会学研究的学术影响和研究发展具有现实意义。早在2006年，朱唯唯发表的《体育学学术影响力研究报告——CSSCI体育科学文献分析》中指出体育学正在走向成熟，但跟其他人文社会科学学科比起来还是有较大差距[4]，

---

[1] 卢元镇：《体育人文社会科学概论高级教程》，高等教育出版社2003年版，第45页。
[2] 萨日娜：《体育人文社会科学在我国体育事业发展中的引领作用研究》，北京体育大学硕士论文，2012年。
[3] 董红刚：《中外体育社会学研究热点的对比分析》，《首都体育学院学报》2009年第5期。
[4] 朱唯唯、邓三鸿、白云：《体育学学术影响力研究报告——CSSCI体育科学文献分析》，《体育科学》2006年第10期。

那么作为其二级学科的体育人文社会学又有怎样的表现？利用 CSSCI 提供的 2002—2011 年的各类数据对体育人文社会学的发展概况作全面的分析评价，具体来说是从体育人文社会学的发文和引文概况、论文类型及刊载期刊类型等方面展开分析，来展现其研究的现状、特点、不足及趋势，以便于人们能更全面、深入地了解体育人文社会学的科学研究状况，期望能够对学科建设及研究都有所帮助。体育人文社会科学始终坚持为中国体育事业服务，通过与体育学其他学科的相关数据进行比较，可以展现体育人文社会学在体育学中的影响力及地位。

第一节 体育人文社会学论文刊载期刊分析

2002—2005 年间，CSSCI 收录的体育学学术期刊为 7 种，在 2006—2007 年，体育学期刊达到 9 种，而在 2008 年以后增至 10 种。体育人文社会学论文主要刊载于这些期刊。

2002—2011 年 10 年间 CSSCI 共收录体育人文社会学文章 9087 篇，其中刊载在体育学期刊上的文章 8638 篇，有 449 篇刊载在非体育学期刊上，如经济学、管理学和各类综合性学报等。有 95.1% 左右的体育人文社会学文章集中在体育学期刊上，而仅有 4.9% 的文章刊载在非体育学期刊上，这一分布情况基本符合布拉德福文献分散与集中定律，即某一学科的文章高度集中于期刊数量相对较少的核心区内，而少数分布在期刊数量较多的其他区域。详细数据参见表 2-1。

表 2-1 2002—2011 年 CSSCI 收录的体育人文社会学论文刊载期刊类型情况 （单位：篇）

期刊类型＼年份	2002	2003	2004	2005	2006	2007	2008	2009	2010	2011
体育学期刊	555	700	720	834	1029	969	1045	971	1004	696
非体育学期刊	54	41	57	52	65	93	78	52	42	30
体育学期刊占比(%)	91.13	94.47	92.66	94.13	94.06	91.24	93.05	94.92	95.98	95.87
总计	609	741	777	886	1094	1062	1123	1023	1046	726

按照文献计量学理论，学科的文献增长一般可分为 4 个阶段：即缓慢增长的初始阶段、指数增长阶段、线性增长阶段和缓慢阶段，但表现在各学科的形式略有不同，某领域的文献数量在一定程度上反映了一门学科的研究水平和发展程度[1]。从表 2-1 的数据可以看出，2002—2011 年 CSSCI 收录的体育人文社会学文章总体来说是呈上升趋势。从 2002 年仅有 609 篇，到 2008 年达十年之最 1123 篇，其中 2006—2010 年是体育人文社会学发文最为旺盛的时期。笔者认为这其中原因不只是因为 2006 年开始 CSSCI 收录期刊在增加以及学科趋于成熟，另外一个很重要的原因是 2008 年对于中国体育界来说是一个特殊并有重大意义的年份——第 29 届奥运会以及第 29 届残奥会均在这一年于中国北京举行，并且中国在奥运会金牌榜上夺得金牌总量第一名。可以说，这一年社会各界的目光都聚焦在这次体育盛事上，同时也引起了学术界的广泛关注与思考，引发了一次体育研究热潮。根据源数据发现从 2007 年开始，体育人文社会领域对奥运题材的关注热度增加。2008 年以后随着奥运会热度的慢慢退却，关于奥运的文章数量也开始回落。而纵观全局发现 2011 年的发文表现得不尽如人意（726 篇），数量明显少于前几年。

探究其原因时发现，近年来有一些期刊，尤其是学术类期刊，在注意形式和规范的同时，更加注重内容和学术分量，不少期刊取消了"篇幅限制"，有些期刊载文量下降[2]。与此同时，随着国家以及全民对大众体育、体育消费等方面越来越关切及重视，促使体育人文社会学的研究不断深入，从开始几年的以概念、理论为主，到现在越来越注重应用以及跟其他学科的结合，期刊在收录文章时也更注重质量和学术性。以体育学核心期刊《北京体育大学学报》为例，表 2-2 给出 2002—2011 年《北京体育大学学报》的载文情况，数据来源为 CNKI 数据库。从数据中可以看出，到 2007 年以前，该期刊载文量保持递增状态，2008 年开始减少，到 2011 年年均载文量只有 463 篇，是最多时期（2007 年）的一半还不到。这一情况印证了体育学期刊近几年载文量下降的说法。而体育人文社会科学 90% 刊载在体育学期刊上。

---

[1] 邱均平：《信息计量学》，武汉大学出版社 2007 年版，第 53—61 页。
[2] 颜志森、邓友娥：《92 期〈中国科学〉若干载文特征分析》，《中国科技期刊研究》2009 年第 2 期。

表 2-2　　　　　　　2002—2011 年《北京体育大学学报》载文情况

年份	2002	2003	2004	2005	2006	2007	2008	2009	2010	2011
载文量（篇）	321	334	642	633	628	978	549	498	471	463

因此，2011 年发文量的减少也是情有可原。总的来说，体育人文社会学的研究还是处于不断进步的状态，并且呈现出旺盛的生命力。

通过研究一个学科的论文刊载期刊类型，尤其是刊载在非本学科期刊的论文数量变化情况可以反映出该学科对其他领域的影响力。图 2-1 给出了体育学期刊和非体育学期刊刊载的体育人文社会学文章数量的比例变化情况。

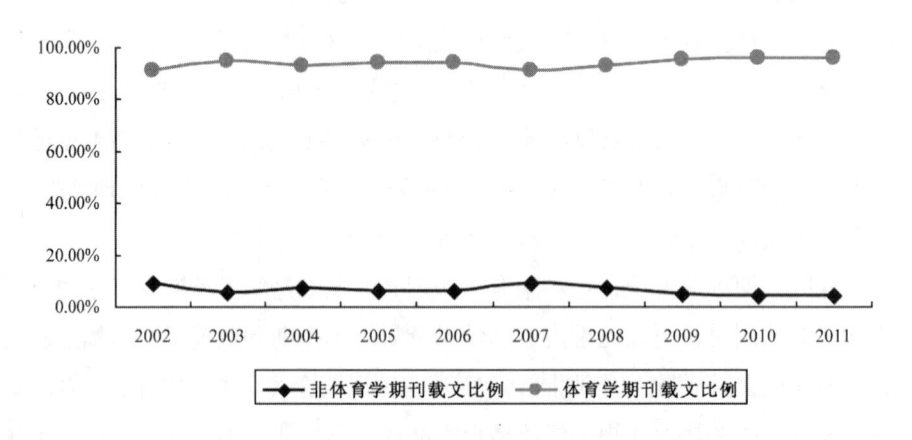

图 2-1　体育学和非体育学期刊刊载体育人文社会学论文数量变化图

通过图 2-1 可以更清晰地看出，体育学期刊上历年的体育人文社会学论文完全保持在 90% 以上，同时有研究也表明体育期刊高被引频次的论文也多数集中在体育人文社会学领域，说明体育学期刊上刊载的体育人文社会学文章不仅密度大，而且更能代表体育学的最新研究水平以及更能反映体育学研究的发展趋势。[①] 只有 6% 左右的体育人文社会学文章刊载在非体育学期刊上，说明体育学与其他学科有一定的渗透，但从数量和比例上来看，

---

① 刘文娟、陈勇、崔建强：《体育期刊高被引频次论文学术影响力分析》，《首都体育学院学报》2013 年第 3 期。

这种渗透性还是有待加强的。细看其变化趋势发现刊载在体育学期刊的体育人文社会学文章所占的比例呈微小的波动中稳步增长，非体育学期刊刊载的体育人文社会学论文呈缓慢下降趋势。

结合表2-1中的数据可以看出，体育学期刊刊登的体育人文社会学论文比例在2007年以前一直在波动中上升，2007年下降到一个新低点（仅微高于2002年），以后在逐年上升，2011年又出现微降的趋势。与此相反，发表在非体育学期刊上的体育人文社会学论文比例在2007年达到最高（8.76%），这也是即将在北京召开的奥运会前夕带来的全民关心体育的一个热潮，随后几年比例开始逐年下降。这一情况需要引起体育人文社会学学者的高度重视，体育人文社会学本身就是一门综合性学科，随着研究的不断深入，其研究领域也将逐步拓宽。近年来，虽然有学者们围绕"体育人文社会学学科"进行了一些非常有价值的研究，但这些研究主要集中在对体育人文社会学方法论、体育人文社会学发展的规律、体育人文社会学研究进展、特点、任务、体育人文社会学理论框架等的研究上。然而随着政治、经济、科技等方面的发展，社会现象变得越来越深刻和复杂，体育人文社会学的概念并不是一成不变的，其研究的范围应该更加扩大，而不是局限于体育领域。[①]

为了对比体育人文社会学与体育学的论文刊载在体育学期刊和非体育学期刊的状况，我们对体育学其他学科论文也进行了同样统计，以此对比。表2-3给出了2002—2011年CSSCI收录的体育学其他学科论文的刊载期刊类型情况。

表2-3　　2002—2011年CSSCI收录的体育学论文刊载期刊类型情况　　（单位：篇）

期刊类型＼年份	2002	2003	2004	2005	2006	2007	2008	2009	2010	2011
体育学期刊	905	815	1125	1152	1274	1381	1515	1410	1308	1341
非体育学期刊	45	38	53	37	40	57	111	42	31	36
体育学期刊占比（%）	95.26	95.55	95.50	96.89	96.96	96.04	93.17	97.11	97.68	97.39
总计	950	853	1178	1189	1314	1438	1626	1452	1339	1377

---

① 韩春利、曹莉、孙晋海、王秋华：《我国体育人文社会学发展现状、问题与对策研究》，《北京体育大学学报》2008年第9期。

从表 2-3 数据来看，2002—2011 年，CSSCI 共收录体育学文章 12716 篇，其中刊载在体育学期刊上的体育学其他学科文章 12226 篇，有 490 篇刊载在非体育学期刊上，96.15% 左右的体育学文章集中在体育学期刊上，只有 3.85% 的文章刊载在非体育学期刊上，同样的，体育学其他学科的文章分布也是符合布拉德福定律的。从文章总量变化情况看也基本上是在上下浮动中上升，其中 2004 年的增长幅度最大，达到 38.1%。到 2008 年到达顶端（1626 篇），其中有三年处于下降态势（2003 年、2009 年、2010 年），其他年份都有或多或少的上升。

通过体育人文社会学和体育学的其他学科发表在非体育学期刊上的论文数量和比例，可以比较出两者的扩散性和融合性。从发表在非体育学期刊上的论文数量看，体育人文社会学论文数量（564 篇）高于体育学其他学科数量（490 篇），从比例上看，体育人文社会学更是高于体育学其他学科，只有 9097 篇数量的体育人文社会学论文，有 564 篇刊载在非体育学期刊上，比例达到 6.2%，而体育学其他学科论文拥有 12716 篇论文只有 490 篇刊载在非体育学期刊上，比例仅有 3.85%。图 2-2 是体育人文社会学和体育学其他学科论文刊载在非体育学期刊上的比例对比图。

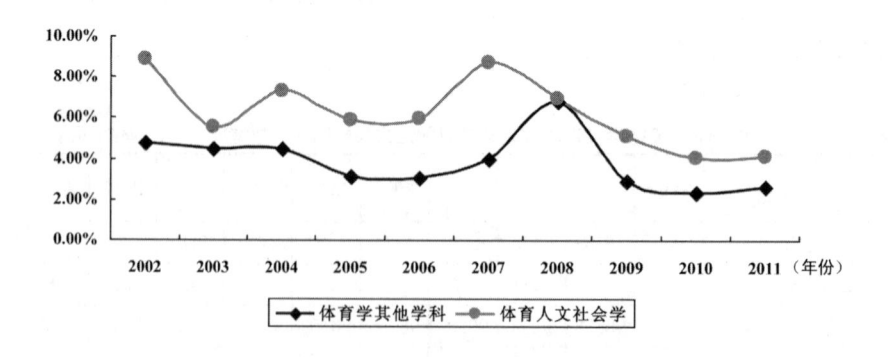

图 2-2 体育人文社会学与体育学其他学科论文刊载在非体育学期刊比例对比图

由图 2-2 可以看出，两条年度比例曲线都是在上下变化之中，体育人文社会学刊载在非体育学期刊上的论文比例曲线始终位于体育学其他学科的上方，只有 2008 年两者极为接近，但随后又拉开了一定距离。距离最大的年份是 2002 年，差距达 4.13%，差距最小的年份是 2008 年，差距只有 0.12%。总之这两条曲线说明了，体育人文社会学相比体育学其他学科具有更大的开放性和融合性。

第二节 引文概况分析

对体育人文社会学引文概况的分析，可以发现该学科研究的特点和差异。这里着重对论文的篇均引文量进行分析，篇均引文量是论文引用参考文献的平均数量，它是描述论文吸收信息能力的一项指标。论文的平均引文数量能够反映出一个学科研究的整体学术规范程度、研究深度和学者的学风。一般来说，研究深度越深，引用的文献也会越多；学科整体学术规范程度越高，引用的文献也会相对较多。[1] 为了通过引文状况考察体育人文社会学的论文特征和作者研究习惯，我们统计了体育人文社会学论文的引文数量等相关信息，详细数据参见表 2-4。

表 2-4　　　2002—2011 年 CSSCI 收录的体育人文社会学引文概况

年份 \ 类型	来源文献（篇次）	引用文献（篇次）	篇均引文数	有引文文章	无引文文章	有引文文献比例
2002	609	3017	4.95	549	60	90.1%
2003	741	3854	5.20	693	48	93.5%
2004	777	4669	6.01	735	42	94.6%
2005	886	6520	7.36	852	34	96.2%
2006	1094	9594	8.77	1063	31	97.2%

---

[1] 苏新宁：《中国人文社会科学学术影响力报告》，中国社会科学出版社 2007 年版，第 2 页。

续表

类型 年份	来源文献 （篇次）	引用文献 （篇次）	篇均引文数	有引文文章	无引文文章	有引文 文献比例
2007	1062	10176	9.58	1007	55	94.8%
2008	1123	11035	9.83	1085	38	96.6%
2009	1023	11438	11.18	1012	11	98.9%
2010	1046	11880	11.36	1033	13	98.8%
2011	726	9537	13.14	708	18	97.5%
合计	9087	81720	8.99	8737	350	96.1%

根据表2-4提供的数据，2002—2011年CSSCI共收录体育人文社会学来源文献9087篇，平均每年900多篇，引用文献合计81720篇，篇均引文数8.99篇；有引文文章为8737篇，无引文文章350篇，有引文比例达96.1%。这10年间体育人文社会学论文的篇均引文量有了很大的飞跃，从2002年开始逐年上升，从一开始的仅有4.95篇次，到2011年翻了近3倍达到13.14篇次，并且有引文比例也在不断升高，从90.1%上升到97.5%。数据表明，体育人文社会学研究方式逐步走向规范化，学者们越来越注重引用、借鉴他人的研究成果，来使自己的研究成果更丰富、更严谨，研究深度不断加深。但是通过对比发现，2002—2006年体育人文社会学文章的篇均引文数（6.458篇）低于同期人文社会科学整体的篇均引文数（7.386篇）[①]，而有引文文献比例（94.8%）明显高于人文社会科学（73.78%），说明体育人文社会学的研究在整个人文社科领域还是相对比较规范的，更加注重引证，但在研究深度方面还是有待加强，这个情况需要引起体育人文社会领域学者的关注。令人欣喜的是，体育人文社会学篇均引文量在2007—2011年（11.016篇）比前5年有很大的提高。

为了对比体育学其他学科的引文状况，我们还对体育学其他学科的引文概况进行了统计，以此来进一步对比说明体育人文社会学研究存在的不

---

① 白云、袁翀、胡玥、苏新宁：《基于CSSCI的中国大陆图书馆学研究分析》，《新世纪图书馆》2008年第1期。

足及特点。表 2-5 给出了 2002—2011 年 CSSCI 收录的体育学其他学科论文的引文统计数据。

表 2-5　　2002—2011 年 CSSCI 收录的体育学其他学科引文概况

类型 年份	来源文献 （篇次）	引用文献 （篇次）	篇均引文数	有引文文章	无引文文章	有引文 文献比例
2002	950	5768	6.07	842	108	88.63%
2003	853	6149	7.21	801	52	93.90%
2004	1178	9355	7.94	1135	43	96.35%
2005	1189	11552	9.72	1155	34	97.14%
2006	1314	13638	10.38	1278	36	97.26%
2007	1288	14710	11.42	1254	34	97.36%
2008	1437	17273	12.02	1371	66	95.41%
2009	1372	16514	12.04	1351	21	98.47%
2010	1266	17303	13.67	1240	26	97.95%
2011	1331	18023	13.54	1325	6	99.55%
合计	12178	130285	10.70	11752	426	96.50%

2002—2011 年共收录体育学其他学科来源文献 12178 篇，平均每年 1218 篇，引用文献合计 130285 篇次，篇均引文数 10.7 篇次；有引文文章为 11752 篇，无引文文章 426 篇，有引文比例达 96.5%。从表 2-5 数据中可以看出，体育学其他学科 2002—2011 年间的篇均引文数量有了很大的提高，从 2002 年的 6.07 篇次，到 2011 年篇均引文数量达到了 13.54 篇次，上升趋势非常明显。有引文文献的比例也由 2002 年的 88.63% 上升到 2011 年的 99.55%。同样的，体育学其他学科的研究较注重文献引用，研究过程日趋规范。

通过表 2-4、表 2-5 的数据，我们可以清晰地对比出体育学其他学科与体育人文社会学之间的引文的差异。利用表 2-4 与表 2-5 中的体育人文学与体育学其他学科的篇均引文数据，绘制了图 2-3。

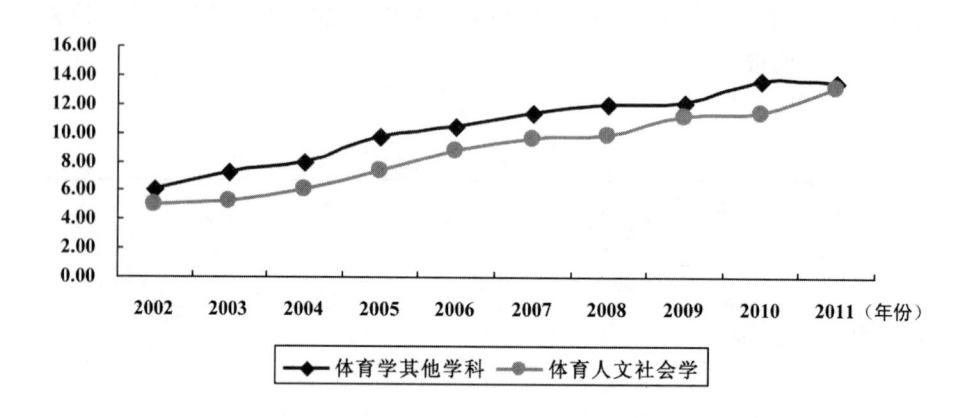

图 2-3 2002—2011 年体育学其他学科和体育人文社会学的篇均引文量变化情况

由图 2-3 可以看出，从数量变化趋势来看，两者的篇均引文量均保持着上升态势，但体育人文社会学论文的篇均引用文献数量始终低于体育学其他学科。只有 2009 年和 2011 年的差距不到一篇以外，其他各年两者差距都在 2 篇左右，最高的 2005 年达到 2.36 篇次。对比表 2-4 和表 2-5，有引文文献比例基本上可以说相差无几，说明体育人文社会学紧跟体育学发展的良好态势，作为一个新兴学科，学科成熟度也在日渐增强。但是从数量上来看，体育人文社会学每年的篇均引文量都低于体育学，可以说在篇均引文量上拖了体育学的"后腿"。总而言之，体育人文社会学的引文情况在自身纵向的对比来看是有明显的改善，但是同体育学其他学科以及人文社会科学进行横向对比时，表现得不尽如人意，还是有很大的提升空间。

第三节 论文类型分析

一般来说，对一个学科文章的论文类型进行统计，可以分析出该学科的主要研究方式，不同类型的论文在学科发展中有着不同的含义，例如研究论文一般代表了原创性的研究，综述和评论类论文主要是学者对过去研究的回顾以及学者之间的对话，有助于学科学术传统的形成，而译文则反映了对国外学术成果的关注度①。表 2-6 给出了 2002—2011 年体育人文社会学论文类型统计情况。

表 2-6　　2002—2011 年体育人文社会学论文类型统计情况　　（单位：篇）

年份 \ 类别	研究论文 发文	研究论文 引文	综述 发文	综述 引文	评论 发文	评论 引文	传记资料 发文	传记资料 引文	报告 发文	报告 引文	译文 发文	译文 引文	其他 发文	其他 引文
2002	578	2853	6	24	2	31	0	0	21	104	1	5	1	0
2003	720	3735	3	33	0	0	0	0	15	74	0	0	3	12
2004	761	4576	4	11	5	45	0	0	7	37	0	0	0	0
2005	828	6153	4	71	5	55	1	0	47	241	0	0	1	0
2006	906	8055	6	77	16	147	0	0	165	1315	1	0	0	0
2007	909	8847	11	102	8	111	0	0	125	1116	4	0	5	0
2008	970	9649	5	198	21	297	0	0	121	891	0	0	6	0
2009	972	10980	2	34	8	142	0	0	40	282	0	0	1	0
2010	1000	11241	2	84	11	223	0	0	33	332	0	0	0	0
2011	691	9001	2	33	13	315	0	0	20	188	0	0	0	0
合计	8335	75090	45	667	89	1366	1	0	594	4580	6	5	17	12

统计结果表明，中国体育人文社会学的研究成果主要是以研究论文为主，发文量占所有论文的 91.7%，说明体育人文社会学领域大部分文章是研究性、原创性的，并且习惯以研究论文的形式来呈现自己的研究成果。并且研究论文的发文量除 2011 年外逐年递增，说明体育人文社会学的研究水平的上升。其次是报告，发文量占总量的 6.5%。综述文章与评论性文章发文量相对较少，这 4 类文章组成了体育人文社会学文章的主体。最后是传记跟译文发文数量之少，几乎可以忽略不计，传记少的重要原因是相对于其他历史悠长的学科，体育人文社会学的兴起只有短短十几年的时间。

从年度变化趋势上来看，综述型文章数量正在不断减少，这一现象值得

---

① 魏姝：《中国政治学研究概况分析——基于 CSSCI 分析》，《重庆大学学报》（社会科学版）2008 年第 5 期。

引起体育人文社会领域学者的关注和思考，应加强对本学科研究成果的有效整理和总结。评论性文章少反映了本学科在学术批评和学术争论方面还有所欠缺。而报告的数量主要集中在2006—2008年奥运会比较热的这3年。

从引文量来看，不同类型的论文的引文量也是有区别的。评论型文章的发文数量不大，但是篇均引文数居于首位，高达15.3篇；紧随其后的是综述，篇均引文量达到14.8篇；而研究论文的基数虽然很大，但其篇均引文量只有9篇；排在第4的是报告，篇均引文量为7.7篇，总的来说这四种类型的论文在引文数量上有不错的表现，几乎都超过了体育人文社会学10年平均篇均引文数（9篇）。剩余的其他几种类型的论文发文很少，引文更是只有寥寥几篇，可以忽略不计。其中综述型论文的高引文量和它的文章性质是相一致的。总的来看，体育人文社会学的论文类型分布不均衡并且不全面。

第四节 小结

本章利用《中文社会科学引文索引》（CSSCI）2002—2011年的数据对体育人文社会学研究进行了多角度的定量分析。通过分析可以发现体育人文社会学这个与社会与时代紧密联系的学科，发展迅速并且其正在逐渐走向成熟，具体可以表现在不断增加的发文量，其研究成果日渐规范、严谨。在与体育学研究成果的比较中，体育人文社会学的研究状况也表现不俗，在体育学中的学科地位不断增强。但也存在着一些问题，值得人们关注和反思，比如论文数量分布上"两边低中间高"，论文类型分布不均衡、不全面，综述论文不断减少，与其他学科的交叉渗透不够等。总的来说，体育人文社会学整体上还处于不断探索前进的阶段，我们有理由期待将来的体育人文社会学研究有更好的表现。

第三章　中国体育人文社会学论文引文分析

引用是学术研究中最为常见的一种形式，学术论文中存在着大量的引用。同类研究的对比和借鉴需要在论文中引用，论文中用到的数据、案例等也需要在文中引出。可以说，所引用的成果和论文之间有着密切的关系。因此，通过对引用文献的分析，能够发现研究的来龙去脉，了解一个研究领域的发展源流，甚至分析出学科领域的研究特征。本章通过论文中引用文献的文种和类型，揭示体育人文社会学研究领域的开放性和成长性等特征。

自从体育人文社会学成为独立的二级学科（1997—2011年）以来，学界对体育人文社会学研究十分重视，取得了丰硕的成果。很多学者从不同的角度对体育人文社会学的学科定位、发展现状、发展策略和发展问题进行探讨和反思。例如，刘一民（2008）从体育人文社会学的科学性、人文性、综合性、理论性等学科特点出发，考察体育人文社会学与体育学、人文社会学、其他二级学科、体育社会科学的关系，得出通过加强"学体化"建设促进体育人文社会学的发展的结论[1]；韩春利（2008）通过考察体育人文社会学的重点研究领域、跨学科研究比例、翻译国外著作情况、统计分析国家社会科学基金体育学立项类型，定性地总结出体育人文社会学学科基础薄弱、分支学科发展不平衡、研究整合程度低等特点，提出了发展体育人文社会学的建议[2]；冯瑞（2009）从理论、学科发展历史变化、学科发展现

---

[1]　刘一民、曹莉：《体育人文社会学的特性与定位——体育人文社会学元问题研究之一》，《武汉体育学院学报》2008年第3期。

[2]　韩春利、曹莉等：《我国体育人文社会学发展现状、问题与对策研究》，《北京体育大学学报》2008年第9期。

状、学科发展前景等角度再度审视体育人文社会学的发展情况[1];李新红等(2012)从体育人文社会学学科研究方法、高校学科体系建设等角度对体育人文社会学的发展策略进行反思[2];刘文娟等[3]从体育期刊高被引频次论文角度进行研究发现高被引频次论文多为体育人文社会学的研究。

  类似研究的不一而足,总结起来,有两大特点:第一,宏观性;第二,定性的视角。在诸多的文献统计方法中,引文分析法是非常重要的分析方法,研究方法成熟、运用广泛[4]。朱唯唯等学者发表的体育学学科影响力报告,为我们的研究提供了很好的思路,即运用引文语种的分析和引文类型的分析来深入研究学科发展的开放性和成长性。论文引用文献的语种统计分析,从一个侧面体现了学者对外文文献第一手资料的获取能力和阅读能力,也反映了学科研究受国际先进的理念、成果的影响程度,体现学科发展的开放性;从一个学科引用文献的类型,可以看出该学科研究对文献的阅读取向,同时,也能够反映出学科发展的成熟度以及学科是在迅速发展还是缓慢发展[5],即学科的成长性。又如,学者刘一民(2008)论述的,考察体育人文社会学必须涉及其与体育学的关系,因此,本章论述的一个重要的着力点,即是将体育人文社会学与其一级学科体育学进行对比分析,以体育学为参考系,考察体育人文社会学的发展状况、问题,以及其在体育学学科中的地位。

---

  [1] 冯瑞、聂晶、韩彩灵:《再度审视体育人文社会学的学科发展》,《黄河科技大学学报》2009年第3期。
  [2] 李新红、陈雪梅等:《我国体育人文社会学学科发展反思与策略研究》,《山东体育学院学报》2012年第2期。
  [3] 刘文娟、陈勇、崔建强:《体育期刊高被引频次论文学术影响力分析》,《首都体育学院学报》2013年第3期。
  [4] 苑彬成、方曙等:《国内外引文分析研究进展综述》,《情报科学》2010年第1期。
  [5] 朱唯唯、邓三鸿、白云:《体育学学术影响力研究报告——CSSCI体育科学文献分析》,《体育科学》2006年第10期。

第一节 引文语种分析

一 体育人文社会学引文语种分析

论文所引用的每一条引文都有其特定的语言类型，即语种。反映了作者对不同语种文献的阅读偏好，也反映了论文的内在要求。那么，学科所有论文的引文语种所体现的统计特征，就反映了该学科学者总体的语种阅读偏好，以及学科的开放性。我们将2002—2011年CSSCI收录的体育人文社会学论文的引文按照语种作分类统计，得到表3-1。

表3-1　　　2002—2011年体育人文社会学论文引文语种统计　　　（单位：篇）

年份＼语种	中文	外文	译文	合计
2002	2833	79	105	3017
2003	3541	155	158	3854
2004	4125	324	220	4669
2005	5664	517	339	6520
2006	8211	764	619	9594
2007	8663	909	604	10176
2008	9491	941	603	11035
2009	9376	1442	620	11438
2010	9732	1412	736	11880
2011	7531	1784	222	9537
合计	69167	8327	4226	81720

从表3-1来看，很明显，2002—2011年中文是引用文献的主要语种，总计69167篇次，其次是外文8327篇次，最后是译文4226篇次。从各年的数据变化来看，除2011年外，各语种文献几乎都随着总引文量的增加而在增加，只有2009年的中文文献、2010年的外文文献和2008年的译文文献略比前一年减少外，其他年份都呈增长趋势。为了更直观地表示，我们将各文种

总引用文献绘制成比例图（见图 3-1），以对引用文献的语种概况做一分析。

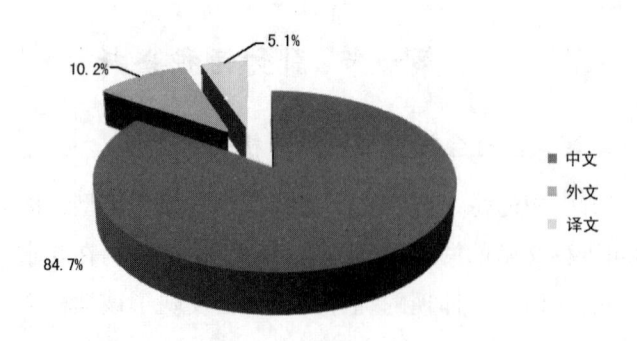

图 3-1 2002—2011 年体育人文社会学引文语种比例图

从图 3-1 中可以看出，中文面积最大，占所有引用文献语种的 84.7%；外文其次，占 10.2%；最后是译文，占 5.1%。在统计过程中，我们发现外文中，英文占 95.9%，说明英语世界的体育人文社会学对国内体育人文社会学的影响远远大于其他语种世界。图 3-1 从宏观的角度展示了 2002—2011 年体育人文社会学引文语种的情况，为了进一步分析其内在变化情况，我们将表 3-1 转化为时间序列上的比例变化趋势图（参见图 3-2）。

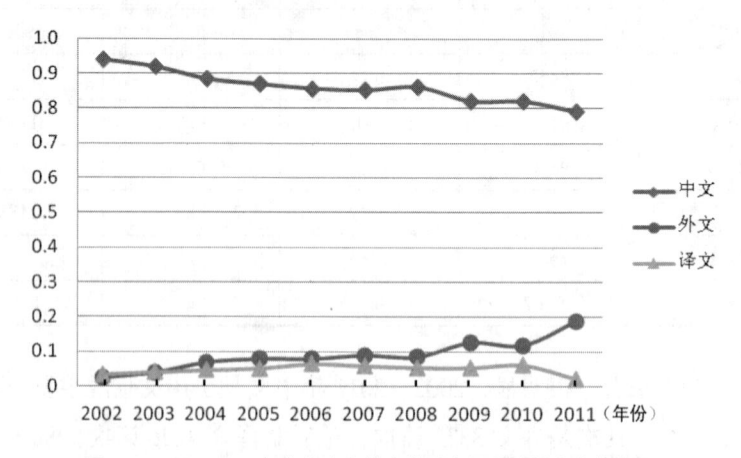

图 3-2 2002—2011 年体育人文社会学引文语种比例变化趋势图

如图 3-2 显示，语种的变化曲线鲜明地分为两层，中文远高于外文和译文，而外文在后几年明显高于译文。同时，我们发现中文的比例几乎逐年下降，外文的比例几乎逐年上升，中文和外文之间的差距在不断缩小，而译文波动平稳，变化不大。中文从 2002 年的 93.9% 下降到 2011 年的 79.0%，下降幅度为 15.9%；外文从 2002 年的 2.6% 上升到 2011 年的 18.7%，上升幅度为 86.1%；译文则从 2002 年的 3.5% 上升到 2010 年的 6.2%，但是 2011 年又陡降到 2.3%，说明 2011 年体育人文社会学对国外翻译文献的引用偏低。

二 体育学引文语种分析

为了将体育人文社会学与其一级学科体育学作对比分析，深入了解体育人文社会学发展中存在的优势与劣势，探讨其在体育学中的学科地位，我们专门对 2002—2011 年体育学引文语种情况进行了统计。类似于体育人文社会学，我们对 2002—2011 年体育学论文引用文献按照中文、外文、译文，做语种分类统计，得到表 3-2。

表 3-2　　2002—2011 年体育学论文引用文献语种统计　　（单位：篇）

年份＼语种	中文	外文	译文	合计
2002	6713	1808	264	8785
2003	7662	1945	396	10003
2004	10751	2709	564	14024
2005	12942	4436	694	18072
2006	16573	5687	972	23232
2007	17645	6151	1090	24886
2008	20299	6809	1166	28274
2009	20158	6984	1170	28312
2010	19501	8381	1298	29180
2011	17869	8631	1054	27554
合计	150113	53541	8668	212322

如表 3-2 所示，引用文献最多的语言类型是中文，总计为 150113 篇次，其次是外文 53541 篇次，译文相对较少为 8668 篇次。从各年度的语种文献

的数量变化情况看，中文文献从 2002 年开始一直呈上升趋势，2008 年以后逐渐下降，而外文文献则一直保持着上升趋势，译文文献的数量则完全随着总引文数量的上升下降而变化。为了对体育学引用文献的语种从总量的比例上分析，我们通过图 3-3 从宏观上更清晰地展示了其比例情况。

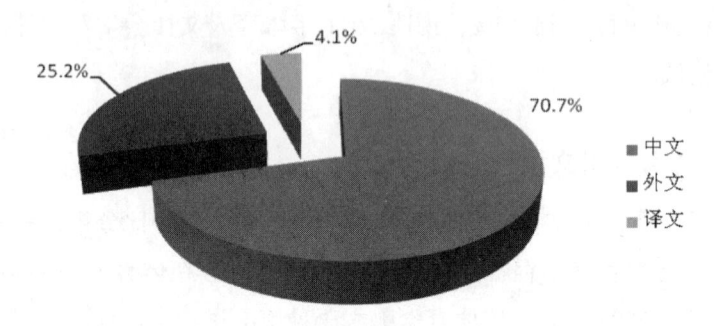

图 3-3 2002—2011 年体育学论文引文语种比例图

如图 3-3 所示，体育学引文语种中文占 70.7%，高于人文社会科学中文文献的平均引用率（63.97%）[1]，外文占 25.2%，译文占 4.1%。数据反映了体育学研究学者的阅读偏好，其对国内文献关注度明显高于国外文献及译文。为了从微观上更加细致地展示 2002—2011 年体育学论文引文语种比例的变化趋势，我们将表 3-2 数据通过比例计算展现于图 3-4。

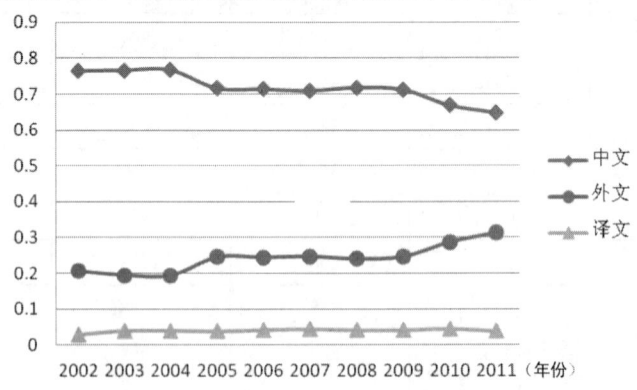

图 3-4 2002—2011 年体育学论文引文语种比例变化趋势图

---

[1] 杨思洛、红星：《网络环境下期刊引文的类型与变化分析》，《大学图书馆学报》2010 年第 1 期。

与体育人文社会学相比较，图3-4所显示的体育学语种比例变化曲线明显分为三个层次：中文、外文、译文。从总体上来看，中文比例是下降的，外文比例是上升的，并且二者的差距在缩小，但是2005—2009年间二者的比例曲线均趋于水平，几乎没有变化；译文2002—2011年10年间变化都很平稳。从具体数据来看，2002年体育学引用文献语种中文、外文、译文的比例分别为76.4%、20.6%、3.0%，2011年对应的各数据则为64.9%、31.3%、3.8%。中文的下降幅度为15.1%，外文的增长幅度为51.9%。

我们从两个层面上将体育人文社会学与体育学作对比分析：第一，总量上；第二，增量上。第一，从引文语种的总量上来看，体育人文社会学所有引文中中文占到84.7%，这一比例高于我国人文社会学63.97%[①]的平均水平，也高于体育学总体水平的70.7%；体育人文社会学引文中外文占10.2%，低于体育学的25.2%。说明中国体育人文社会学对国外学术成果的引用不如体育学总体水平，学科的开放性落后于体育学，这是体育人文社会学的劣势。第二，从引文语种的增量上来看，体育人文社会学2002—2011年，中文引用文献的下降幅度为15.9%，略高于体育学的15.1%；外文引用文献的增长幅度为86.1%，远高于体育学的51.9%，并且体育人文社会学几乎是逐年增长，而体育学2005—2009年几乎没有变化，这说明体育人文社会学在注意到对国外体育人文社会学成果的引入。因此，中国体育人文社会学的开放性虽然逊色于其一级学科体育学，但是在这方面的进步却快于体育学总体，说明参与体育人文社会学研究的学者在不断提高自身的外语水平，努力提高体育人文社会学的开放性，提高其在体育学中的学科地位，这一点也是我们倍感欣慰的。

三 体育人文社会学与体育学对比分析

从语种总体增幅的对比上，我们可以发现体育人文社会学的增幅大于

[①] 苏新宁：《中国人文社会科学学术影响力报告》(2011年版)，高等教育出版社2011年版，第1009页。

体育学。但是，考察这一变化的过程，还需要更细致的分析。因此，我们用体育人文社会学引用文献语种的数据（表3-1）与体育学引用文献语种的数据（表3-2）作比值，得到表3-3。

表3-3　2002—2011年体育学引文语种数据与体育人文社会学引文语种数据比值

年份\语种	中文	外文	译文	合计比例
2002	0.4220	0.0437	0.3977	0.3434
2003	0.4622	0.0797	0.3990	0.3853
2004	0.3837	0.1196	0.3901	0.3329
2005	0.4376	0.1165	0.4885	0.3608
2006	0.4954	0.1343	0.6368	0.4130
2007	0.4910	0.1478	0.5541	0.4089
2008	0.4676	0.1382	0.5172	0.3903
2009	0.4651	0.2065	0.5299	0.4040
2010	0.4991	0.1685	0.5670	0.4071
2011	0.4215	0.2067	0.2106	0.3461
合计比例	0.4608	0.1555	0.4875	0.3849

表3-3中的数据不是在于观察单个数据项，而是在于发现比值在时间序列上所显示的变化趋势。例如，体育人文社会学2002年引用文献中中文引文的篇次是2833篇次，对应的体育学是6713篇次，二者的比值是0.4220，其含义仅仅是体育人文社会学中文引文篇数占体育学总的中文引文篇数的42.2%，是由二者论文篇数的差距决定的；但从时间序列上来看，这一比值在不断波动，表3-3中2003年的中文数据是0.4622大于2002年的0.4220，表明作为分子的体育人文社会学数据是相对增加的。因此，语种比例数据在时间序列上的变化，就是考察学科开放性变化过程的依据。另外，表3-3中的合计比例值是总文献量的比值，那么将各语种的比值与合计比例比较，如果该值高于合计比例值，则说明体育人文社会学该语种的被引状况

好于体育学；若该值低于合计比例值，则说明此语种的被引状况差于体育学。从表3-3中可以看出，体育人文社会学的中文被引好于体育学，而外文被引差于体育学。反映了体育人文社会学的开放性逊色于体育学。我们将表3-3的数据绘制成曲线图，得到图3-5。

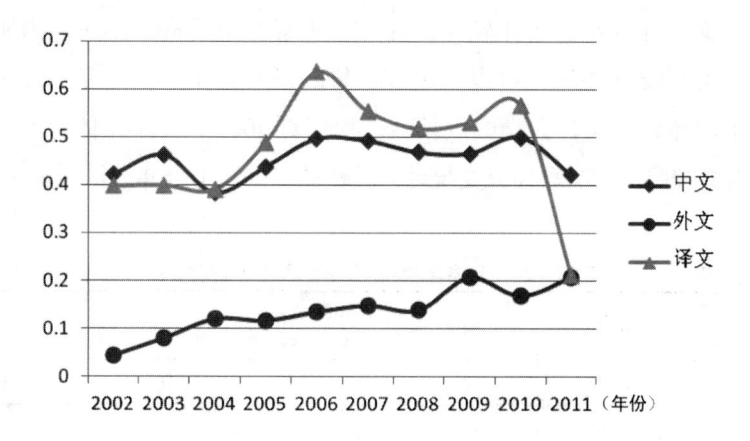

图3-5 2002—2011年引文语种数据比值变化趋势图

图3-5中，中文的曲线波动不大，说明体育人文社会学中文文献的增长与体育学总体趋于一致；外文的曲线几乎呈逐年的上升趋势，从2002年的0.044上升到2011年的0.207，说明体育人文社会学外文引用文献的增长幅度大于体育学总体外文引用文献的增长幅度；译文作为外文的一种形式，也是呈同样的上升趋势（2011年是奇异点）。2002—2011年中国体育人文社会学论文引用文献外文增长幅度几乎每年均大于其一级学科体育学，说明体育人文社会学在体育学中，对外文的获取能力与吸收能力不断增强，这一子学科在开放性方面朝好的方向发展，在体育学总体中的地位不断提高。

第二节 引文类型分析

一 体育人文社会学引文类型分析

论文引文的另一个重要特征，即是引文的文献类型。一般而言，对于某一篇论文而言，若作者引用的大多是期刊、会议或学位论文，则说明该论文作者关注的是最新的学术成果，如若引用的图书很多，那么说明该论文研究参考的成果多为领域内较为成熟的成果，其论文并非最新研究领域成果。如果从学科角度考察引用文献的类型，一个快速发展的学科往往大量引用论文，并且经典著作较少，因此，考察一个学科一段时期内所有论文的引文类型统计情况，可以看出该学科的发展是快速的还是缓慢的。为了考察中国体育人文社会学的成长性，我们对2002—2011年体育人文社会学论文引文按照不同类型作分类统计，并作适当的同类合并，得到表3-4。

表3-4　　　　2002—2011年体育人文社会学引用文献类型统计　　　（单位：篇）

年份＼类型	论文	图书	网络资源（条次）	其他	合计
2002	1502	1335	13	167	3017
2003	1900	1641	62	251	3854
2004	2323	2052	63	231	4669
2005	3322	2632	160	406	6520
2006	4984	3648	358	604	9594
2007	5137	3902	365	772	10176
2008	5847	3846	484	858	11035
2009	6236	3937	453	812	11438
2010	6862	3673	560	785	11880
2011	5477	2994	255	811	9537
合计	43590	29660	2773	5697	81720

如表3-4所示，2002—2011年中国体育人文社会学论文引文类型最多的是论文，总计43590篇次，其中期刊论文41811篇次，占论文总数95.9%，会议论文384篇次，占总数0.9%，学位论文1395篇次，占总数3.2%；其次是图书，总计29660篇次；再次是网络资源，总计2773条次；最后是其他文献类型的引文，总计5697篇次。我们用饼状比例图更加清晰地展示各类型文献所占比例，见图3-6。

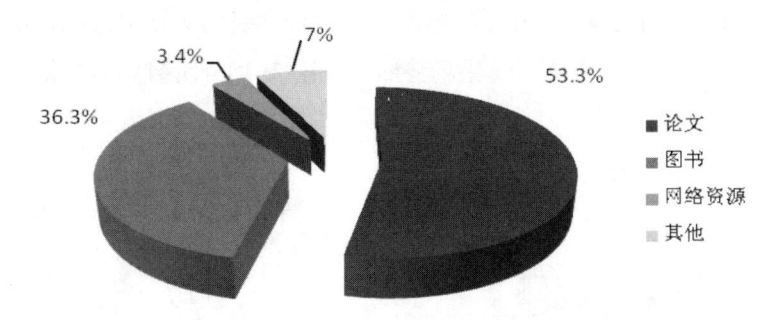

图 3-6 2002—2011 年体育人文社会学引用文献类型比例图

图 3-6 显示，在 2002—2011 年 CSSCI 的体育人文社会学论文的引用文献中，论文占所有引用文献的比重是 53.3%，超过一半；图书的比重是 36.3%；网络资源所占比重是 3.4%；其他类型文献占到 7%。很明显，论文是体育人文社会学的主要被引对象。图 3-6 从总体上把握了体育人文社会学的引文文献类型情况，为了更加细致地观察其在时间序列上的变化情况，我们将表 3-4 的绝对数值表转化为比例型的相对数值表，见表 3-5。

表 3-5　　　　　　2002—2011 年体育人文社会学引用文献类型比例

年份\类型	论文	图书	网络资源	其他
2002	0.4978	0.4425	0.0043	0.0554
2003	0.4930	0.4258	0.0161	0.0651
2004	0.4975	0.4395	0.0135	0.0495
2005	0.5095	0.4037	0.0245	0.0623
2006	0.5195	0.3802	0.0373	0.0630
2007	0.5048	0.3835	0.0359	0.0759
2008	0.5299	0.3485	0.0439	0.0778
2009	0.5452	0.3442	0.0396	0.0710
2010	0.5776	0.3092	0.0471	0.0661
2011	0.5743	0.3139	0.0267	0.0850
合计比例	0.5334	0.3629	0.0339	0.0697

表 3-5 显示了 2002—2011 年体育人文社会学引用文献类型的各年比例情况，将表 3-5 转化为比例变化趋势图（见图 3-7），使结果可视化，以便我们深入观察与分析。

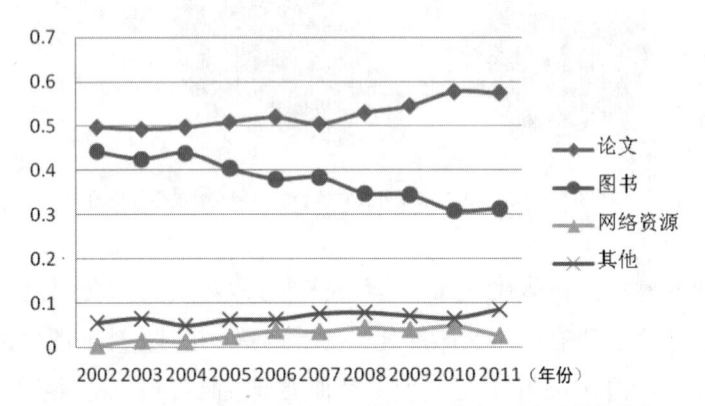

图 3-7 2002—2011 年体育人文社会学引用文献类型比例变化趋势图

图 3-7 直观地显示了引文类型的层次状况，最上面是论文，其次是图书，论文和图书之间的差距在不断增大，其他类型和网络资源的比例一直较少。2002 年体育人文社会学引文中论文的比例占到 49.8%，10 年来总体呈增加趋势，2011 年该比例达到 57.4%，增幅为 15.3%；2002 年图书的引用比例为 44.2%，10 年来总体呈下降趋势，2011 年该比例为 31.4%，下降幅度为 29%；2002—2010 年网络资源呈现稳定缓慢增长状态，2011 年有所下降。同时，值得我们注意的是，2011 年相较于 2010 年，论文引用文献中，论文的比例从 57.8% 下降到 57.4%，图书从 30.9% 上升到 31.4%，网络资源则从 4.7% 下降到 2.7%。虽然变化都不是很大，但是仍值得我们警惕，因为这些数据意味着体育人文社会学在这一年的发展略有放缓。

与语种分析类似，为了将体育人文社会学的成长性与体育学进行对比，我们将通过分析体育学的引用文献类型情况来透析体育人文社会学的发展态势。

二 体育学引文类型分析

类似于体育人文社会学，我们将 2002—2011 年体育学论文引用文献按照论文、图书、网络资源、其他作分类统计，统计出每一年各项数据的值，得到表 3-6。

表 3-6　　　　2002—2011 年体育学论文引用文献类型统计

类型 年份	论文	图书	网络资源	其他	合计
2002	5061	3328	27	369	8785
2003	5755	3667	86	495	10003
2004	8348	5044	128	504	14024
2005	11406	5626	299	741	18072
2006	14571	6999	616	1046	23232
2007	15575	7574	737	1000	24886
2008	18542	7813	835	1084	28274
2009	18819	7445	888	1160	28312
2010	19853	7069	1065	1193	29180
2011	19171	6312	1044	1027	27554
合计	137101	60877	5725	8619	212322

从表 3-6 来看，2002—2011 年体育学论文引用文献的类型为，论文被引最多，其被引次数为 137101 篇次，其中期刊论文 131646 篇次，占论文总数的 96.1%，会议论文 1832 篇次，占论文总数的 1.3%，学位论文 3623 篇次，占论文总数的 2.6%；被引量第二位的是图书，其被引次数为 60877 篇次；网络资源的被引量是 5725 篇次。图 3-8 将结果可视化，更明了地展示各文献类型比例情况。

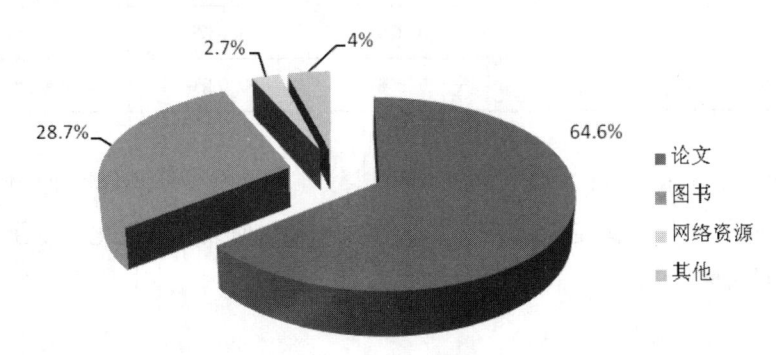

图 3-8 2002—2011 年体育学论文引用文献类型统计图

观察图3-8可见，论文的比例最高为64.6%，图书的比例达到28.7%，网络的文献的比例为2.7%，其他类型文献的比例为4%。从引用文献中论文和图书的比例来看，论文所占的比重远高于图书，也高于中国人文社会学的平均比例（37.33%），说明体育学在中国是比较年轻的学科，处在快速发展的阶段，对最新的文献和研究成果吸收较快。图3-8从总量上展示了体育学的引文类型情况，我们将表3-6转化为表3-7，考察引文类型在时间序列上的增量情况。

表3-7　　2002—2011年体育学论文引用文献类型比例变化表

年份\类型	论文	图书	网络资源	其他
2002	0.5761	0.3788	0.0031	0.0420
2003	0.5753	0.3666	0.0086	0.0495
2004	0.5953	0.3597	0.0091	0.0359
2005	0.6311	0.3113	0.0165	0.0410
2006	0.6272	0.3013	0.0265	0.0450
2007	0.6259	0.3043	0.0296	0.0402
2008	0.6558	0.2763	0.0295	0.0383
2009	0.6647	0.2630	0.0314	0.0410
2010	0.6804	0.2423	0.0365	0.0409
2011	0.6958	0.2291	0.0379	0.0373
合计比例	0.6457	0.2867	0.0270	0.0406

表3-7显示了2002—2011年体育学论文引用文献类型的各年比例情况，将表3-7转化为比例变化趋势图（参见图3-9），使数据可视化，以便于我们观察与分析。

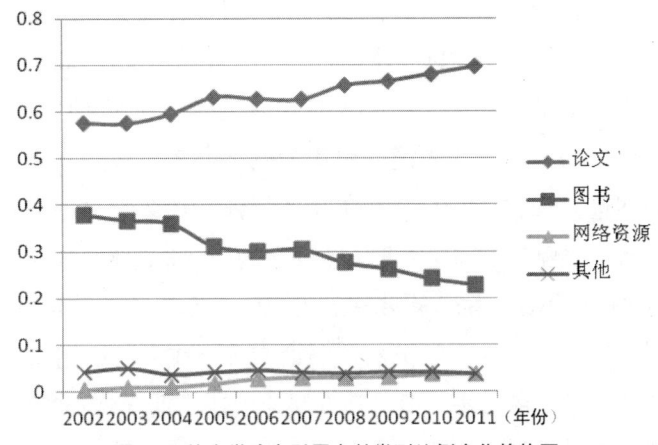

图 3-9 体育学论文引用文献类型比例变化趋势图

图 3-9 非常清晰地显示了体育学引文类型的层次情况，依次是论文、图书、其他、网络资源，论文和图书的差距越来越大，形成了"剪刀差"。2002 年引用文献中论文占到 57.6%，10 年来论文所占比重不断提高，到 2011 年，论文占该年所有引用文献的 69.6%，增长幅度为 20.8%；2002 年引用文献中图书所占比例为 37.9%，10 年来图书的比重不断下降，到 2011 年，图书占该年所有引文的 22.9%，下降幅度为 39.6%。这一涨一消说明了体育学对新成果的引用与吸收不断增速，也说明体育学这个年轻的学科发展速度在不断加快。网络资源虽然在所有引用文献中占的比重不大，但是增长速度非常快。2002 年网络资源只占到 0.3%，2011 年占到 3.8%，年均增长速度为 116.7%，说明体育学研究者对网络资源的引用越来越关注，可以预计未来几年网络资源的引用比例还将大幅增长，这也反映了体育学学者对网络资源的越来越重视。

我们也从两个方面将体育人文社会学的文献类型情况与体育学作对比分析：第一，一方面，从引文类型的总量上来看，2002—2011 年体育人文社会学引用文献中论文的比例为 53.3%，高于中国人文社会学的平均比例（37.33%），但是低于体育学总体的 64.6%；体育人文社会学引用文献中图书的比例为 36.3%，高于体育学的 28.7%。这两组数据说明，体育人文社会学作为体育学的分支学科，其对新成果的引用不如体育学总体情况，学科发展速度低于体育学总体水平，但是高于中国人文社会学的平均水平。另一方面，体育人文社会学对网络资源的引用比例为3.4%，高于体育学总体的2.7%，这与体育人文社会学的学科性质有关，体育人文社会学的研究内容更接近社会生活，其研究者能够引用的网络文献也较为丰富。第二，从引文类型的增量上来看，2002—2011年体育人文社会学引用文献论文的比例在不断增加，增幅为15.3%，低于体育学的20.8%；体育人文社会学引用文献图书的比例在不断下降，下降幅度为29%，低于体育学的29.6%。这两组数据说明，体育人文社会学虽然在对论文等新成果的引用与吸收上不断增加，学科发展速度在加快，但是其发展速度还是低于体育学总体情况的。因此，中国体育人文社会学是一个处于不断成长的学科，但是仍然慢于其一级学科体育学总体的成长速度。

三 体育人文社会学与体育学对比分析

从引文类型总体增幅的对比上，我们可以发现体育人文社会学的增幅小于体育学。但是，考察这一变化的过程，还需要更细致的分析。因此，我们用体育学引文类型的数据（表3-6）与体育人文社会学引文类型的数据（表3-4）作比值，得到表3-8。

表3-8　2002—2011年体育学引文类型数据与体育人文社会学引文类型数据比值表

年份 \ 类型	论文	图书	网络资源	合计比例
2002	0.2968	0.4011	0.4815	0.3434
2003	0.3301	0.4475	0.7209	0.3853
2004	0.2783	0.4068	0.4922	0.3329
2005	0.2913	0.4678	0.5351	0.3608
2006	0.3420	0.5212	0.5812	0.4130
2007	0.3298	0.5152	0.4953	0.4089
2008	0.3153	0.4923	0.5796	0.3903
2009	0.3314	0.5288	0.5101	0.4040
2010	0.3456	0.5196	0.5258	0.4071
2011	0.2857	0.4743	0.2443	0.3461
合计比例	0.3179	0.4872	0.4844	0.3849

与语种对比分析类似，这样处理的目的不是考察单个比值的意义，而是从时间序列上来考察比值变化趋势所显明的内涵。例如，表 3-8 中 2002 年论文的数值为 0.2968，其含义是：2002 年所有体育人文社会学论文引用文献类型中论文数量占 2002 年体育学总量的 0.2968。因为体育学的数据其实包含体育人文社会学的数据，因此，表 3-8 中各项数值均小于 1。2003 年论文项的数值是 0.3301，大于 2002 年的 0.2968，表明 2003 年相较 2002 年体育人文社会学引文类型论文的相对增量大于体育学总体的相对增量，以此类推，我们可以考察在时间序列上体育人文社会引文类型的变化情况。另外，表 3-8 中的合计比例值是总文献量的比值，那么将各文献类型的比值与合计比例对比，如果该值高于合计比例值，则说明体育人文社会学对该类型文献的引用状况好于体育学；若该值低于合计比例值，则说明该类型文献的引用状况差于体育学。从表 3-8 中可以看出，体育人文社会学的图书被引好于体育学，而论文被引差于体育学。因此，体育人文社会学的发展慢于体育学。将表 3-8 转化为图 3-10 的形式，更加直观、清晰地展示论文、图书、网络资源在时间序列上的变化趋势。

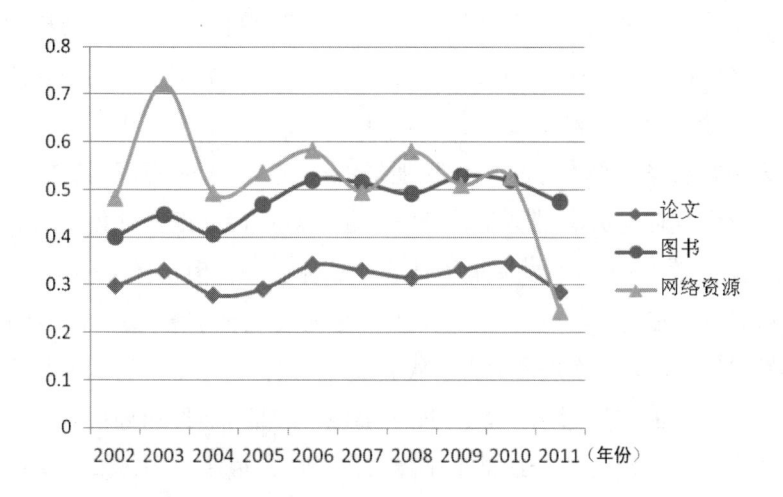

图 3-10 2002—2011 年体育学引文类型数据与体育人文社会学引文类型数据比值变化趋势图

如图 3-10 所示，论文的比值变化不大，从 2002 年的 0.296 变为 2011

年的 0.286，中间数年比值有增有减，其中 2009 年的比值最大为 0.331，说明 2009 年体育人文社会学对外文的引用状况最为可观，但是从 2009 年开始这一比例呈下降趋势，从 2009 年的 0.331 下降到 2011 年的 0.286；图书从总体看来呈上升趋势，从 2002 年的 0.401 上升到 2011 年的 0.474，数据表明体育学与体育人文社会学虽然在引用图书方面都有所减少，但是体育学总体的减少速度快于体育人文社会学。对图书引用的减少和对论文引用的增加意味着学科发展的速度是加快的，那么可见体育人文社会学的发展是慢于体育学总体的；网络资源的波动较大，2002 年为 0.481，2003 年上升为 0.721，又降到 2004 年的 0.492，2004—2010 年有升有降，而 2011 年则大幅下降到最低值 0.244。这说明自 2009 年以后体育人文社会学对网络资源的引用情况相较于体育学中非体育人文社会学来说欠佳，也从一个侧面反映了近两年体育人文社会学的发展速度有所放慢，这是需要引起关注的。

第三节 小结

引文分析是考察学科发展的重要手段。我们利用《中文社会科学引文索引》(CSSCI) 近 10 年（2002—2011）引用文献的数据来考察中国体育人文社会学这一年轻学科的发展状况。通过与体育学的横向比较，可以观察体育人文社会学在体育学中的学科地位；通过其自身时间序列上的纵向比较，可以发现体育人文社会学自身的问题。从引用文献语种角度来看，体育人文社会学 10 年来的发展低于体育学总体水平，但是呈不断增长趋势，而且增长速度快于体育学，说明中国体育人文社会学的开放性虽然较低，但是发展势头良好，发展潜力大；从引用文献类型来看，体育人文社会学对各种形式论文的引用远多于对图书的引用，虽然呈增长趋势，但是值得我们注意的是，其增长幅度却是小于体育学总体，说明中国体育人文社会作为年轻的学科，是在不断成长的过程中，但是其成长速度稍慢于体育学总体水平。因此，要想提高中国体育人文社会学的开放性和发展速度，防止该学科发展的退步，提高体育人文社会学在体育学总体中的学科地位，就要不断加强对国外先进学术成果的引进，学者需进一步提高外语水平，同时参与体育人文社会学的研究学者，应加强对最新学术成果的引用，拓展研究视野，紧跟研究前沿。

第四章 中国体育人文社会学引用网络构建与分析

科学研究工作离不开引用行为，论文引用反映了知识的传承、修正和相互关联[1]。类似期刊间的论文引用，学科间也存在论文引用，某学科论文引用其他学科论文或被其他学科论文引用反映了该学科的知识交叉融合程度以及学术影响力[2]。同时，这样的学科相互关联往往能促进新理论、新方法的产生、促进学科更好地发展。因此，探索学科间的知识引用网络及引用分布和规律，对学科研究范围扩展、影响广度增强、引用程度深化以及创新性学术观点的产生均具有重要意义[3]。

体育人文社会学下又设立了体育哲学、体育史学、体育法学、体育人类学、体育社会学、体育管理学、体育心理学、体育经济学、奥林匹克研究等三级学科[4]。可见，虽然体育人文社会学是一门独立的学科，但它与其他许多学科都关系紧密，学科交叉融合度高。因此，探索体育人文社会学与其他学科的关系具有重要意义。本章基于CSSCI（2007—2011年）的引文

---

[1] 参见何萍、戴华胜、张帆、薛秀珍《基于CNKI冶金及采矿类期刊的网络引文规律分析》，《情报杂志》2011年第5期。

参见吴志荣《对引文分析法方法论地位的重新思考》，《图书馆杂志》2012年第5期。

参见刘文娟、陈勇、崔建强《体育期刊高被引频次论文学术影响力分析》，《首都体育学院学报》2013年第3期。

[2] Nerur, Sikora R., Mangalaraj Getal : "Assessing the Relative Influence of Journals in s Citation Network" Communications of the ACM, Vol.48, 2005, pp 71—74.

[3] 朱惠、邓三鸿：《图书馆、情报与文献学范围内外期刊的互引分析》，《西南民族大学学报》（人文社会科学版）2013年第9期。

[4] 董红刚：《中外体育社会学研究热点的对比分析》，《首都体育学院学报》2009年第5期。

数据，绘制了体育人文社会学的学科引用网络和被引网络，并对引用和被引的分布和规律进行分析，以探索体育人文社会学的学科依赖和学科影响力。

第一节 体育人文社会学学科引用分析

本节对体育人文社会学引用相关学科论文的情况进行总体描述和分析，以探知该学科的总体引用特征和规律，发现该学科的研究范围和引用程度，从而推断该学科目前发展的整体状况；根据体育人文社会学的引用数据构建学科引用网络，以探知该学科的学科依赖；对体育人文社会学的引用量进行年度变化分析，以探知引用按时间变化的规律，进一步分析出不同学科对体育人文社会学的影响变化。

一 体育人文社会学学科引用概述

观察表4-1数据，体育人文社会学在2007—2011年共引用了25个学科的论文（包括自引），涉及的学科范围较多，研究范围较广，说明该学科具有较强的知识吸收性。

表4-1　　2007—2011年体育人文社会学引用相关学科论文总体情况　　（单位：篇次）

序号	学科名称	总计	年均	百分比（%）	序号	学科名称	总计	年均	百分比（%）
1	体育人文社会学	5199	1039.8	52.58	14	历史学	31	6.2	0.31
2	体育学其他学科	2315	463.0	23.41	15	语言学	28	5.6	0.28
3	教育学	560	112.0	5.66	16	中国文学	17	3.4	0.17
4	经济学	463	92.6	4.68	17	统计学	16	3.2	0.16
5	管理学	215	43.0	2.17	18	自然科学	14	2.8	0.14
6	社会学	212	42.4	2.14	19	艺术学	12	2.4	0.12
7	法学	184	36.8	1.86	20	人文经济地理	10	2.0	0.10
8	民族学与文化学	136	27.2	1.38	21	环境科学	8	1.6	0.08
9	哲学	121	24.2	1.22	22	马克思主义	6	1.2	0.06

续表

序号	学科名称	总计	年均	百分比（%）	序号	学科名称	总计	年均	百分比（%）
10	心理学	87	17.4	0.88	23	外国文学	5	1.0	0.05
11	新闻学与传播学	86	17.2	0.87	24	宗教学	1	0.2	0.01
12	图书馆、文献与档案学	81	16.2	0.82	25	考古学	1	0.2	0.01
13	政治学	80	16.0	0.81		合计	9888	1977.6	100

体育人文社会学对体育学其他学科的引用量是除自引外最高的，达到了2315篇次，占总引用量的23.41%，反映了体育学其他学科对体育人文社会学的科学研究有重要影响，影响程度较深。

体育人文社会学对教育学、经济学、管理学和社会学的引用量也较多，5年总计均超过了200篇次，显示该学科对这4个学科的依赖性较大，较多地吸收和接纳了这些学科的知识。体育人文社会学对这4个学科的较高引用也反映了作为三级学科的体育教育学、体育经济学、体育管理学和体育社会学积极学习和借鉴相关学科的先进理论和方法，学科发展充满活力，发展势头良好。

体育人文社会学对法学、民族学与文化学、哲学、心理学、新闻学与传播学、图书馆、文献与档案学和政治学的引用量适中，5年总计均超过了80篇次。这些数据显示了作为三级学科的体育法学、体育文化学、体育哲学、体育心理学、体育新闻与传播学、体育政治学不太注重及时主动地引入相关学科的有用知识，有可能导致学科发展的方向趋于狭窄。

体育人文社会学对历史学、语言学、中国文学、统计学、自然科学、艺术学、人文经济地理、环境科学、马克思主义、外国文学、宗教学和考古学的引用量最少，5年总计引用量均小于31篇次。这些数据反映了体育人文社会学基本不与这些学科主动进行交流。作为三级学科的体育史学、体育文学、体育艺术学和体育地理学跟与其有关的学科基本没有交集，这对于学科健康长期的发展是非常不利的。

对表4-1数据做进一步的统计分析，体育学其他学科、教育学、经济学、管理学和社会学这5个学科的引用量之和达到了3765篇次，法学、民族学与文化学、哲学等19个学科的引用量之和是924篇次,我们发现,近20%的学科占据了约80%的引用量,符合布拉德福定律。

为了与体育学其他学科进行对比,我们统计了体育学其他学科2007—2011年引用相关学科论文的情况,具体参见表4-2。

表4-2　　2007—2011年体育学其他学科引用相关学科论文总体情况　　(单位:篇次)

序号	学科名称	总计	年均	百分比(%)	序号	学科名称	总计	年均	百分比(%)
1	体育学其他学科	6606	1321.2	68.29	14	新闻学与传播学	25	5.0	0.26
2	体育人文社会学	1713	342.6	17.71	15	统计学	15	3.0	0.16
3	心理学	483	96.6	4.99	16	艺术学	12	2.4	0.12
4	教育学	169	33.8	1.75	17	宗教学	11	2.2	0.11
5	经济学	122	24.4	1.26	18	历史学	8	1.6	0.08
6	管理学	105	21.0	1.09	19	语言学	7	1.4	0.07
7	社会学	80	16.0	0.83	20	中国文学	7	1.4	0.07
8	哲学	78	15.6	0.81	21	环境科学	5	1.0	0.05
9	民族学与文化学	71	14.2	0.73	22	马克思主义	3	0.6	0.03
10	法学	45	9.0	0.47	23	考古学	3	0.6	0.03
11	自然科学	44	8.8	0.45	24	人文经济地理	1	0.2	0.01
12	政治学	31	6.2	0.32	25	外国文学	1	0.2	0.01
13	图书馆、文献与档案学	29	5.8	0.30		合计	9674	1934.8	100

体育学其他学科5年总计引用量是9674篇次,而体育人文社会学5年总计引用量偏高,达到了9888篇次,这说明相较于体育学其他学科,体育人文社会学更注重对已有知识的吸收和传承。

体育学其他学科的自引百分比68.29%高于体育人文社会学的自引百分比52.58%,数据的差异显示了体育人文社会学更注重与相关学科的知识交流,这对于学科的知识创新是非常重要的。

从数据中我们也发现体育学其他学科与体育人文社会学都很重视与教育学、经济学和管理学的知识交流,这些学科间的知识交流行为往往会形成一些新的研究理论和研究方向，也是学科持续发展、保持活力的重要所在。

　　为了更加直观形象地描述体育人文社会学与其他相关学科的引用关系，并与体育学其他学科进行比较，我们绘制了引用网络图，如图 4-1 所示。图 4-1 中有两个引用学科，分别是体育人文社会学和体育学其他学科，有 23 个被引学科。图 4-1 中圆形节点的大小反映了该学科对所有被引学科总引用量的高低，节点越大，说明越注重与其他学科的交流；方形节点的大小反映了该学科被体育学引用量的高低，节点越大，说明该学科对体育学越重要；箭头大小反映了学科间引用量的高低，箭头越大，说明体育人文社会学或体育学其他学科对该学科的依赖性越大。

　　观察图 4-1，可以得出以下结论：第一，相较于体育学其他学科，体育人文社会学对其他 23 个学科的引用量明显偏高，说明体育人文社会学更注重与其他学科的交流，学科活跃度明显大于体育学其他学科；第二，教育学、经济学、心理学、管理学、社会学、法学和哲学这些学科的知识较多地被体育学引用，它们对于体育学的发展具有重要作用；第三，在上述提及的学科中，教育学、经济学、管理学、法学和社会学更多地被体育人文社会学引用，说明这些学科对体育人文社会学的影响更大，而心理学则被体育学其他学科更多地引用，这与体育心理学是体育人文社会学的下属学科这一事实矛盾，因此，体育人文社会学必须加强与心理学的知识交流，学习和借鉴心理学的先进理论和方法，使得体育心理学能发展得更好。

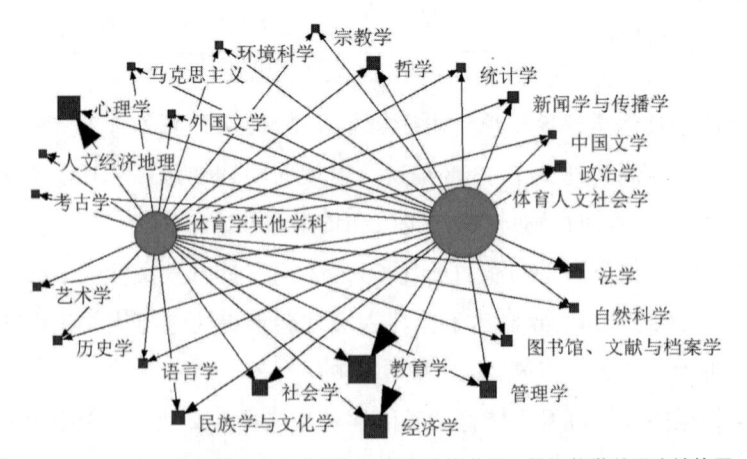

图 4-1　2007—2011 年体育人文社会学与体育学其他学科引用相关学科网络结构图

二 体育人文社会学学科引用趋势分析

表4-3描述了2007—2011年体育人文社会学引用25个相关学科论文的年度引用情况（包括自引），年度引用量的变化能反映相关学科对体育人文社会学的影响波动[①]。由表4-3可知：第一，年度总引用量总体上保持递增，显示体育人文社会学的知识吸收能力正逐步提升；第二，体育人文社会学的自引量基本呈现递增趋势，说明该学科正逐步走向成熟，自身的理论与方法正在逐步完善；第三，对体育学其他学科的引用量5年间基本保持平缓趋势，没有明显的递增或递减趋势，表明体育学其他学科对体育人文社会学的影响没有发生变化。我们重点选取非体育学科的引用量较大的11个学科进行绘图分析，它们的5年总计被引用量不低于80篇次。

表4-3　2007—2011年体育人文社会学引用相关学科论文具体情况　（单位：篇次）

序号	学科名称	2007	2008	2009	2010	2011	总计	序号	学科名称	2007	2008	2009	2010	2011	总计
1	体育人文社会学	992	868	947	1142	1250	5199	14	历史学	3	6	5	9	8	31
2	体育学其他学科	517	438	416	485	459	2315	15	语言学	11	4	4	5	4	28
3	教育学	201	92	91	91	85	560	16	中国文学	3	2	2	5	5	17
4	经济学	82	68	77	101	135	463	17	统计学	2	5	3	5	1	16
5	管理学	45	38	42	43	47	215	18	自然科学	2	1	6	4	1	14
6	社会学	54	24	28	54	52	212	19	艺术学	1	1	2	3	5	12
7	法学	39	31	26	39	49	184	20	人文经济地理	7	1	1	0	1	10
8	民族学与文化学	24	24	26	27	35	136	21	环境科学	1	5	0	0	2	8
9	哲学	24	16	14	28	39	121	22	马克思主义	3	0	1	2	0	6
10	心理学	22	12	13	24	16	87	23	外国文学	0	1	2	1	1	5

---

① 于田、王名扬、于光：《纳米科学的学科交叉模式演变研究》，《哈尔滨工业大学学报》（社会科学版）2010年第6期。

续表

序号	学科名称	2007	2008	2009	2010	2011	总计	序号	学科名称	2007	2008	2009	2010	2011	总计
11	新闻学与传播学	26	15	20	7	18	86	24	宗教学	0	0	1	0	0	1
12	图书馆、文献与档案学	25	10	8	13	25	81	25	考古学	0	1	0	0	0	1
13	政治学	12	9	17	17	25	80		合计	2096	1672	1752	2105	2263	9888

图 4-2 为 2007—2011 年体育人文社会学引用 11 个主要相关学科的引用量分布图，横轴为年份，纵轴为引用篇次。对图 4-2 进行分析，可以得出以下结论：第一，体育人文社会学对教育学的引用量在 2007、2008、2009 年是所有学科中最高的，但却呈现了逐年下降趋势，说明该学科对教育学的依赖性越来越弱；第二，体育人文社会学对经济学的引用量处于前列，且在 2010、2011 年超越了教育学，成为最高，且引用量呈现逐年递增趋势，反映出经济学对体育人文社会学的影响越来越大且这种影响比较稳定，会持续影响体育人文社会学的发展；第三，体育人文社会学对其余 9 个学科的引用量较低，除了心理学外，其他 8 个学科的年度被引量总体上是递增的，显示了这些学科越来越受到体育人文社会学的关注。

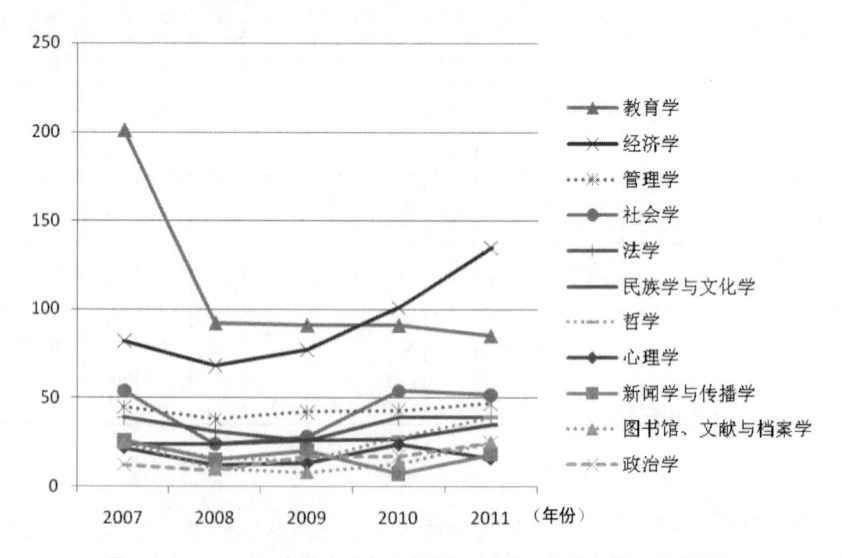

图 4-2 2007—2011 年体育人文社会学引用主要相关学科的引用量分布

第二节 体育人文社会学学科被引分析

本节对体育人文社会学的总体被引情况进行描述和分析，以探知该学科的总体被引特征和规律；基于体育人文社会学的被引数据构建学科被引网络，以探知该学科的学术影响及与其他学科知识交叉融合的特征和规律；对被引量进行年度变化分析，以发现体育人文社会学对其他学科的影响变化。

一 体育人文社会学学科被引概述

表4-4给出了2007—2011年体育人文社会学论文被相关学科引用的总体情况。观察表4-4数据，5年间体育人文社会学共被21个其他相关学科引用（包含自引），涉及的学科较多，但是除了自引及被体育学其他学科和教育学引用的篇次较高外，被其他学科引用的篇次均较低，这在一定程度上反映出该学科的学科影响广度和深度还处于较低的水平。

除去自引外，体育人文社会学被体育学其他学科引用的篇次最高，达到1713，占总被引篇次的22.98%，这说明，体育人文社会学对体育学其他学科的影响力更大，这源于它们同属于体育学学科下，知识间的联系更密切，知识交流行为更频繁。

体育人文社会学对教育学也有一定的学术影响力。体育人文社会学被教育学引用了240篇次，仅次于体育学其他学科，另一方面，表4-1中数据表明体育人文社会学引用教育学560篇次，居自引后的第2位，因此，这两学科间存在较多的互引行为，知识交流是比较通畅的，相互学习和借鉴先进科研成果，共同发展。

体育人文社会学被经济学、法学分别引用了91篇次和51篇次，而表4-1中数据显示体育人文社会学分别引用这两学科463篇次和184篇次，引用数据和被引数据的差异反映了学科间知识流的方向，也说明体育人文社会学对经济学和法学的影响力较低。

体育人文社会学被剩余16个学科引用的篇次很低，基本可以忽略，说明这些学科基本不吸收和采纳体育人文社会学的知识，但是，其中的管理学、社会学、民族学与文化学和哲学却被体育人文社会学引用较多。

表4-4　　2007—2011年体育人文社会学论文被相关学科引用总体情况　　（单位：篇次）

序号	学科名称	总计	年均	百分比（%）	序号	学科名称	总计	年均	百分比（%）
1	体育人文社会学	5199	1039.8	69.75	12	政治学	10	2.0	0.13
2	体育学其他学科	1713	342.6	22.98	13	哲学	6	1.2	0.08
3	教育学	240	48.0	3.22	14	统计学	6	1.2	0.08
4	经济学	91	18.2	1.22	15	历史学	5	1.0	0.07
5	法学	51	10.2	0.68	16	艺术学	2	0.4	0.03
6	新闻学与传播学	32	6.4	0.43	17	自然科学	1	0.2	0.01
7	图书馆、文献与档案学	29	5.8	0.39	18	语言学	1	0.2	0.01
8	民族学与文化学	28	5.6	0.38	19	中国文学	1	0.2	0.01
9	管理学	13	2.6	0.17	20	考古学	1	0.2	0.01
10	社会学	12	2.4	0.16	21	人文经济地理	1	0.2	0.01
11	心理学	12	2.4	0.16		合计	7454	1490.8	100

为了与体育学其他学科进行对比，统计了体育学其他学科论文2007—2011年被相关学科引用的总体情况，具体参见表4-5。

表4-5　　2007—2011年体育学其他学科论文被相关学科引用总体情况　　（单位：篇次）

序号	学科名称	总计	年均	百分比（%）	序号	学科名称	总计	年均	百分比（%）
1	体育学其他学科	6606	1321.2	70.53	12	哲学	14	2.8	0.15
2	体育人文社会学	2315	463.0	24.72	13	艺术学	14	2.8	0.15
3	教育学	154	30.8	1.64	14	政治学	10	2.0	0.11
4	心理学	55	11.0	0.59	15	自然科学	9	1.8	0.10
5	经济学	42	8.4	0.45	16	统计学	6	1.2	0.06

续表

序号	学科名称	总计	年均	百分比（%）	序号	学科名称	总计	年均	百分比（%）
6	图书馆、文献与档案学	28	5.6	0.30	17	语言学	5	1.0	0.05
7	民族学与文化学	25	5.0	0.27	18	历史学	3	0.6	0.03
8	新闻学与传播学	20	4.0	0.21	19	中国文学	2	0.4	0.02
9	法学	19	3.8	0.20	20	人文经济地理	1	0.2	0.01
10	社会学	19	3.8	0.20	21	考古学	0	0.0	0.00
11	管理学	19	3.8	0.20		合计	9366	1873.2	100

体育学其他学科5年总计被引量是9366篇次，而体育人文社会学5年总计被引量仅为7454篇次，差距较大，说明相较于体育学其他学科，体育人文社会学知识的传播力度较小，学科影响力较弱。

体育学其他学科的自引百分比是70.53%，与体育人文社会学的自引百分比69.75%接近，说明两个学科吸收和接纳其他相关学科知识的意愿和行为相当。

除去自引外，体育学其他学科被体育人文社会学引用量最高，达到2315篇次，占总被引篇次的24.72%。数据表明体育学其他学科广泛地吸收和传承了体育人文社会学的研究成果，体育人文社会学是体育学其他学科重要的学术支撑和来源。

从数据中我们也发现了体育学其他学科与体育人文社会学均与教育学这一学科保持着紧密的联系，学科间的互引行为频繁，学科关联度较高。

为了更加直观形象地描述体育人文社会学与其他相关学科的被引关系，并与体育学其他学科进行比较，我们绘制了学科被引网络，如图4-3所示。图4-3中有两个被引学科，分别是体育人文社会学和体育学其他学科，有21个引用学科。图4-3中圆形节点的大小反映了该学科被所有引用学科引用量的高低，节点越大，学科影响力越大；方形节点的大小反映了该学科引用体育学篇次的高低，节点越大，说明体育学对该学科越重要；箭头大小反映了学科间被引量的高低，箭头越大，说明体育人文社会学或体育学其他学科对该学科的影响力越大。

观察图4-3，可以得出以下结论：第一，与体育学其他学科相比，体育人文社会学被其他21个相关学科的引用量更高，说明体育人文社会学的知识更多地被其他学科学习和借鉴，对其他学科的影响力更大；第二，相较于其他学科，教育学和经济学更多地引用了体育学的知识，对体育学有一定的学科依赖；第三，体育人文社会学被教育学引用的篇次最高，说明在所有21个引用学科中，体育人文社会学对教育学的学术影响最大，同样地，体育学其他学科有着类似的情况。

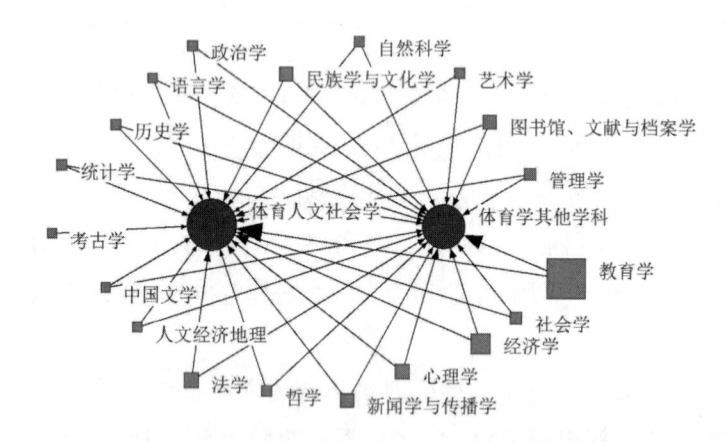

图4-3 2007—2011年体育人文社会学与体育学其他学科被相关学科引用网络结构图

二 体育人文社会学学科被引趋势分析

表4-6给出了2007—2011年体育人文社会学被21个相关学科引用的年度情况（包括自引），年度被引量的变化能反映体育人文社会学对相关学科的影响波动。从表4-6中，可以得出以下结论：第一，体育人文社会学年度总被引量总体呈现递增趋势，说明该学科正在逐步扩大自己在学界的影响力；第二，体育人文社会学的自引量基本是逐年递增的，表明该学科非常注重对本学科已有知识的吸收和消化；第三，体育人文社会学被体育学其他学科年度引用篇次也呈现了递增趋势，反映该学科对体育学其他学科的影响力在逐步增强；第四，体育人文社会学被教育学引用的总篇次较高，但年度被引篇次却呈现下降趋势，说明该学科对教育学的影响力在逐渐减弱。

表4-6　　2007—2011年体育人文社会学论文被相关学科引用具体情况　（单位：篇次）

序号	学科名称	2007	2008	2009	2010	2011	总计	序号	学科名称	2007	2008	2009	2010	2011	总计
1	体育人文社会学	992	868	947	1142	1250	5199	12	政治学	2	0	7	0	1	10
2	体育学其他学科	275	318	395	401	324	1713	13	哲学	0	1	0	4	1	6
3	教育学	191	10	21	12	6	240	14	统计学	0	3	3	0	0	6
4	经济学	17	19	19	17	19	91	15	历史学	1	0	1	2	1	5
5	法学	3	18	0	5	25	51	16	艺术学	0	0	0	2	0	2
6	新闻学与传播学	11	5	1	6	9	32	17	自然科学	0	0	1	0	0	1
7	图书馆、文献与档案学	11	12	1	2	3	29	18	语言学	0	0	0	0	1	1
8	民族学与文化学	12	8	6	2	0	28	19	中国文学	1	0	0	0	0	1
9	管理学	0	2	7	2	2	13	20	考古学	1	0	0	0	0	1
10	社会学	2	5	3	2	0	12	21	人文经济地理	1	0	0	0	0	1
11	心理学	0	6	2	2	2	12		合计	1520	1275	1414	1601	1644	7454

第三节　小结

本章基于CSSCI（2007—2011年）引文库中体育人文社会学和体育学其他学科的引文数据，对体育人文社会学的学科引用和被引情况进行了分析和探讨，通过构建学科引用网络和学科被引网络研究了学科间的知识流动和交叉现象、学科依赖和学科影响，并与体育学其他学科进行比较；还对学科引用及被引的年度数据做了趋势分析，以掌握学科依赖和学科影响的动态变化，从而能更全面地了解体育人文社会学这一学科的现况，使得学科能更好地发展。得出的主要结论如下：

第一，体育人文社会学作为一门新兴学科，与众多学科存在知识交叉，目前正处于发展上升阶段，论文被其他学科引用较少，学科影响力还较低。

第二，体育人文社会学与体育学其他学科关系密切，知识双向流动频繁，学科交叉度高。体育人文社会学与体育学其他学科互为重要学术基础和支撑。

第三，教育学、经济学、管理学和社会学是体育人文社会学的重要学术依赖，知识主要从这4个学科流向体育人文社会学，反向流动较少。在今后的科学研究中，体育人文社会学可以更加积极地与这些学科进行交流，以促进新理论、新方法的产生。

第四，体育人文社会学引用心理学论文较少，这与体育心理学是体育人文社会学的下属学科这一事实矛盾，同时也与该学科起步较晚不无关系[①]，因此，体育人文社会学必须加强与心理学的知识交流，学习和借鉴心理学的先进理论和方法，使得体育心理学能发展得更好。

第五，体育人文社会学并不注重对人文学科的引用，该学科的人文性质还较弱。在今后的科学研究中，应注重与相关人文学科的交流，以促进体育人文理论的完善和发展。

---

① 苏庆富、杨维琴：《我国体育社会心理学学科研究及其发展态势》，《首都体育学院学报》2004年第2期。

第五章 体育人文社会学作者、机构学术影响力分析

第一节 概述

科学研究的主体是学者和学术研究机构，他们在学术活动中发挥着重要作用。如何考察学者以及机构在学术活动中的贡献？如何反映他们在学术研究中的学术影响力？应该说，一方面可以从他们的科研产出力（论文发表的数量）、科研承接力（承担科研项目的能力）、科研影响力（学术成果被他人引用的情况）等多方面考虑；另一方面，学术影响力也可以根据其成果被他人（机构）在实际工作采用、在各项决策中被吸收等情况反映出来。为了考察体育人文社会学的学者和机构的学术产出力和影响力，我们从 CSSCI 数据库中检索出 2007—2011 年 5 年间的体育人文社会学论文，以此为依据来考察中国体育人文社会学领域较有影响的学者和机构，以及中国各地区在体育人文社会学领域的科研产出力。

自 1996 年体育学被列为一级学科，到近几年体育事业的蓬勃发展，体育人文社会学的研究队伍不断壮大、大量研究成果不断涌现。为了促进中国体育人文社会学更健康地发展，需要对过去的研究总结反思，需要对学术成果、学者、学术团体进行评价。但目前真正对中国体育人文社会学研究成果、学者和学术团体的评价甚少，正如姚春雷等人所述"有关体育人文社会学的评价体系还不健全"[1]，且对于领域中重要论文的评价方法也主要

---

[1] 姚春雷、侯斌：《体育人文社会学类学术论文质量评价方法的研究》，《哈尔滨体育学院学报》2006 年第 5 期。

局限于文献综述,或是专家学者根据对该领域的了解作出主观评价。此外,各专家学者对于体育人文社会学全面评价没有专门的文章,主要是附属于其在研究其发展现状其后,例如卢元镇教授认为,学科总体理论框架尚未形成,体育人文社会学的功能、学科基本特点,人文学科与社会学科的关系,以及各分支学科的整合等许多问题还有待进行深入研究[①];毕红星等认为体育人文社会学研究发展很快,研究范围正不断扩大,引入多种学科理论,新学科纷纷成立,研究方法推陈出新[②]。

可以认为,目前对体育人文社会学的评价,主要还是从定性的角度观察和评价,定量分析评价尚少。近期,有一篇登载在《沈阳体育学院学报》的名为"我国体育人文社会学科领域学者学术影响力分析"的文章,这是我们发现的第一篇从定量角度专门对中国体育人文社会学评价的论文,它选择了中国期刊网(CNKI)、中国社会科学引文索引(CSSCI)和《复印报刊资料·体育》这三种国内主流数据库中采集数据,对发文量、被引量、H指数、转载量、高频次被引论文和高频次被引论著等评价指标进行分析[③],该文的出现,说明了中国学者已开始将定量分析评价引入体育人文社会领域。还有学者运用文献计量学针对体育期刊的高被引频次论文分析出了具有较大学术影响力的机构[④]。

综述现有成果可知,针对体育人文社会学领域的学者、机构、地区的科研产出分析以及学者学术影响评价的研究成果尚为少见。鉴于此,我们从CSSCI数据库中检索了体育人文社会学的论文,并对作者的发文按权重计算,精确分析了作者科研产出力,还从合作角度观察了体育人文社会学领域的高产作者,在进行机构分析时,从宏观至微观,将机构以地区划分、

---

① 卢元镇:《体育人文社会学的学科集成与研究前沿》,《体育学刊》2005年第12期。

② 毕红星、丁月兰:《体育人文社会学专业学科建设探讨》,《山东体育科技》2007年第29期。

③ 苏新宁:《中国人文社会科学学科学术影响力报告》,高等教育出版社2011年版,第4页。

④ 刘文娟、陈勇、崔建强:《体育期刊高被引频次论文学术影响力分析》,《首都体育学院学报》2013年第3期。

按类统计，并对高产机构作详细分析，从而达到对中国体育人文社会领域的机构科研产出进行有益的解读。在分析学者学术影响力方面，我们主要通过体育人文社会学论文的引用，来考察真正在体育人文社会学研究中产生影响的学者。

第二节 作者学术影响分析

作者是科学研究的主体，对于哲学社会科学学者来说，他们的研究成果主要是通过论文和著作形式表现出来的，论文和著作发表得多说明该学者的科研产出率高，他们的研究成果得到一定的认可[①]。除了作者的发文情况，其成果的被引通常也可以体现该作者的学术影响[②]。学科的发展与学者的学术研究成果有密切的关系，作者在 CSSCI 期刊上发表文章就是对其成果的进一步肯定，本节主要根据作者发文情况观察体育人文社会领域的核心作者，并利用社会网络软件 UCINET 将其合作情况可视化呈现，试图找出该领域较活跃的作者群体，最后统计该领域中被引作者情况，比较被引量高的作者与出产量高的作者，找出对体育人文社会学最具影响力的学者。

一 学者科研产出力分析

我们对 CSSCI 上 2007—2011 年间体育人文社会学论文的作者进行了统计，该统计包括所有体育人文社会学论文作者，分别给出了作者总人次数、作者人名数以及论文数量。详细数据参见表 5-1。

---

① 刘文娟：《我国体育人文社会学科领域学者学术影响力分析》，《沈阳体育学院学报》2012 年第 4 期。

② 朱唯唯：《体育学研究领域学者和机构的学术影响——基于 CSSCI（2005—2006 年）数据》，《西南民族大学学报》2009 年第 6 期。

表 5-1　　　　　　2007—2011 年体育人文社会学论文作者数量统计

类型＼年份	2007	2008	2009	2010	2011
发文作者总人次	2097	2271	2097	2097	1311
发文作者人名数	1600	1678	1526	1684	1080
论文数量	1062	1123	1023	1046	726
论文平均作者数	1.97	2.02	2.05	2.00	1.81

可以看出，除 2011 年外，各年作者数基本保持小幅度波动的平衡状态（由于 2011 年论文数量与各年有一定差距）。

表 5-1 中"发文作者总人次"是指某时段参与发文的作者数，反映该时段此领域论文涉及的作者总人次数量，"发文作者人名数"则是将"发文作者人数"中的同名作者进行合并得出的结果，反映此阶段 CSSCI 收录的体育人文社会学论文作者数量。从表 5-1 中的体育人文社会学论文数量来看，2007—2010 年基本保持在 1100 篇左右，2011 年体育人文社会学论文数量的减少主要是由于 CSSCI 收录的体育学论文总数减少所致。

从表 5-1 中的作者总人次、作者人名数的各年数据中可以看到，前四年的数据相差还不是很大，但 2011 年则急剧下降，这不仅由于收录文献量的减少所致，从每篇文章作者的平均数量看，也是造成急剧下降的主要原因之一。

为了了解中国体育人文社会学学者科研产出情况，我们对作者发文进行了统计计算，选出发文量大于等于 6 篇的作者，详细数据参见表 5-2。

表 5-2　　　　　　2007—2011 年体育人文社会学发文最多的前 49 位作者

序号	作者	机构	2007年	2008年	2009年	2010年	2011年	合计
1	田雨普	南京师范大学	1.8	3.35	7.2	5.3	0.9	18.55
2	于善旭	天津体育学院	1.4	4.7	3.25	3.2	1.6	14.15
3	陈颇	重庆师范大学	1.8	2.8	3.2	2.4	3	13.2
4	石岩	山西大学	4	3	1.6	2	1.6	12.2
5	刘玉	阜阳师范学院	0	0.6	4.2	5	2.4	12.2
6	黄世席	山东大学	3	2	3	1	3	12
7	胡小明	华南师范大学	2	2	1.4	2.6	2.7	10.7
8	张瑞林	山东大学体育学院	2.2	0.6	2	2.6	3	10.4

续表

序号	作者	机构	发表论文数量（单位：篇）					
			2007年	2008年	2009年	2010年	2011年	合计
9	周爱光	华南师范大学	2.05	3	3.4	1.4	0.4	10.25
10	黄海燕	上海体育学院	2.9	1.15	0.75	1.2	3.8	9.8
11	虞重干	上海体育学院	1.8	2.3	2.8	1.75	0.8	9.45
12	王健	华中师范大学	2.9	1.9	2.75	1.05	0.8	9.4
13	张春良	西南政法大学	1	0.4	0	2	6	9.4
14	张林	上海体育学院	2.1	2.2	1.2	2.6	1.2	9.3
15	方千华	福建师范大学	1.6	5	0	1.25	0.6	8.45
16	季浏	华东师范大学	1.05	1.95	1.9	1.15	2.15	8.2
17	肖林鹏	天津体育学院	2.4	2.2	1	0	2.6	8.2
18	舒盛芳	上海体育学院	1.85	2.8	0	0.6	2.8	8.05
19	邵桂华	山东大学	4	2.25	1	0.6	0	7.85
20	刘兵	上海体育学院	3.6	0	0.6	3.6	0	7.8
21	毛振明	北京师范大学	2.75	2.05	1.35	0.95	0.4	7.5
22	胡庆山	华中师范大学	1.85	2.25	1.35	1.2	0.8	7.45
23	黄璐	河北理工大学	0.6	1	1	4.2	0.6	7.4
24	刘海元	首都体育学院	0.6	5.4	0.4	1	0	7.4
25	郑志强	江西财经大学	0.4	3	1	3	0	7.4
26	贾文彤	河北师范大学	2.3	0.6	1.45	2	1	7.35
27	邱丕相	上海体育学院	2.4	3	0.5	1.05	0.25	7.2
28	白晋湘	吉首大学	0.65	3.2	2.15	1.15	0	7.15
29	于素梅	河南大学	4	1.3	1.2	0.6	0	7.1
30	张晓义	吉林大学	0.6	2.75	0.6	3	0.15	7.1
31	李刚	上海师范大学	3	1	1	1	1	7
32	陈玉忠	上海体育学院	2	2	0	3	0	7
33	韩勇	首都体育学院	2	1	1	2	1	7
34	王俊奇	南昌航空大学	2	1	1	1	2	7
35	邓春林	广东商学院	0	1	2	3.8	0.15	6.95
36	郭修金	上海体育学院	1	1.2	0.6	2.2	1.8	6.8
37	涂传飞	江西财经大学	0.6	1	1.85	2	1.35	6.8
38	全国体育院校学报研究会		5.8	1	0	0	0	6.8
39	刘欣然	江西师范大学	1	0.6	1.45	2.4	1.2	6.65
40	吴燕丹	福建师范大学	2	2	1.8	0.35	0.4	6.55
41	唐炎	西南大学	2.2	0.6	3.65	0.1	0	6.55
42	张新萍	中山大学	2.6	0.1	0	0.75	3	6.45
43	姜熙	上海政法学院	0	0.6	0	1.8	3.9	6.3

续表

序号	作者	机构	发表论文数量（单位：篇）					
			2007年	2008年	2009年	2010年	2011年	合计
44	沈建华	上海师范大学	2.2	1.15	1.5	0	1.45	6.3
45	汪晓赞	华东师范大学	1.35	1.8	1.8	1	0.25	6.2
46	熊文	华东师范大学	1.2	2.6	0	1.8	0.6	6.2
47	张小林	吉首大学	2.2	0.85	1.2	0.8	1	6.05
48	万义	吉首大学	1.2	0.6	0.6	1.6	2	6
49	仇军	清华大学	1	1.6	1.85	0.6	0.95	6

由表 5-2 中数据可以看出，入选作者全部来自高等院校，即使作为团体作者入选的"全国体育院校学报研究会"，实际上也是由高校学者组成，进一步证实了中国体育人文社会学的主要学者集中在高校。从个人发文排名来看，南京师范大学的田雨普教授以 5 年在 CSSCI 上发表 18.55 篇文章居首位，天津体育学院的于善旭以发文 14.15 篇位居第二，重庆师范大学的陈颇占据第三位。年均发表 2 篇以上体育人文社会学论文者有 9 人。

对表 5-2 中高产作者所在机构统计分析，可以看到这 49 位作者分别来自 30 个不同机构，其中：师范类院校 17 人，体育类学院 15 人，综合性大学 9 人，其他院校 8 人，比例分布如图 5-1 所示。从高产作者的机构分布可以看出，师范类院校与体育类院校的是中国体育人文社会学研究的重镇，其学者是该领域研究的主力军。

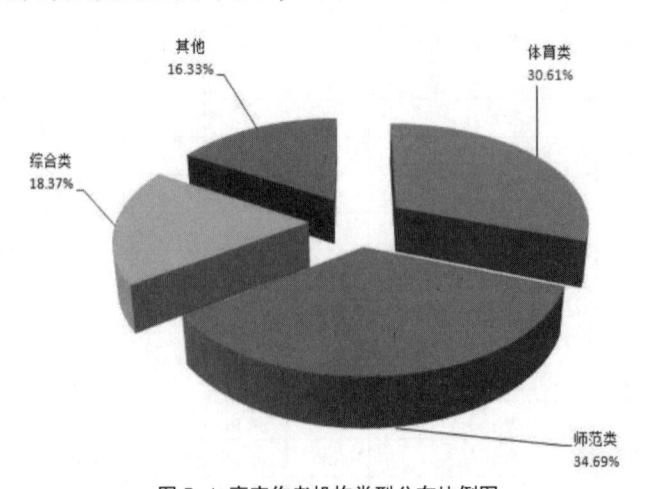

图 5-1 高产作者机构类型分布比例图

我们进一步将表 5-2 中出现频次较高的机构作了统计，将入选 2 人以上的机构绘制图形，参见图 5-2，由图 5-2 可见，上海体育学院共有 8 名高产作者，远远超出其他高校，华东师范大学、吉首大学各有 3 人入选。从中可以看出，除了上海体育学院聚集了众多体育人文社会学高产作者，绝大多数高产学者分散在众多机构，这一布局符合学科发展，能够促进"百花齐放，百家争鸣"的学术环境。

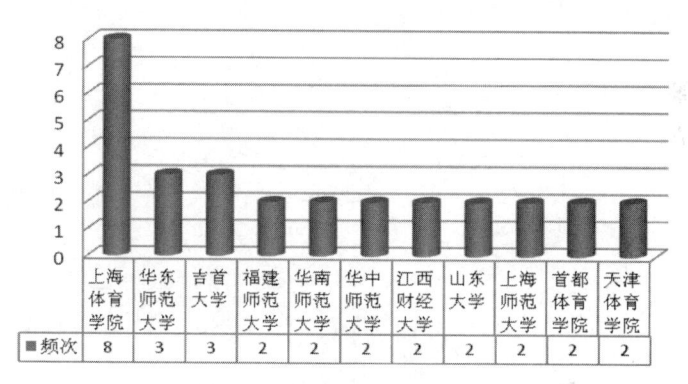

机构	上海体育学院	华东师范大学	吉首大学	福建师范大学	华南师范大学	华中师范大学	江西财经大学	山东大学	上海师范大学	首都体育学院	天津体育学院
频次	8	3	3	2	2	2	2	2	2	2	2

图 5-2 高产作者的机构分布

二 高产作者群研究分析

任何一个学者的研究都不是孤立的，除了作者之间的合作研究以外，众多学者也可能从不同的角度、不同的方法、不同的思路研究共同的主题，这些合作和研究主题的相同无形之中构成一个一个学术群体。这些学术群体可以通过一定的软件工具可视化地展现出来。因此，我们利用 UCINET 软件（该软件包有很强的矩阵分析功能，如矩阵代数和多元统计分析。它是目前最流行的，也是最容易上手、最适合新手的社会网络分析软件[①]）将 CSSCI 中 2007—2011 年中体育人文社会学高产作者合作的关系进行可视化展示。其中，根据高产作者表 5-3，选择与高产作者有联系的所有作者作共

---

① 包惠民、李智：《CNKI 数据实现 ucinet 共现分析的方法及实证分析》，《软件导刊》（教育技术）2011 年第 35 期。

现（已剔除同名作者合作的影响），如下图5-3所示。图5-3中方形节点代表了各个作者，而节点的大小代表着各作者与他人合作的频次，即节点越大表明其与他人共同创作论文的篇数越多，节点与节点之间的连线代表作者之间的合作关系，连线的粗细代表了作者间的合作程度，越粗说明两作者合作频次越高，关系越紧密。

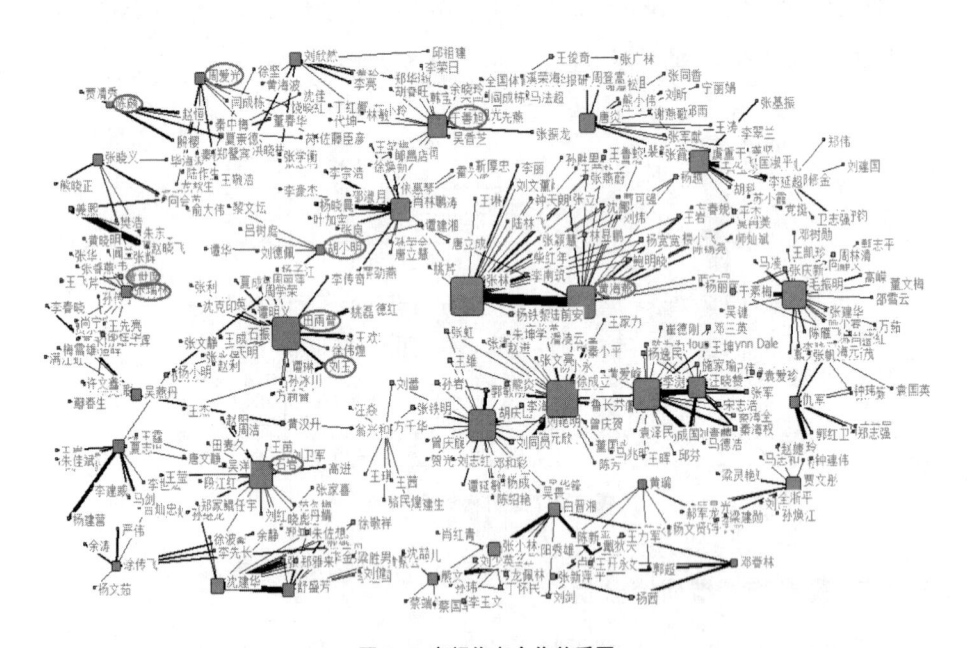

图 5-3 高频作者合作关系图

由于图5-3所选择的作者主要为体育人文社会学领域的高产作者，所以图中显示的主要为高产作者的合作关系，图中用椭圆圈出的作者是高产作者前10名。从图中可以看到，排名前10的作者节点大小相差甚大，节点小在一定程度说明作者以独立研究和撰文为多；相反，节点大表明学者重视合作，强调协作研究，通常在学术圈内拥有较高的学术地位。图5-3中也可以看到另一种现象，一些作者节点很大，但发文数量并不是很多，说明这些作者主要以合作发表论文为主，这一群体很难分别出共同特点，有的是大学教授，大量和学生合作发文，也有一些青年学者和知名学者合作发文。

为了更清晰地通过图形展示出重要学术群体，我们对图 5-3 进行了简化，排除一些偶然合作关系，剔除只有一次合作关系的链接，得到图 5-4。

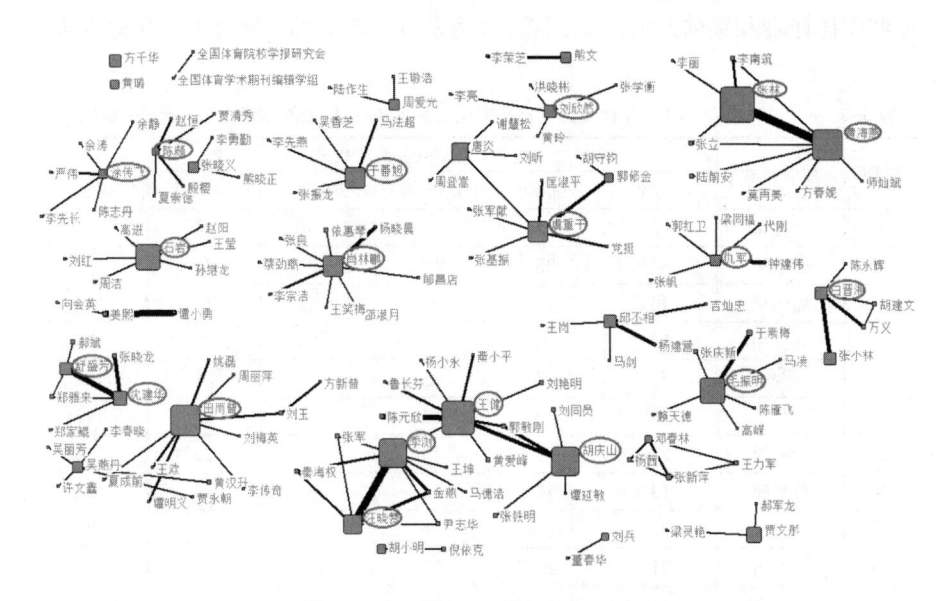

图 5-4 合作关系大于 1 的高产作者合作图

图 5-4 中向我们清晰地展示了体育人文社会学中一些较有影响力的学术群体，图中用椭圆圈出的作者是聚集群体中较核心的作者，同时我们也可以发现群体之间的重要合作联系。比对表 5-2，该图清晰明了，各群体围绕高产作者构成，也就是说在体育人文社会学领域形成了许多以高产作者为学术带头人的学术圈。

三 学者被引统计分析

学者的学术影响力除了体现在学者的论文质量和创造性贡献以外，论文被引情况也是一个重要的指标。论文被别人引用的程度是衡量该论文学术价值和影响的一种测度。同时，也从科研成果被利用的角度反映了该作者在本学科领域内的影响力和地位[1]。我们统计了 CSSCI 数据库中 2007—

---

[1] 邱均平：《信息计量学（九）：文献信息引证规律和引文分析法》，《情报理论与实践》2001 年第 3 期。

2011年间体育人文社会学论文所引用的论文，筛选出被引次数大于40的作者（参见表5-3）。为了真实反映该领域的学者，我们在被引统计中排除了一些团体作者和领袖人物，如：国家体育总局、教育部、马克思、胡锦涛等。

表5-3　　　2007—2011年体育人文社会学论文引用40次以上的作者　　（单位：篇次）

排序	被引作者	2007年	2008年	2009年	2010年	2011年	总计
1	卢元镇	67	92	56	65	34	314
2	胡小明	47	35	40	30	45	197
3	鲍明晓	46	43	30	31	28	178
4	毛振明	52	46	34	26	2	160
5	任海	27	46	29	17	22	141
6	季浏	38	38	22	22	1	121
7	于善旭	21	31	19	27	20	118
8	肖林鹏	13	26	30	26	19	114
9	王岗	32	18	16	21	20	107
10	田麦久	21	26	18	26	5	96
11	田雨普	15	12	17	28	19	91
12	刘鹏	15	20	24	11	20	90
13	吕树庭	14	17	32	16	9	88
14	谭华	19	17	13	25	9	83
15	郭树理	18	9	6	18	28	79
16	曲宗湖	36	12	18	11	1	78
17	黄世席	19	15	10	13	20	77
18	易剑东	17	22	9	17	9	74
19	石岩	24	9	13	19	9	74
20	熊斗寅	12	22	7	18	14	73
21	林显鹏	17	17	23	13	3	73
22	伍绍祖	13	17	14	20	7	71
23	虞重干	10	18	18	14	10	70
24	黄汉升	17	20	14	13	5	69
25	崔乐泉	15	14	14	16	8	67
26	李力研	14	25	7	9	11	66
27	张力为	13	25	6	15	6	65
28	邱丕相	14	18	16	6	10	64
29	周爱光	9	15	8	19	11	62

续表

排序	被引作者	被引论著数量					
		2007年	2008年	2009年	2010年	2011年	总计
30	杨桦	14	22	8	11	7	62
31	张林	10	17	17	10	7	61
32	熊晓正	6	10	12	19	12	59
33	张洪潭	9	11	17	21	0	58
34	杨文轩	11	20	11	10	5	57
35	丛湖平	15	7	10	19	6	57
36	郝勤	13	18	10	9	5	55
37	佚名	3	23	6	16	6	54
38	陆学艺	13	10	10	16	5	54
39	白晋湘	14	15	11	7	7	54
40	钟启泉	13	20	11	8	1	53
41	裴立新	14	13	15	7	4	53
42	倪依克	13	10	11	9	10	53
43	韩丹	11	20	7	4	10	52
44	费孝通	13	16	4	9	9	51
45	郑杭生	17	9	13	5	6	50
46	王健	15	11	12	9	3	50
47	张厚福	4	16	3	15	11	49
48	梁晓龙	11	14	12	9	3	49
49	黄亚玲	6	16	7	12	7	48
50	席玉宝	10	12	6	10	9	47
51	马惠娣	5	10	15	8	9	47
52	陈林祥	7	14	5	13	8	47
53	李刚	10	10	11	10	5	46
54	仇军	15	7	9	9	6	46
55	王凯珍	19	4	12	7	2	44
56	宋继新	9	10	9	8	8	44
57	秦椿林	11	10	5	9	9	44
58	胡庆山	10	12	9	9	3	43
59	顾渊彦	20	8	9	5	1	43
60	凌平	9	4	10	12	7	42
61	董新光	9	6	12	6	9	42
62	钟秉枢	12	19	3	5	2	41
63	肖焕禹	9	8	7	12	5	41

续表

排序	被引作者	被引论著数量					
		2007年	2008年	2009年	2010年	2011年	总计
64	李南筑	9	9	8	8	7	41
65	吴蕴瑞	4	8	16	0	12	40
66	王庆伟	9	14	7	8	2	40
67	马志和	15	7	3	8	7	40

从表5-3中可以看出，5年间被引用最多的学者是从事社会体育学研究的卢元镇教授，被引频次远超其他作者，虽然他近几年新作较少，但他早些年的研究成果依然在中国体育人文社会学领域产生很大影响。结合表5-2与表5-3，我们将产出量高的作者与被引量高的作者进行匹配，对于同时出现的作者我们可以列出如下表5-4，可认为他们不仅是中国体育人文社会学领域较具学术影响的学者，而且还是近几年依然活跃在该领域的学者。可以看到16位作者中有13位是高产作者中的前25位，这在一定程度上肯定了作者的科研产出力与学者的学术影响力具有密切相关性。

表5-4　　　　2007—2011年体育人文社会学最具影响力的作者

序号	作者	序号	作者	序号	作者	序号	作者
1	田雨普	5	王健	9	张林	13	胡庆山
2	于善旭	6	周爱光	10	季浏	14	邱丕相
3	石岩	7	李刚	11	肖林鹏	15	白晋湘
4	黄世席	8	虞重干	12	毛振明	16	仇军

对于未在表5-4中出现的其他高产作者，我们亦不能断言其论文成果对体育人文社会学领域贡献不大，因为除了论文本身的质量原因，论文的引用存在一定时间上的滞延，引文的马太效应也会影响作者的被引次数。

第三节　机构学术影响力分析

学术成果由学者创造，而机构作为学者创作的容器，它可以为学者提供良好的学术环境与交流平台，学者在外部环境的刺激下，会促进其研究更加深入和拓展。所以，考察机构的学术影响，研究各机构发文情况具有一定的意义。

我们在进行机构分析的过程中，首先从宏观层次观察机构所在地区对发文量的影响，欲从中找出体育人文社会学领域的地域研究趋势，其次考虑不同学科属性机构的发文情况，观察中国体育人文社会学的机构学科分布状况，但是这样的分类仍然是粗犷的，不能深刻展现该领域中机构的基本情况，因此通过对机构发文进行排名统计，我们剖析了高产机构的发文水平，微观上看待不同机构的学术影响力。

一 机构按地区分类

通常情况下，地区体育研究的学术水平和该地区的体育运动发展密切相关，与该地区的经济、文化、社会环境等有着紧密联系。全国范围内机构数众多，我们先将全部机构按区域进行划分，统计各地区的发文量。下表5-5统计了2007—2011年各地区发文量，以省、直辖市为统计单位，并根据2007—2011年的发文总量进行排序。

表5-5　　2007—2011年体育人文社会学论文的地区发文统计　　（单位：篇）

排序	地区名称	发文数量					
		2007年	2008年	2009年	2010年	2011年	总计
1	上海	115	124	120	105	86	550
2	北京	152	129	76	97	77	531
3	广东	89	90	79	112	89	459
4	江苏	82	76	88	77	38	361
5	湖北	73	65	71	67	52	328
6	四川	49	105	55	65	38	312
7	湖南	65	60	61	46	19	251
8	山东	58	62	50	51	27	248
9	浙江	61	45	44	51	23	224
10	河南	32	43	43	39	19	176
11	福建	40	35	33	31	24	163

续表

排序	地区名称	发文数量					
		2007年	2008年	2009年	2010年	2011年	总计
12	陕西	21	45	32	41	12	151
13	辽宁	30	22	17	26	54	149
14	重庆	21	33	39	27	17	137
15	安徽	18	17	30	37	23	125
16	天津	18	27	25	20	34	124
17	江西	18	25	24	28	11	106
18	河北	24	18	17	25	6	90
19	山西	22	16	20	16	16	90
20	吉林	8	16	14	17	12	67
21	甘肃	11	9	18	11	7	56
22	新疆	7	10	13	9	6	45
23	广西	6	12	8	13	2	41
24	贵州	3	7	8	8	15	41
25	黑龙江	10	9	6	11	0	36
26	其他地区	7	7	4	3	2	23
27	云南	4	2	11	3	3	23
28	内蒙古	2	2	2	4	1	11
29	海南	0	3	2	1	0	6
30	宁夏	2	2	1	1	0	6
31	西藏	3	1	1	0	1	6
32	澳门	0	0	4	0	1	5
33	香港	0	1	0	3	0	4
34	青海	0	0	3	0	0	3
35	台湾	0	1	0	1	0	2

表5-5显示，发文量较大的地区是体育人文社会学研究发展较好的地区，从表5-5可以证实发达地区的确是体育人文社会学发文量大的主要地区，如：上海、北京、广东。北京作为首都，其政治、文化、经济无疑是全国最有代表性的地区，拥有众多高等院校、研究性机构，这些因素促使其成为高产量的地区，而上海与广东分别作为长江三角洲和珠江三角洲的核

心,经济、文化相对发达。产量较低的省份集中在一些边远的地区,它们对体育人文社会学的研究相对落后,如宁夏、西藏、青海等。此外,港澳台地区由于文化上的差异,对于体育人文社会学的研究成果也偏低。

表 5-6 是 2007—2011 年间各地区发文量排名变化表,从中可以更加清楚地看到,地区的发文量排名相对稳定,前三名基本集中在上海、北京、广东三地,这进一步证实了城市的政治、经济、文化对于体育人文社会学的研究影响重大,也说明了中国对体育人文社会学的研究已经构成了一定的格局。

表 5-6　　　　　2007—2011 年体育人文社会学地区排名表　　　（单位:名次）

排序	地区	2007年	2008年	2009年	2010年	2011年
1	上海	2	2	1	2	2
2	北京	1	1	4	3	3
3	广东	3	4	3	1	1
4	江苏	4	5	2	4	6
5	湖北	5	6	5	5	5
6	四川	9	3	7	6	7
7	湖南	6	8	6	9	13
8	山东	8	7	8	7	9
9	河南	11	9	9	8	11
10	浙江	7	11	10	11	14
11	福建	10	12	12	13	10
12	陕西	15	10	13	10	18
13	辽宁	12	16	20	16	4
14	重庆	16	13	11	15	15
15	安徽	17	18	14	12	12
16	天津	18	14	15	18	8
17	江西	19	15	16	14	20
18	河北	13	17	19	17	22
19	山西	14	19	17	20	16
20	吉林	22	20	21	19	19

二 不同机构类型的发文统计分析

按照不同的分类准则，机构的划分会有不同的分类结果，表 5-7 列出了体育人文社会学论文的主要发文机构。从中可以看出，高等院校是体育人文社会学研究领域的主要机构，5 年内发文量最多，占总发文量的 97.12%，在此分类中，党政部门机构发文量排第二，占 1.07%。

表 5-7　　各类机构所发体育人文社会科学论文统计　　（单位：篇）

类别 年份	高等院校	科研院所	党政部门	党校系统	军事单位	台港澳作者	国外作者	其他类机构（空）	合计
2007	994	12	20	0	3	0	6	27（11）	1062
2008	1091	0	12	1	1	2	4	13（5）	1123
2009	995	2	9	0	1	4	6	6（3）	1023
2010	1025	1	12	1	1	1	3	2（0）	1046
2011	703	2	1	0	1	2	5	13（11）	726
合计	4814	21	53	2	7	9	24	57（30）	4980

从表 5-7 中我们能看到高等院校在体育人文领域中是主力军，其他类型的机构发文量相对较少，只能起到研究中的辅助作用。为了更清晰地了解不同类型的高校在研究中的地位，我们又再将高校分成"体育类"、"师范类"、"综合类"、"理工类"与"其他类"五大类统计，如表 5-8 所示。在统计的过程中发现理工类机构占有一定比例，因此将其单独作为一个类别予以讨论。在其他类中，包含了政治类、财经类、农林类院校等。

表 5-8　　2007—2011 年体育人文社会学各类机构发文量　　（单位：篇）

年份 类型	2007	2008	2009	2010	2011	合计
体育类	269	271	206	226	197	1169
师范类	234	267	287	262	190	1240
综合类	272	275	269	251	176	1243
理工类	122	128	123	142	58	573
其他类	165	182	138	165	105	755
合计	1062	1123	1023	1046	726	4980

考虑到不同类型的院校基数相差很大，单从机构的发文数量不能直观地体现各类院校在体育人文社会领域的贡献力度，我们在表5-9中列出了各类机构的其他细目，包括参与发文的各类机构数量、各自的发文量，并给出了机构均发文量。

表5-9　　　　　　2007—2011年体育人文社会学各类机构详细项目表

详细项目 \ 机构类型	体育类	师范类	综合类	理工类	其他	合计
机构发文（篇）	1169	1240	1243	573	755	4980
机构数（个）	34	103	138	140	293	708
机构均发文量（篇/个）	34.38	12.04	9.01	4.09	2.58	7.03

从表5-9中可以看出，体育类机构数量很小（仅占全部机构的4.8%），但发表量几乎占全部论文的1/4（23.47%），远高于平均水平，紧随其后的是师范类高校。若单从发文量上看，师范类高校比体育类高校要多近百篇，但综合考虑其涉及的高校数量，师范类高校对体育人文社会学的研究力度就远低于体育类高校了，这样也符合高校的学科性质。机构均发文量最低的是其他类，仅2.58篇，也就意味着体育人文社会学研究领域并非这些机构的主要研究方向。

从趋势上看，将表5-8中各年不同机构发文数转为比例显示，可以观察到逐年比例变化的情况，如图5-5所示，各年比例分布变化平稳，仅2009年师范类机构发文量所占比例增加略多，体育类机构发文量有所减少，可见对于体育人文社会学领域的研究机构已成熟。

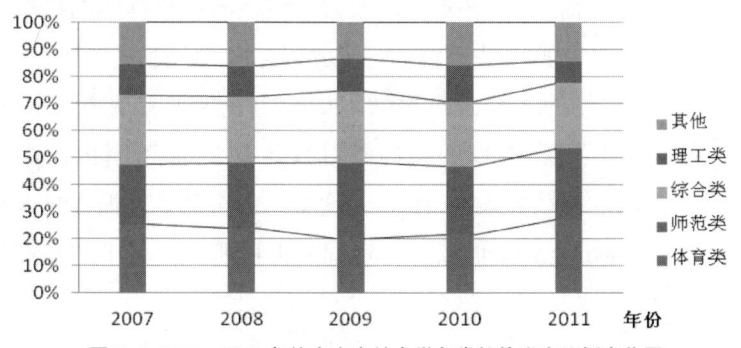

图5-5　2007—2011年体育人文社会学各类机构发文比例变化图

从数量上看，2007—2011年间不同类型的机构累计发文比例不同，如图 5-6 所示，综合类院校依仗其高校数量众多，发文量也是最多的，师范类院校仅次于综合类高校，排在第三的是体育类机构，但三类高校的差别不是很大，三类高校的发文总和占全部机构类型的 3/4 左右，可见这三类高校为中国体育人文社会学研究的发展作出了巨大的贡献。

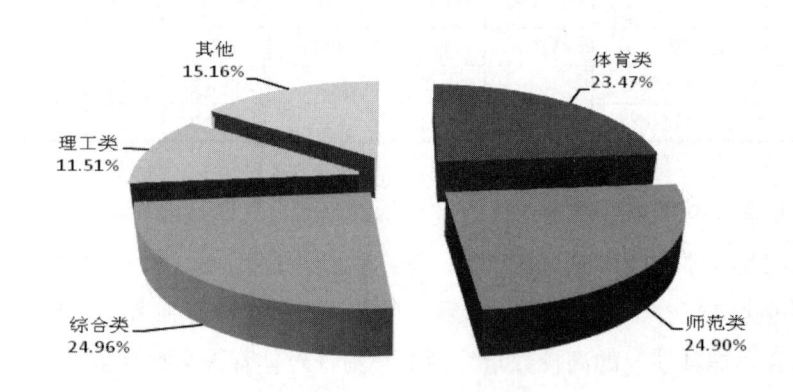

图 5-6 2007—2011 年体育人文社会学类机构累计论文比较图

三 高产机构发文统计分析

无论是从地区角度还是从学科角度对机构进行分类，能观察到的只是宏观层次上的体育人文社会学研究状况。从机构的地区分布看，我们了解到了不同地区的体育事业发展不均衡的现象，从学科类型上看，各类机构对体育人文社会学的研究比重差异性很大，但是两者对具体的机构发文情况都不能深入分析。因此，我们将进一步分析各机构个体。

一个机构发文量的多少是机构学术影响力表现的首要方面。表 5-10 列出了论文发表数大于 30 篇的机构条目，共有 32 家不同机构进入排名列表中，这 32 家机构共发表了 2116 篇论文，占全部论文数量的 42.48%，因此选择它们作为研究对象可以在一定程度上说明该领域中的高产机构发文情况。

表 5-10　2007—2011 年发表体育人文社会学论文 30 篇以上的机构　（单位：篇）

序号	机构名	2007年	2008年	2009年	2010年	2011年	合计
1	上海体育学院	73	76	76	56	34	318
2	北京体育大学	49	41	22	27	8	147
3	成都体育学院	21	40	11	34	16	123
4	武汉体育学院	23	25	32	29	9	118
5	首都体育学院	20	17	4	13	48	102
6	华南师范大学	17	19	23	30	12	101
7	广州体育学院	19	15	8	13	39	94
8	华东师范大学	13	22	22	21	7	85
9	南京师范大学	11	18	26	17	4	76
10	华中师范大学	18	18	17	7	7	67
11	天津体育学院	14	17	15	8	4	59
12	苏州大学	13	7	16	12	6	55
13	西安体育学院	6	15	13	14	3	51
14	山东大学	19	7	8	12	4	50
15	河南大学	13	9	15	8	4	49
16	山西大学	11	10	14	5	7	48
17	福建师范大学	13	12	10	9	2	46
18	辽宁师范大学	4	5	3	6	27	46
19	沈阳体育学院	7	4	2	7	22	42
20	武汉大学	2	2		7	28	39
21	湖南师范大学	17	8	5	4	3	37
22	安徽师范大学	6	5	7	9	9	37
23	西北师范大学	7	11	7	7	3	35
24	北京师范大学	12	9	7	6	0	34
25	天津师范大学	0	2	1	4	27	34
26	江西师范大学	8	7	9	6	3	33
27	清华大学	6	9	9	6	3	33
28	湘潭大学	7	12	4	5	5	33
29	西南大学	10	6	11	3	2	32
30	厦门大学	3	2	5	8	13	31
31	温州大学	7	6	10	6	2	31
32	江西财经大学	3	7	7	9	4	30

表 5-11 是对表 5-10 中的机构再次统计的结果，可以看到在这 32 所高校中，体育类院校有 9 所，师范类院校 12 所，综合类院校 10 所，其他类 1 所，没有一家体育类研究所进入高产机构表中，全部都是高等院校，进一步说明了在体育人文社会学领域，高等院校是研究的主力军。

对比表 5-9 全部机构的均发文量，高产机构的均发文量要高许多，平均机构发文量是前者的 9.4 倍，由此可见，对高产机构的研究可以突出体育人文社会领域的重要研究机构类型。

表 5-11　　2007—2011 年体育人文社会学高产机构类型详细项目表

机构类型 详细项目	体育类	师范类	综合类	其他	合计
发文量（篇）	1054	631	401	30	2116
机构数（个）	9	12	10	1	32
机构均发文量（篇/个）	117.11	52.58	40.10	30.00	66.13

从高产机构发文量来看，体育类高校共发表论文数 1054 篇（占总数的 49.81%），接近所有高产机构发文量的一半。其次是师范类院校，发表 631 篇（占总数的 29.82%），比例分布如图 5-7 所示，可见，在主力军高等院校中，体育类高校与师范类高校更是"主要阵地"。

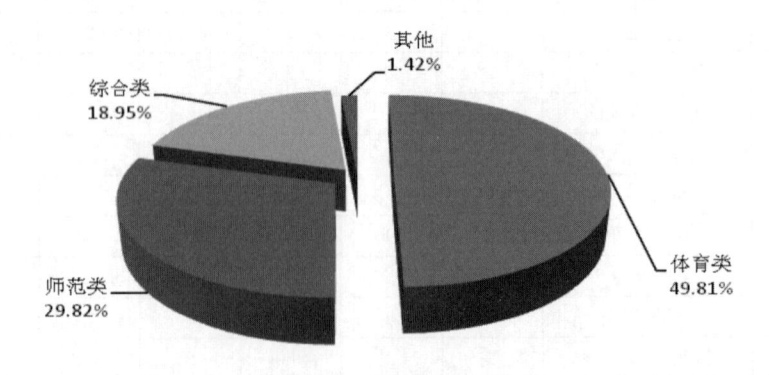

图 5-7　高产机构各类型比例分布图

图 5-7 与图 5-6 相比，各类型所占的比例都有一定的变化，表现为体育类与师范类在高产机构中所占的比例远高于其在机构累计产文量中比例，其他类机构所占比例则减少了很多。由此可知，虽然体育类与师范类机构在众多研究机构中比例不是很大，但是在研究体育人文社会学领域中较集中，从另一方面说就是有为数众多的其他类型的机构也在涉足体育人文社会学研究领域，但各机构的平均出产量普遍较低。

从机构个体看，2007—2011 年间发表论文数超过 100 篇的单位有 6 家，分别是上海体育学院、北京体育大学、成都体育学院、武汉体育学院、首都体育学院、华南师范大学，其中上海体育学院发表论文数高达 318 篇，为中国体育人文社会学领域作出了巨大的贡献。

第四节 小结

相较于体育学，体育人文社会学学科发展以及学术影响力的评价研究较少，尽管近年来中国体育人文社会学的研究范围不断扩大，引入的学科理论也不断扩张，自身的研究方法不断更新[1]，但是该领域的研究仍存在一些不足，如研究具有很强的主观诱导性，这影响了研究的科学性，并且宏观、空泛类的论文占一定比例，微观、深化的研究少[2]。比如体育学的研究进程中，长期以来，学术领域更多的是依赖专家评价，这种利用权威评述成果学术影响的方式难免含有一定的主观性，学界也迫切盼望能有一种借助量化表达的方式来评价，以此来补充专家评价所存在的不足。[3] 因此，本章对体育人文社会学在近 5 年内发表的论著进行量化分析，用数据说明学

---

[1] 陈兴亮、柳伯力：《论体育人文社会学基础与发展》，《成都体育学院学报》2000 年第 6 期。

[2] 杨桦：《我国体育人文社会科学研究现状及发展趋势》，《北京体育大学学报》2007 年第 11 期。

[3] 朱唯唯：《体育学学术影响力研究报告——CSSCI 体育科学文献分析》，《体育科学》2006 年第 26 期。

科发展状况。本章从学术论文的主体——作者与机构两个角度对体育人文社会学作出一定的评价，弥补了对该领域评价不足的漏洞，我们认为：

第一，以下为体育人文社会学研究领域中比较重要的学者：田雨普、于善旭、石岩、黄世席、王健、周爱光、李刚、虞重干、张林、季浏、肖林鹏、毛振明、胡庆山、邱丕相、白晋湘、仇军。他们带领他们的学术圈为整个体育人文社会学研究作出了巨大的贡献。

第二，体育类与师范类院校是研究体育人文社会领域的主要高校，其中以下机构是其重要阵地：上海体育学院、北京体育大学、成都体育学院、武汉体育学院、首都体育学院、华南师范大学。

第六章 体育人文社会学论文合作研究分析

合作是人们为了彼此之间达到共同的目的，而进行的相互配合、相互补充的联合工作的手段与方式，是各研究领域实现研究目标的有效途径，一方面，通过合作研究能够发现研究领域内新的研究议题，富有成效的合作能创造新的知识，有力推动现有研究领域的进步[①]；另一方面，对于同一研究议题，通过将不同研究人员各自独特的专业知识、技术与资源相结合，研究人员能够解决用单一研究途径无法解决的问题，领域内的合作研究者之间由此还能够获得不同角度的思考空间。当前，中国在很多领域中都提倡协同创新式的发展方式。科研领域中协同创新的特征在于将不同领域的知识、属于不同背景的人的经验、智慧和才能以及属于不同组织的资源、信息有机地结合起来，达到优势互补、综合集成，打破空间和层次界限，开放式地解决复杂创新问题[②]，它可以有效构建科研领域中的知识创新[③]。学术影响力评估是衡量国家、科技机构、出版社、科技期刊、科研人员竞争力与发展潜力的重要手段之一[④]，合作研究正是科研工作协同创新的具体表现。体育人文社会学作为体育学与社会学领域的分支学科，它与许

[①] [美]麦克里那：《科研诚信——负责任的科研行为教程与案例》，高等教育出版社2011年版，第143—144页。

[②] 李金亮、沈奎：《创新与政府》，广东经济出版社2010年版，第82—85页。

[③] 全国科技管理干部培训阅读丛书编委会：《建设创新型国家》，上海科学技术出版社2009年版，第168页。

[④] 刘文娟、陈勇、崔建强：《体育期刊高被引频次论文学术影响力分析》，《首都体育学院学报》2013年第3期。

多社会学母学科发生着广泛的联系[①]。体育人文社会学的这一学科特点决定了该领域合作研究的重要性和密集性,其表现形式的重要特征就是研究成果的共同署名。研究和评价中国体育学与体育人文社会学10年的合作研究水平,能够客观展现中国该领域研究的活跃程度、了解领域研究工作的发展趋势并以此为基础为国家相关领域科技研究工作的战略决策提供有益的支持。

本章以"中国社会科学引文索引"(CSSCI)近10年(2002—2011年)所收录的体育学与体育人文社会学文献信息为来源数据,在此基础上从作者合作、机构间合作和地区间合作三个角度入手深入分析和探讨近年中国体育学与体育人文社会学领域的合作研究状况。通过前期文献调研发现,目前中国对上述领域的合作研究集中在理论层面,实证调研分析的深入程度不深,对于体育人文社会学领域的合作研究成果有限,基于此,本章可以对当前研究起到有益的补充作用。

第一节 体育人文社会学论文合作概况与对比分析

作为跨学科的体育人文社会学,合作研究应该是该学科的主要研究方式,它可以将人文社会科学的研究成果和方法引入体育人文社会学研究领域。因此,我们对体育人文社会学的合作概况分析可以了解该领域的合作状况,再通过与其他领域的对比,可以发现体育人文社会学合作研究的优势和问题。

一 概况分析

从我们查阅的数据来看,体育人文社会学是体育学的一个重要分支领域,每年体育学期刊中,有1/3以上的论文属于体育人文社会学领域,分析该领域的合作状况也可窥视体育学领域合作研究的一角。表6-1给

---

① 卢元镇:《体育人文社会科学概论高级教程》,高等教育出版社2003年版,第45页。

出了 2002—2011 年 CSSCI 中收录的体育人文社会学合作论文及相关统计数据。

表 6-1　　　　　2002—2011 年中国体育人文社会学合作论文数统计

内容＼年份	2002	2003	2004	2005	2006	2007	2008	2009	2010	2011	合计
合作论文数（篇）	291	378	402	492	594	583	629	633	610	378	4990
来源文献数（篇）	609	741	777	886	1094	1102	1123	1023	1046	726	9127
合作比例（%）	47.78	51.01	51.73	55.53	54.29	52.9	56.01	61.87	58.31	52.06	54.67

从表 6-1 中我们可以发现，10 年来，CSSCI 收录体育人文社会学论文历经了不断增长之后，又迅速下降的过程，合作论文的变化则有一定区别，从 2002 年以后的不断增加到 2007 年的微降后，经过 2 年的上升，2010 年后又迅速下降。如果排除掉 CSSCI 对体育人文社会学论文收录数量变化的因素来考察其合作论文比例，我们同样可以发现该领域合作论文比例存在着波动上升后又迅速下降的过程。

综合考察近 10 年的体育人文社会学论文合作比例，应该说，维持在一个较高的水平上，最低年份的 2002 年也达到了 47.78%，2009 年达到了最高点 61.87%，10 年平均论文合作比例为 54.67%，相比整个人文社会科学领域的合作比例（32.8%[1]）高出很多，这表明体育人文社会学领域的合作研究远高于人文社会科学的平均水平。

二　对比分析

为了比较体育人文社会学的合作状况在整个体育学领域的表现，我们专门对 CSSCI 收录的体育学论文的合作情况也进行了统计，以帮助我们进行对比分析。表 6-2 列出了 2002—2011 年 CSSCI 收录的体育学其他二级学科（排除了体育人文社会学）论文与合作论文的统计数据。

---

[1]　苏新宁、邹志仁：《中国人文社会科学学术影响力报告》，高等教育出版社 2011 年版，第 1023 页。

表 6-2　　　　2002—2011 年中国体育学领域中非体育人文社会学合作论文统计

内容＼年份	2002	2003	2004	2005	2006	2007	2008	2009	2010	2011	合计
合作论文数（篇）	524	472	711	746	903	868	941	904	879	899	7847
来源文献数（篇）	950	853	1178	1189	1314	1248	1437	1372	1266	1331	12138
合作比例（%）	55.16	55.33	60.36	62.74	68.72	69.55	65.48	65.89	69.43	67.54	64.65

由表 6-2 数据显示，CSSCI 收录的体育学其他二级学科论文数量在这 10 年中历经了下降（2003 年）、上升、再下降（2007 年），然后又经历了上升（2008 年）下降（2009—2010 年）再上升的过程。其合作论文的数量和比例变化也呈现多次不断上升下降的过程，但合作论文所占比例变化波动则不如数量变化频繁。图 6-1 为体育学其他二级学科和体育人文社会学的合作论文各自所占比例的对比图。

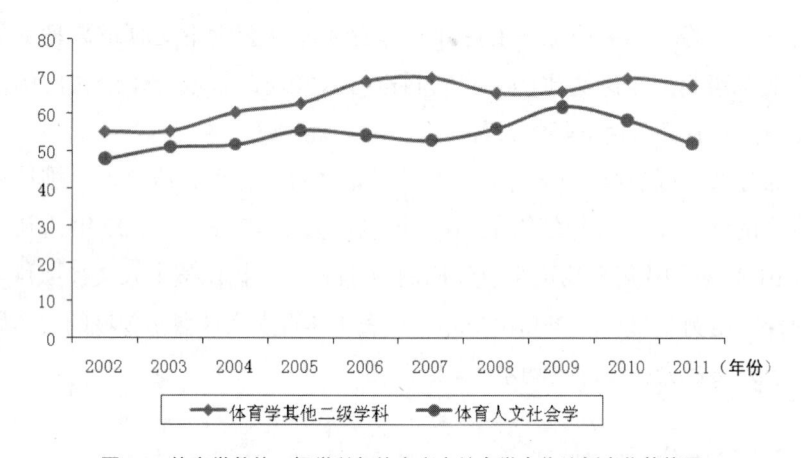

图 6-1 体育学其他二级学科与体育人文社会学合作比例变化趋势图

将表 6-1 和表 6-2 中的数据进行对比，我们可以发现，体育学其他二级学科论文的合作论文比例要高于体育人文社会学 10 个百分点左右，从年度的数量比例变化来看，既有相似之处，又有区别所在，2003 年体育学合作论文比例在下降，但体育人文社会学论文则在上升；2006—2010 年两者的变化几乎都呈反向变化；从最近的 2 年看，两者的合作比例都在下降，但明显看出形成"剪刀差"的态势。

从图 6-1 中还可以看出，体育人文社会学的论文合作比例始终低于体育学其他二级学科论文的合作比例，平均差距为 9.98 个百分点，最大差距年份在 2007 年，达到 16.65 个百分点，最小差距出现在 2009 年，只有 4.01 个百分点。虽然我们不能确定是什么原因造成这种合作差距，但是我们推测这与人文社会科学相对体育学学者来说易于接受和拥有这类知识以及体育学其他学科的研究所涉及的医学、心理学、生理学等需要他人引入有关，同时可以肯定，如果体育人文社会学的研究仅仅局限在体育学领域，则体育人文社会学的研究一定不会产生突破性进展。

第二节 作者合作研究模式分析

作者合作是合作研究的主要表现形式，一项研究工作的进行往往离不开来自同一领域或不同领域研究工作者的相互合作，作者合作能够有效地保证研究工作的顺利完成以及最后研究成果的内容质量。从作者合作研究的角度对中国体育人文社会学领域合作进行揭示，能够充分反映出领域作者的合作研究状况。同时，通过与整个体育学领域的作者合作进行对比分析，能够近一步定位领域作者合作的层次水平。

一 概况及作者合作模式分析

体育人文社会学作为一门综合性较强的学科，它除了需要本研究领域的学者拥有人文社会科学其他领域知识，更需要人文社会科学其他领域学者介入。因此，分析体育人文社会学领域的合作概况与合作模式，对改善本领域合作研究，促进本领域研究的发展和突破有着积极意义。

（一）概况分析

分析讨论作者合作最常用到的两个指标为论文作者合作度与论文合作率，我们用平均每篇论文的作者数表示论文作者合作度指标，这一指标反映了领域研究工作吸收研究人员智力的程度；用由两名或者两名以上作者完成的论文数量与论文总数量之比表示论文合作率指标，这一指标反映了领域合作研究的程度。前面我们已经分析了2002—2011年体育人文社会学的论文合作率指标，下面我们仅对论文作者合作度指标进行讨论。表6-3列出了体育人文社会学2007—2011五年论文作者合作度的统计数据。

表6-3　　　　2007—2011年体育人文社会学作者合作概况统计

年份 内容	2002	2003	2004	2005	2006	2007	2008	2009	2010	2011	合计
来源文献数（篇）	609	741	777	886	1094	1102	1123	1023	1046	726	9127
作者总数（篇）	1115	1423	1483	1721	2152	2081	2150	2097	2097	1311	17630
论文作者合作度	1.83	1.92	1.91	1.94	1.97	1.89	1.91	2.05	2.00	1.81	1.93

由表6-3我们可以发现，2002—2011年体育人文社会学的论文作者合作度基本保持在一个较为稳定的状态，没有出现较大的波动情况，最大论文合作度与最小论文合作度的差值为0.24，5年平均作者合作度为1.93，这表明近年来中国体育人文社会学领域已经形成了相对稳定的作者合作程度且合作度较为紧密，领域合作研究较为频繁。如前所述，我们认为这一统计结果反映了体育人文社会学的学科综合性。

（二）合作模式分析

按照参与论文的作者数量，将作者合作分为"2人合作"、"3人合作"以及"4人及4人以上合作"三种合作模式，通过对这三种模式的统计分析，能够进一步刻画领域作者合作研究的参与度。表6-4展示了2002—2011年10年来中国体育人文社会学领域三种作者合作模式的统计结果。

表6-4　　　2002—2011年体育人文社会学三种作者合作模式统计　　（单位：篇）

年份 内容	2002	2003	2004	2005	2006	2007	2008	2009	2010	2011	合计
2人合作	173	207	214	287	332	328	371	343	334	239	2828
3人合作	61	99	114	124	146	162	167	191	176	94	1334
4人及4人以上合作	57	72	74	81	116	93	91	99	100	45	828

从表6-4的统计数据结果来看，2002—2011年体育人文社会学"2人合作"与"3人合作"占据了主要地位，"3人合作"与"4人及4人以上合作"论文的总和不及"2人合作"的总数，10年"2人合作"论文的总数为

2828篇,"3人合作"与"4人及4人以上合作"论文的总和为2162篇。图6-2直观反映了三种模式的整体分布情况。

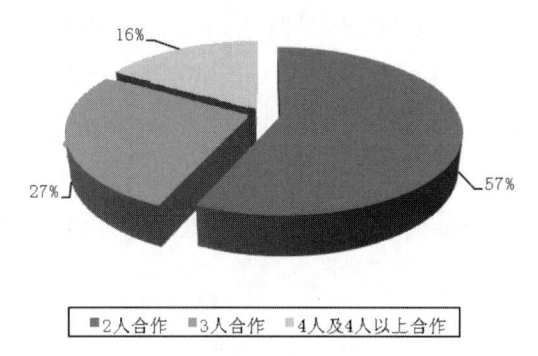

图 6-2 体育人文社会学三种合作模式比例分布图

由图6-2我们可以看到,体育人文社会学中"2人合作"与"3人合作"模式占据主要地位,其中"2人合作"比例占到总体合作的一半以上,"3人合作"模式也占据相当比重。这一结果表明,体育人文社会学领域的论文合作研究主要由2—3人组成,说明此领域合作研究的主要范式是2—3人的合作团队。

进一步分析研究三种模式的动态发展变化情况,能够展现出领域作者合作模式的动态形成与演变过程。图6-3显示了三种作者合作模式的比例发展趋势。

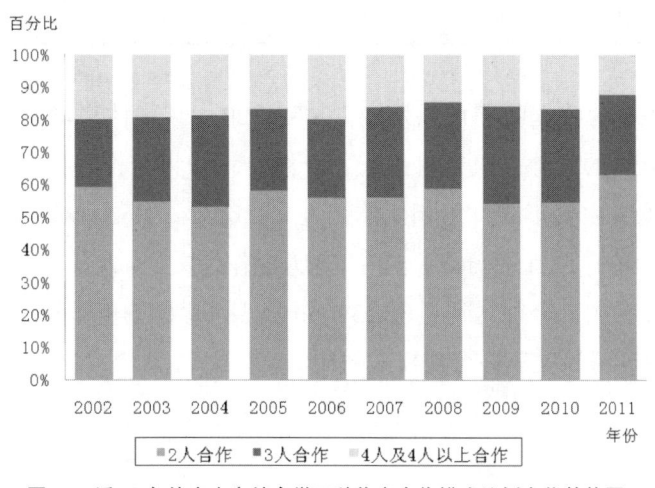

图 6-3 近 10 年体育人文社会学三种作者合作模式比例变化趋势图

由图 6-3 我们可以发现，2002—2011 年间，三种合作模式都存在一些波动，如 2 人合作论文的比例最高达到 2011 年的 63.23%，而最低年份的 2004 年只有 53.23%；3 人合作论文比例的最高年份为 2009 年，达到 30.17%，最低年份的 2002 年只有 20.96%；同样，4 人及 4 人以上作者合作论文比例最高接近 20%，即 2002 年的 19.59%，最低也仅仅刚过 10%，即 2011 年的 11.90%。总体而言，三种合作模式比例分别围绕 57.6%、26.7%、16.7% 上下波动。

（三）对比分析

将体育人文社会学领域作者合作情况与体育学领域其他二级学科进行对比，能够更加清晰地展现该学科作者合作的整体水平。表 6-5 列出了体育学领域内除体育人文社会学的其他二级学科中，近 10 年作者合作的相关统计数据。

表 6-5　　2002—2011 年体育学领域其他二级学科三种作者合作模式统计　（单位：篇）

项目\年份	2002	2003	2004	2005	2006	2007	2008	2009	2010	2011	合计
2 人合作	263	247	354	331	385	400	405	428	372	377	3562
3 人合作	146	128	207	223	298	244	308	269	277	272	2372
4 人及 4 人以上合作	115	97	150	192	220	224	228	207	230	250	1913

由表 6-5 的数据我们可以发现，2002—2011 年中体育学领域除体育人文社会学以外的其他二级学科的作者合作中，"2 人合作"模式虽然也是体育学合作论文主要形式，但相比体育人文社会学，其 2 人合作论文比例大大减少，下降了 12 个百分点；同时，3 人合作论文、4 人及 4 人以上合作论文的份额在扩大，分别达到了 30.23% 和 24.38%。图 6-4 形象地显示了体育学其他二级学科论文三种合作模式的比例。

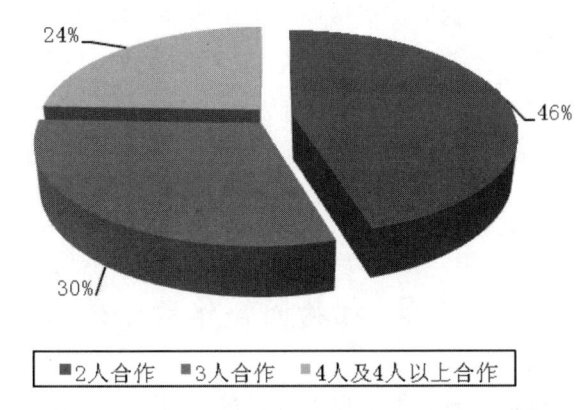

图 6-4 体育学其他二级学科论文三种作者合作模式比例图

如果我们比较体育学和体育人文社会学中合作模式的比例数据，两者之间还是存在着很大差异。我们绘制了体育人文社会学论文和体育学的其他二级学科论文三种作者合作模式的比例变化趋势图，从而进一步了解二者的动态变化过程。参见图 6-5。

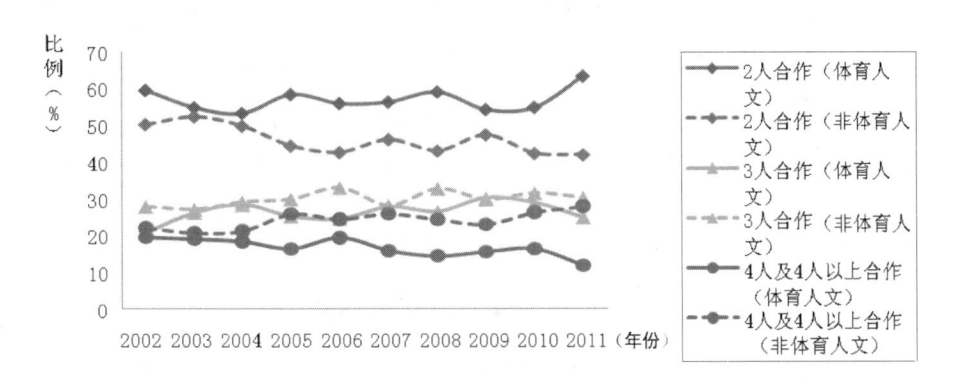

图 6-5 2002—2011 年体育人文社会学与体育学其他二级学科合作模式比例变化趋势图

从图 6-5 中我们可以看出，整个体育学领域中，无论体育人文社会学还是其他二级学科作者合作模式的层次是比较清晰的，三种不同的作者合作模式之间没有发生交叉现象，表明领域的作者合作研究模式较为稳定。纵向来看，虽然每一种作者合作模式所占的比例会有一定的波动，但是其波动幅度不是很大，加之每一年三种模式的体育人文社会学与体育学其他学科比例高低分明，我们由此可以判断中国体育学领域作者合作已经形成了相对稳定成熟的合作模式的层次结构。我们发现，三种模式中只有"2人合作"的体育人文社会学高于非体育人文社会学，这反映出"2人合作"在体育人文社会学中所占比重大于体育学领域的其他二级学科。

第三节 机构间合作研究分析

机构间合作可以是机构间研究人员的优势互补，各自的特长易于充分发挥，能够将研究领域中分散在不同单位的资源进行有效整合，是科研成果创新的一个重要途径。体育人文社会学中存在的广泛合作研究中，机构间合作占有一定比例，因此有必要对这部分内容进行研究分析。

一 概况分析

当前，中国不同科研单位中广泛进行着体育学领域的研究工作，体育人文社会学作为体育学的二级学科，在传统体育学领域的基础上与社会学领域相交叉，因此存在广泛的合作研究。机构合作作为合作的一种重要形式，可以预见体育人文社会学领域一定存在着广泛的机构间合作。表6—6列出了2002—2011年体育人文社会学领域机构间合作的概况数据。

表6—6　　　　2002—2011年体育人文社会学机构间合作统计

年份 项目	2002	2003	2004	2005	2006	2007	2008	2009	2010	2011	合计
机构间合作（篇）	135	177	179	238	304	287	323	308	308	197	2456
合作论文数量（篇）	291	378	402	492	594	583	629	633	610	378	4990
机构间合作比（%）	46.39	46.83	44.53	48.37	51.18	49.23	51.35	48.66	50.49	52.12	49.22

由表6-6我们可以看出，除2011年之外，其余各年中，随着领域合作论文数量的增长，机构间合作论文数量也呈现出波浪形式的增长态势，合

作比例同样保持着这种态势，各年合作比保持在45%—55%左右的区间水平之内，其中2004年最少，为44.53%，2011年最大，达到52.12%。中国体育人文社会学2002—2011年间的平均机构间合作比达到了49.22%这一较高水平，这一结果表明中国体育人文社会学领域研究者重视不同机构之间的合作，研究领域的资源整合水平达到比较高的水准。

二 对比分析

为了进一步对体育人文社会学领域机构间合作水平有一个清晰的认识，我们将2002—2011年间该领域的机构间合作统计数据与体育学领域中的其他二级学科进行对比分析，通过对比我们了解了体育人文社会学在整个体育学领域机构间合作中所处的具体位置。表6-7列出了近10年体育学领域内除去体育人文社会学以外其他二级学科的机构间合作统计数据。

表6-7　　2002—2011年体育学领域其他二级学科机构间合作统计

项目＼年份	2002	2003	2004	2005	2006	2007	2008	2009	2010	2011	合计
机构间合作（篇）	277	250	405	460	548	512	590	573	513	538	4666
合作论文数量（篇）	524	472	711	746	903	868	941	904	879	899	7847
机构间合作比（%）	52.86	52.97	56.96	61.66	60.69	58.99	62.70	63.38	58.36	59.84	59.46

对比表6-6和表6-7的统计数据，体育学领域其他二级学科的整体机构间合作比较体育人文社会学为高，每一年合作比都高出10个百分点左右。从机构合作论文数量的变化来看，机构间的合作比例也呈现相似的变化趋势。体育学其他二级学科的机构合作比例于2003—2005年间出现激增状态，而体育人文社会学与其相比滞后一年，这个快速增长发生在2004—2006年间，以后各年基本处于波动上升的趋势，为了清楚地看出体育人文社会学和体育学其他二级学科的机构间合作比例走势，我们根据表6-6和表6-7，绘制了它们的机构合作比例图（参见图6-6）。

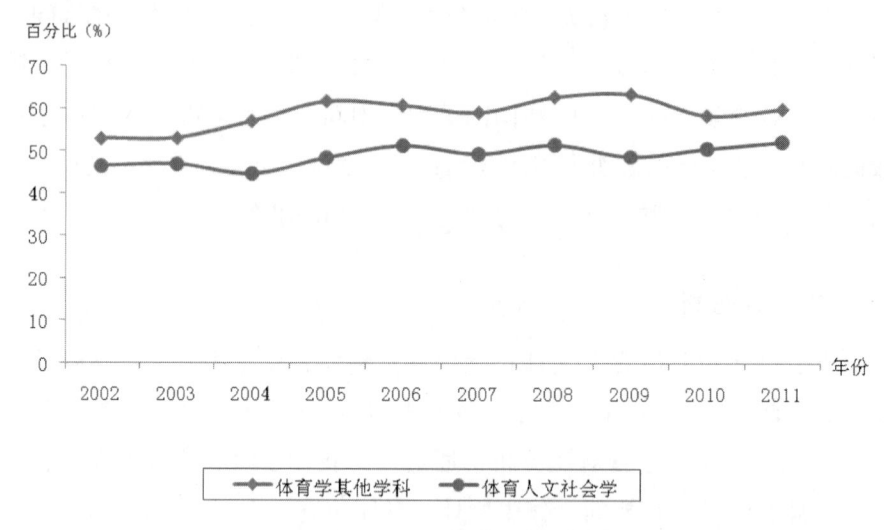

图 6-6 2002—2011 年体育人文社会学与体育学其他学科机构合作比变化趋势图

由图 6-6 我们可以发现，体育人文社会学与体育学其他学科的机构间合作比变化趋势极为相似，都是在波动中上升，但体育学其他学科机构间的合作普遍高于体育人文社会学。它们的差距围绕着 10% 上下浮动，差距最大的是 2009 年的 14.72%，差距最小的是 2003 年的 6.14%，平均差距是 10.24%。这一数据说明了体育人文社会学的跨机构合作力度远低于体育学其他学科。究其原因，体育学与人文社会科学这两个领域的差异与体育学与自然科学之间的差异相比，差异较小，同时在本机构内部，体育学学者更易找到人文社会学学者合作。

三 合作类型分析

为了从整体了解 2007—2011 年中国体育人文社会学领域合作论文的机构背景，我们对 2007—2011 年不同类型机构之间的合作文献数量进行了统计，详细数据见表 6-8 所示。其中，"合作类型"一栏中的"体"、"师"、"综"、"理"、"其"分别表示五种机构类型，即"体育类院校"、"师范类院校"、"综合性院校"、"理工类院校"、"其他类"。在这五类机构中，前四类主要指普通高校，"其他类"对应民办类、职业技校类等高校以及科研院所等。另外，表中每一年的"排名"栏为当年不同合作类型频次的排名，数量为合作发文的数量。

表 6-8　　　　2007—2011 年体育人文社会学合作论文的机构类型统计

序号	合作类型	2007年 数量	排名	2008年 数量	排名	2009年 数量	排名	2010年 数量	排名	2011年 数量	排名	合计
1	体—体	363	1	311	1	296	2	334	1	144	2	1448
2	师—师	261	2	279	2	353	1	262	3	173	1	1328
3	综—综	250	3	274	3	212	3	280	2	118	3	1134
4	理—理	115	4	104	4	134	5	156	4	68	4	577
5	其—其	87	5	86	6	151	4	126	5	23	13	473
6	体—其	70	6	96	5	82	6	55	11	45	6	348
7	体—师	68	7	48	12	64	9	56	10	37	11	273
8	师—其	64	8	60	10	47	14	44	14	22	14	237
9	综—其	52	9	59	11	58	11	62	8	41	9	272
10	师—综	51	10	75	7	82	7	69	6	45	7	322
11	体—综	48	11	66	9	60	10	59	9	55	5	288
12	师—理	45	12	42	13	67	8	52	13	40	10	246
13	理—其	41	13	23	15	24	15	40	15	11	15	139
14	体—理	34	14	69	8	54	12	54	12	24	12	235
15	理—综	32	15	27	14	49	13	64	7	42	8	214

由表 6-8 我们可以发现，2007—2011 年中国体育人文社会学领域的合作论文中同类型机构的合作比例较高，其中体育类高校和师范类高校又占据主要位置。2007—2011 年间，上述两类高校内部之间的合作均保持在前三名之内。在不同机构类型的合作中，各年排名的波动性较大，具有较高排名的类型有体育类与其他类之间的合作，这主要来自体育类院校学者与体育科研院所的合作，其次合作较多的是体育类与师范类之间的合作以及师范类与其他类之间的合作。上述三类合作关系在 2007—2011 年中都占据了较高的排名，且其排名的波动性相对较低，这也反映出这三种合作类型为领域主要机构合作类型。我们进一步选取 2007—2011 年合作比例最高的

五种合作类型，并构建其排名的变化趋势（如图6-7）。

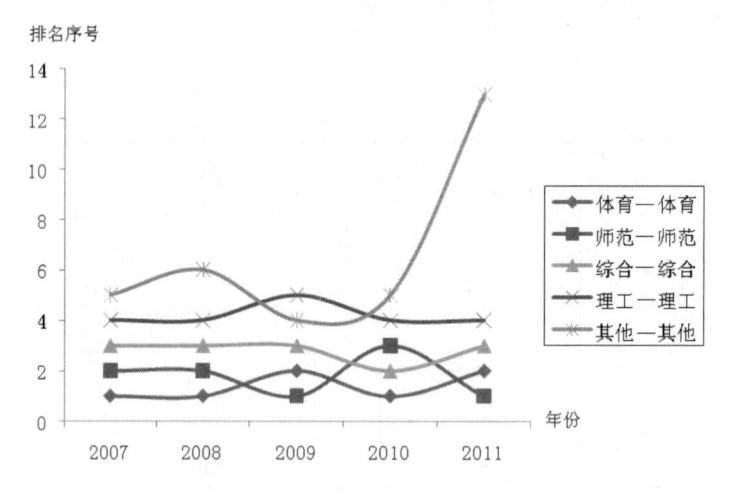

图6-7 主要机构合作类型逐年变化趋势图

由图6-7我们发现，2007—2011年体育人文社会学机构合作论文中，体育类院校之间、综合类院校之间以及理工类院校之间的合作较为稳定，其排名变化没有出现剧烈波动的情况。师范类院校之间以及其他类机构之间的机构合作近5年波动较大，特别是在近2年中其他类机构之间的机构合作发生了剧烈的变化情况，2010—2011年间其排名下降了近10位。综合以上分析我们认为，中国体育人文社会学不同机构类型之间的合作主要集中在体育类高校之间、综合类高校之间以及师范类高校之间，其中体育类之间和综合类之间已经形成了稳定的机构合作关系。

第四节 地区间合作研究分析

地区间合作是指不同地域的学者之间的合作，这种跨区域的合作可以使地域之间学术资源互补，特别是体育人文社会学这个与人文环境密切相关的体育学研究领域，区域之间的学者合作可以使地区学者间的人文优势充分展现，以达到研究的最佳效果。对体育人文社会学研究领域不同地域之间合作情况进行统计分析，能够了解研究领域内不同地域之间的学术交流与学术资源整合的概况。

一 概况分析

经过长期的科研活动积累，不同科研单位所积累的学术资源与优势各不相同，某一研究领域的优秀学术资源往往不会全部集中在某一特定地区，这使得要在该领域进行高效的科研工作必须进行不同区域内的资源整合，地区间合作由此产生。作为交叉性学科的体育人文社会学领域的研究工作当然也离不开地区间的合作研究。表6-9列出了2002—2011年体育人文社会学地区间合作的相关统计数据。

表6-9　　　　2002—2011年体育人文社会学地区间合作论文统计

项目＼年份	2002	2003	2004	2005	2006	2007	2008	2009	2010	2011	合计
地区间合作论文数（篇）	66	88	104	131	165	174	197	178	179	116	1398
合作论文数（篇）	291	378	402	492	594	583	629	633	610	378	4990
地区间合作比（%）	22.68	23.28	25.87	26.63	27.78	29.85	31.32	28.12	29.34	30.69	28.02

由表6-9统计数据我们可以看出，2002—2011年10年中，除2011年来源文献数据本身较少之外，其余各年中国体育人文社会学领域地区间合作论文数随着合作论文总数的逐年增长而呈现平稳增长的态势，由2002年仅有的66篇增长为2010年的179篇，2006—2010年的地区间合作论文数量维持相对稳定的状态，为160—180篇左右，2008年达到2002—2011年间的高峰，为197篇。2002—2011年中的地区间合作比例水平始终呈现出平稳增长的趋势，由2002年的22.68%逐步平稳增长为2011年的30.69%，10年内的跨地区合作的平均比例为28.02%，没有出现剧烈的波动情况，这反映了近年来中国体育人文社会学领域内的不同地区之间的学术资源整合与学术交流活动已经达到了相对稳定的水平。

二 对比分析

为进一步了解体育人文社会学的地区间合作水平在整个体育学领域所

处地位，我们将体育人文社会学与体育学其他二级学科近 10 年的地区间合作统计数据进行对比。表 6-10 列出了 2002—2011 年体育学除体育人文社会学以外的其他二级学科的地区间合作统计数据。

表 6-10　　　　2002—2011 年体育学其他学科地区间合作论文统计　　　（单位：篇）

年份 项目	2002	2003	2004	2005	2006	2007	2008	2009	2010	2011	合计
地区间合作论文数	152	152	241	275	330	306	343	334	346	348	2827
合作论文数	524	472	711	746	903	868	941	904	879	899	7847

由表 6-10 中统计数据我们发现，2002—2011 年间体育学其他学科的地区间合作比整体高于体育人文社会学，每年地区间合作比两者相差 5%—10% 左右。在 10 年的数量变化过程中，基本上为上升趋势，但在 2007 年和 2009 年分别较前一年有一定的减少。为了将体育人文社会学与体育学其他学科做一比较，我们将两者的地区之间合作的比例进行统计对比，并将它们地区间合作比例的年度数据绘制成图，详见图 6-8。

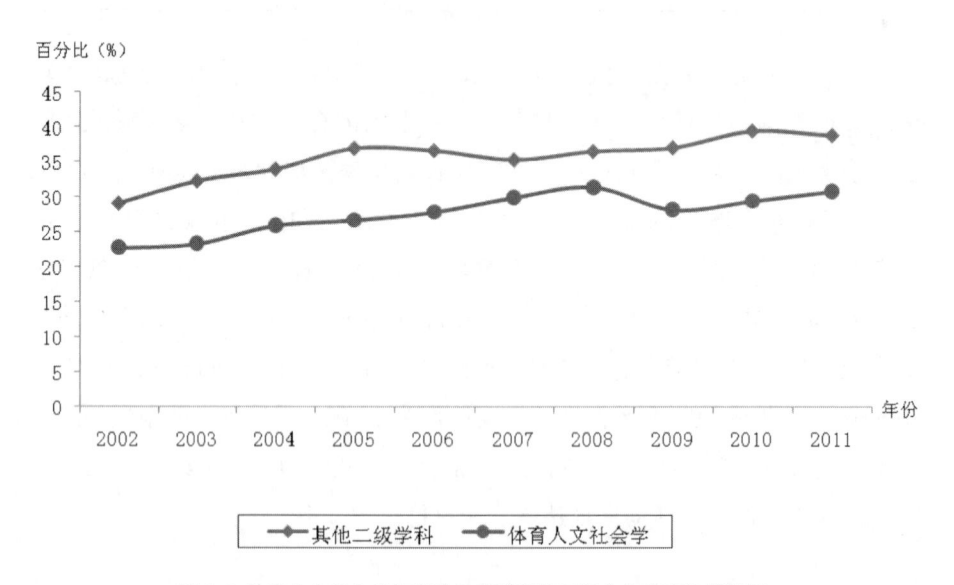

图 6-8　体育人文社会学与其他二级学科地区间合作比变化趋势图

从图 6-8 我们可以看到，体育学其他学科的整体地区合作比高于体育人文社会学，这表明体育人文社会学在整个体育学领域中的地区合作尚需改善，两条曲线的年度变化虽然不完全相似，但总体上均呈波动上升趋势。这表明体育人文社会学的地区合作与体育学其他学科所受到的影响因素或影响程度不尽相同。两条曲线 10 年来始终保持在一个比较高的水平线上，这表明体育学整体的地区间合作水平较高。

三 共现分析

为了进一步了解近期中国体育人文社会学领域合作论文的地区合作情况，我们对 2007—2011 年中国体育人文社会学领域合作论文的合作机构所在地区进行了统计，构建了合作地区的共现矩阵，表 6-11 列出了其中的部分内容。

表 6-11　　　　2007—2011 年体育人文社会学地区合作频次统计（部分）　　（单位：篇）

	安徽	北京	福建	甘肃	港澳台	广东	广西	贵州	海南	河北
安徽	66	9	10	0	0	5	0	0	0	1
北京	9	462	17	11	0	35	67	5	1	39
福建	10	17	130	0	10	3	1	1	0	4
甘肃	0	11	0	54	0	9	0	0	0	0
港澳台	0	0	10	0	10	28	0	0	0	0
广东	5	35	3	9	28	498	7	4	0	41
广西	0	67	1	0	0	7	104	3	0	5
贵州	0	5	1	0	0	4	3	36	0	1
海南	0	1	0	0	0	0	0	0	50	0
河北	1	39	4	0	0	41	5	1	0	226

由表 6-11 我们可以发现，2007—2011 年间中国体育人文社会学领域不同地区之间的合作呈现多交叉以及本地区合作为主的特点，某些地区之间甚至不存在任何合作。为进一步获得直观的地区合作分布情况，笔者利用可视化数据分析软件 UCNET 对上述统计结果进行可视化操作，获得如图 6-

9 所示的地区合作网状关系图。

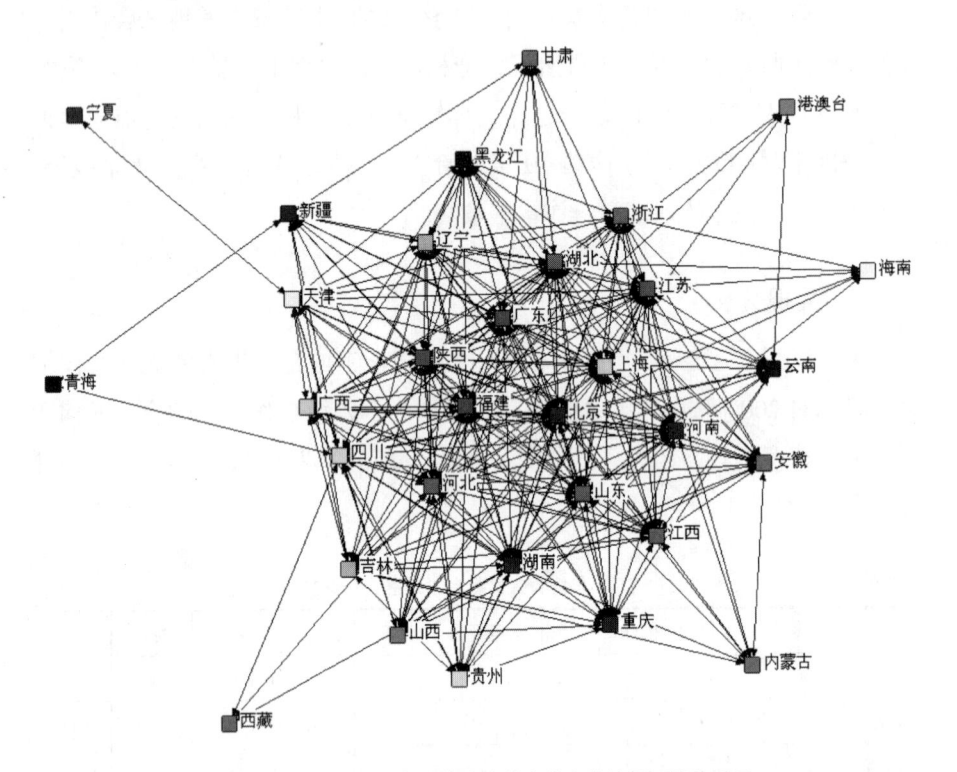

图 6-9 2007—2011 年体育人文社会学合作地区网状关系图

由图 6-9 我们可以发现，2007—2011 年体育人文社会学领域地区合作比较紧密的有北京、上海、福建、山东、广东、陕西、河北、河南等地，上述几地均与其他地方直接或间接发生合作关系，它们共同组成了地区合作的核心区域。与此相对应，宁夏、甘肃、青海、安徽、西藏、内蒙古、海南、港澳台等地区与其他各地发生合作关系的程度较低，它们处于整个地区合作网状关系图的最外层，这些地区要么属于经济欠发达地区，其整体学术研究产量较低造成其与其他地方发生合作研究的基数较少；要么属于远离内陆学术发达地区，其地理因素的限制造成了其与其他地区发生合作关系的机会下降。

第五节 小结

通过对中国社会科学引文索引2002—2011年体育人文社会学领域的合作研究数据进行统计分析，笔者发现，当前中国该领域内具有广泛的合作研究，近几年合作研究的趋势保持稳定，与整个人文社会科学相比，体育人文社会学的合作研究度较高。对领域作者合作的研究发现，当前体育学与体育人文社会学领域作者合作的主要模式为"2人合作"和"3人合作"，这两类合作模式的总比例占到整个合作研究的一半以上。对领域机构合作的研究发现，近年来中国体育人文社会学领域保持了较高的机构合作比例，机构间合作呈现整体平稳状态，机构合作主要集中在同一类型的机构之间，不同类型机构的合作中，体育类与师范类之间、师范类与综合类之间以及体育类与其他类之间的合作占据主要位置，某一些类型机构之间的合作近几年来出现了波动情况，但不同类型机构之间的合作情况整体上保持稳定状态。对地区合作的研究发现，近几年来中国体育学与体育人文社会学领域的地区间合作呈现稳定发展状态，地区合作主要集中在本地区内部的合作之中，不同地区的合作也具有集中分散的趋势，合作关系较为紧密的有北京、上海、福建、山东、广东、陕西、河北、河南等地，合作关系较为疏远的有宁夏、甘肃、青海、安徽、西藏、内蒙古、海南、港澳台等地。

第七章　基于CSSCI的体育人文社会学论文关键词分析

论文中关键词是指表述论文主题内容的词汇，规范的学术论文都将关键词作为完整论文的一部分，即对学术论文中主要论及的主题或领域用关键词标引出来。关键词作为一篇论文的必要组成部分，常被用来简单、直接、有针对性地概括出论文的核心内容。根据吴漂生的观点，在大量同专业论文的关键词集合中，隐含着该学科的研究现状、研究热点、发展规律和发展趋势等线索。① 所以，在一定程度上，对关键词的统计分析可以代替对论文内容的分析。学者尹相旭认为，某一学科领域内论文的高频关键词可以反映该领域的研究热点，而关键词的变化则可以反映该学科研究发展趋势的变化。②

目前众多学者都开始利用关键词分析法对各个学科领域进行分析，以了解当前各学科内研究的热点和发展趋势，例如曹红院对医学学科关键词的分析③、赵宪章对文学学科关键词的分析④等。但当前以体育人文社会学关键词为研究对象所做的分析还很少，所以本章希望借助对中国2007—2011年体育人文社会学关键词的分析来进一步厘清国内体育人文社会学研究的核心内容和内在规律，揭示此学科研究的特点、规律、知识结构及研究状

---

① 吴漂生：《从关键词词频看我国读者工作的发展》，《现代情报》2005年第10期。

② 尹相旭、张更平、李晓菲：《基于关键词统计的情报学研究现状分析》，《情报杂志》2009年第28期。

③ 曹红院、孙业恒：《2001—2006年四种预防医学核心期刊关键词分析》，《中华疾病控制杂志》2008年第12期。

④ 赵宪章：《2005—2006年中国文学研究热点和发展趋势》，《河北学刊》2008年第4期。

况，从而掌握体育人文社会学科研究的热点和趋势，促进体育人文社会学的进一步发展。借助于这样一种思路，我们对 CSSCI 的体育人文社会学 2007—2011 年论文的关键词进行了分析，以此展现中国体育人文社会学近年来研究的热点和发展趋势。

第一节 关键词分类分析

我们从 2007—2011 年的体育人文社会学论文中共提取出关键词 18026 个，经过统一处理，其中各不相同的关键词有 8025 个。这些关键词几乎涉及体育人文社会学研究的各个方面。通过统计关键词出现的频率，我们可以了解到体育人文社会学各个研究对象被关注的程度，通过这种关注程度，可以预测体育人文社会学领域的研究热点和发展趋势。

为了考察体育人文社会学研究热点，我们对处理后的关键词进行了词频统计，选取 106 个词频大于等于 15 的关键词，详见表 7-1。

表 7-1　　　　　　　　　关键词总词频统计

关键词	词频	关键词	词频	关键词	词频
高校体育	531	大众体育	39	运动训练	21
体育文化	253	中小学体育	34	体育权利	21
体育教学	244	体育运动	34	体育新闻	21
竞技体育	198	体育活动	33	体育社团	21
体育研究	178	体质	33	体育锻炼	20
体育社会学	152	体育仲裁	32	举国体制	19
中国体育	142	社区体育	32	少数民族	19
体育课程	140	体育理论	31	体育市场	19
奥林匹克	139	体育管理	31	传统体育文化	18
体育产业	135	体育教育专业	30	体育竞赛	18
体育发展	118	教学改革	29	民族体育	18
体育	99	体育公共服务	29	产业集群	18

续表

关键词	词频	关键词	词频	关键词	词频
民族传统体育	98	武术	29	指标体系	18
体育赛事	84	体育经济	29	体育人文社会学	18
北京奥运会	76	影响因素	29	发展对策	17
运动员	76	高水平运动队	27	价值取向	17
大学生	75	青少年体育	27	教练员	17
体育消费	71	体育专业	27	全球化	17
休闲体育	65	体育改革	27	终身体育	17
体育教师	59	体育史	26	小康社会	17
农村体育	58	体教结合	26	科学发展观	17
课程设置	52	学生	26	教学内容	16
全民健身	51	民俗体育	25	体育彩票	16
体育院校	50	体育思想	25	运动技能	16
体育法学	49	教学模式	25	社会转型	16
体育法	49	体育学	24	公共服务	16
群众体育	46	人才培养	24	体育健身	16
体育经济学	46	非物质文化遗产	24	社会学	16
体育旅游	45	对策	24	体育生活方式	15
课程改革	44	体育场馆	23	体育事业	15
体育强国	44	体育休闲	23	课程标准	15
传统体育	42	可持续发展	22	人力资本	15
和谐社会	42	现状	22	体育组织	15
社会体育	42	城市体育	22	评价体系	15
体育用品	41	公共体育服务	21	合计	5249
职业体育	40	大型体育赛事	21		

　　表 7-1 中所列 106 个关键词虽然仅占关键词总数的 1.3%，但其词频数却占了词频总数的 30% 左右。由此可见，所列关键词可以代表体育人文社会学研究领域中核心区的情况。

　　总体而言，从 7-1 表中，我们可以看到体育人文社会学 2007—2011 年间关注的内容主要集中在体育教学、体育文化、竞技体育、体育产业和奥林匹克五个方向。虽然竞技体育本身不属于体育人文学研究的范畴，但是正如熊文所认为的一样，竞技体育在其发展过程中已经深深打上了人类文化的烙印[①]，所以在本节中就将竞技体育作为体育人文社会学研究的一个重要方向。

我们将表 7-1 所列高频关键词按五个研究的重要研究方向进行了归类和划分（某些关键词如"体育"等因为无法具体归类，遂将其归为其他类）。为了可以直观地观察到这五个研究方向在体育人文社会学研究中所占的比例，作者绘制了各类关键词比例图，具体如图 7-1 所示。

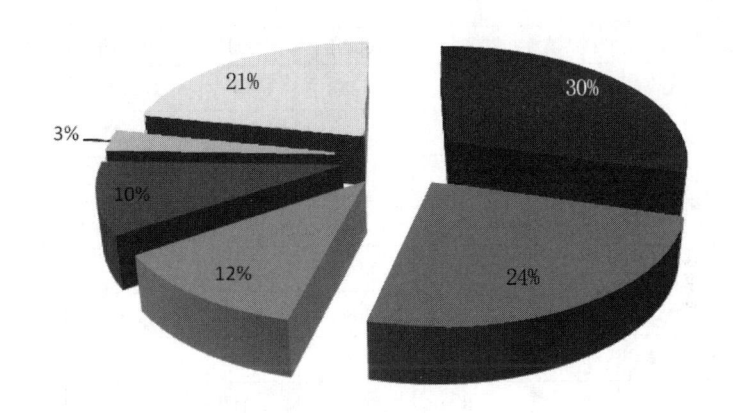

图 7-1 各类关键词比例图

从图 7—1 中，我们可以发现，在体育人文社会学研究领域，最主要的两大研究方向是体育教学和体育文化。在体育人文社会学研究中，大约有一半以上的研究集中在这两个方向上。而有关竞技体育和体育产业的研究，则在该领域内不分上下，大约各占 1/10 左右的份额。有关奥林匹克方向的研究则相对较少，只占了 3%。

---

① 熊文、朱咏贤：《竞技体育之人文社会学研究的若干反思》，《西安体育学院学报》2003 年第 20 期。

为了能更加清楚地看到各个分类中，研究发展状况和趋势，下文中按照年份对每类关键词的词频进行了统计分析。

一 体育教学类关键词分析

在选用被标引排序的前106个关键词中，入选体育教学类关键词个数虽然只有20%左右，但词频数却占了总词频的30%左右，在CSSCI收录的全部体育人文社会类论文关键词中体育教学类关键词占了更大的份额。下面的一组体育教学类的关键词如实地反映了当今体育教学研究的主题内容，详细数据见表7-2。

表7-2　　　　　　2007—2011年体育教学类关键词统计

排序	类别	关键词	关键词标引论文篇数				
			2007年	2008年	2009年	2010年	2011年
1		高校体育	154	133	103	124	10
2		体育教学	108	75	33	22	6
3		体育课程	50	31	25	33	1
4		体育院校	22	10	8	8	2
5		课程改革	21	14	3	5	1
6		课程设置	19	18	5	9	1
7		体育教师	18	18	14	7	2
8		大学生	18	26	12	18	1
9		教学改革	14	8	3	4	0
10		中小学体育	12	5	9	7	1
11		农村体育	11	17	14	8	8
12		教学模式	11	5	5	4	0
13		学生	9	7	5	5	0
14		人才培养	8	4	7	3	2
15		教学内容	7	3	2	4	0
16		课程标准	6	6	2	1	0
17		体育教育专业	6	12	8	4	0
18		体育改革	5	4	13	4	1

续表

排序	类别 关键词	关键词标引论文篇数				
		2007年	2008年	2009年	2010年	2011年
19	体教结合	4	9	10	2	1
20	青少年体育	4	6	6	4	7
21	评价体系	3	3	2	5	2
22	指标体系	0	2	6	7	3
	合计	510	416	295	288	49

从表 7-2 中，我们可以看到虽然体育教学在近几年来一直是研究的重点区域，但是对其领域的研究却一直处于下滑的趋势，并且下滑趋势明显，这说明体育教学已越来越成熟和规范，早期的研究成果在实践中得到印证和发展，大量的研究成果促使着体育教学研究领域走向成熟，这是这方面文献减少的主要原因之一。

这些关键词还较集中地反映了以下几种研究的倾向。一是针对教学实施的主体，例如高校体育、体育院校、中小学体育等。这说明在中国体育人文社会学领域内，体育教育最重要的来源是学校，学校对于体育教学质量的影响至关重要，但最近几年，对于学校的研究有明显下滑趋势，这需要体育教学研究领域不断探索新的研究、寻找新的切入点，使体育教学研究产生新的突破。

第二种研究的倾向主要是面向整个教育的过程，关注的重点是以人为本，代表关键词是"体育教师"、"课程设置"、"人才培养"、"大学生"等。体育人文社会学关注的重点更集中在人员和社会影响，而不是运动项目本身。体育人文社会学期望通过人文研究来促进体育的发展。

第三种研究的倾向主要是针对教育过程中的评价和改革。比如"指标体系"、"教学改革"。利用一系列的评价和改革措施的研究，就能更有效地促进体育教学的发展，从而提高中国的体育水平。例如，对公共体育课程改革的异化问题的研究，提出了改革中出现的问题，以促进公共体育教学纠偏并更好地发展[1]。从上表 7-2 中可以发现，2008 年之前，研究的重点集

---

[1] 曹原：《论高校公共体育课程改革的异化》，《首都体育学院学报》2010 年第 5 期。

中在改革，2008年之后，人们关注的重点有所转移，开始更加注重指标体系的研究。

二 体育文化类关键词分析

在利用体育人文社会学被标引关键词来分析研究的发展趋势时，就可以看到在其他类关键词统计数量总体呈下滑或平缓趋势时，只有体育文化类关键词在2011年呈现出微上扬的趋势。说明近期人们对于体育文化的重视程度日益提高。为了更加清楚地了解、掌握体育文化中哪些研究是人们关注的重点，我们精心挑选了与体育文化相关的关键词构造了体育文化类关键词统计表，详细数据参见表7-3。

表7-3　　　　　　　　2007—2011年体育文化类关键词统计

类别排序	关键词	2007年	2008年	2009年	2010年	2011年
1	体育文化	67	77	37	38	34
2	和谐社会	19	8	7	7	1
3	体育社会学	16	14	52	31	39
4	社区体育	16	8	4	4	0
5	体育理论	15	15	0	0	1
6	社会体育	12	10	10	5	5
7	体育法	12	6	6	15	10
8	武术	11	7	4	2	5
9	体育仲裁	11	4	1	6	10
10	大众体育	10	8	9	7	5
11	民族传统体育	10	29	17	22	20
12	全民健身	10	14	10	8	9
13	体育管理	10	13	1	6	1
14	传统体育	8	9	6	7	12
15	城市体育	8	4	1	5	4
16	体育健身	8	5	0	1	2
17	体育新闻	7	5	2	2	5

续表

排序	类别	关键词	关键词标引论文篇数					
			2007年	2008年	2009年	2010年	2011年
18		体育权利	6	4	5	2	4
19		体育思想	6	5	2	4	8
20		体育法学	5	14	6	13	11
21		民族体育	5	5	1	2	5
22		群众体育	5	8	11	14	8
23		民俗体育	4	3	6	5	7
24		传统体育文化	3	2	4	6	3
25		体育史	3	2	9	7	5
26		非物质文化遗产	2	5	6	3	8
27		体育学	2	7	7	4	4
28		体育生活方式	2	5	3	1	4
		合计	293	296	227	227	230

2007—2011年国内对于体育文化的研究一直处于相对平稳的状态，没有明显的起伏，继续保持着稳步上升的发展态势。这表明对体育文化的研究一直是体育人文社会学研究的重点方向。如表7-3所示，这类关键词涉及体育发展的各个方面，更加充分地说明在体育发展的历史进程中已经深深烙上了文化的烙印。

从关键词分析，当前学者对体育文化的研究已经深入到体育研究的各个方面，其中主要包括体育理论、体育管理、传统体育、体育法学、体育史等方向。近年来有关体育思想、体育法学和传统体育文化的研究不断增长、日益丰富，使得关于体育文化的研究开始呈现出更加蓬勃的生机。尤为值得一提的是关于民族传统体育的研究，正所谓民族的才是世界的。近年来民族传统体育研究的不断快速增长，展现了中国体育在其发展过程中开始越来越注重自身的民族性。对于传统体育文化的继承和发扬，将会更加有利于提高中国体育的竞争力。

三 竞技体育类关键词分析

竞技体育虽不属于体育人文社会学研究领域，但由于众多体育人文社会学研究都是围绕竞技体育展开的，使得它又与体育人文社会学研究密不可分。所以，在体育人文社会学论文中我们依然搜索到大量体育竞技类高频关键词，以实践证明体育竞技与体育人文社会学的密切关系。表 7-4 给出了体育人文社会学论文中出现的高频关键词统计数据。

表 7-4　　　　　　　　2007—2011 年竞技体育类关键词统计

排序	类别	关键词	关键词标引论文篇数				
			2007年	2008年	2009年	2010年	2011年
1		竞技体育	37	51	36	39	35
2		运动员	17	21	11	13	14
3		体育赛事	13	19	15	16	21
4		运动训练	10	3	3	3	2
5		高水平运动队	9	6	5	6	1
6		终身体育	8	3	4	1	1
7		运动技能	6	3	4	3	0
8		体育组织	5	3	4	1	2
9		职业体育	5	8	13	8	6
10		大型体育赛事	4	3	3	4	7
11		体育竞赛	4	6	5	3	0
12		体育专业	4	13	4	5	1
13		教练员	4	0	6	3	4
14		举国体制	3	1	6	7	2
15		体育社团	3	7	3	5	3
	合计		132	147	122	117	99

相对而言，有关与体育人文社会学相关的竞技体育研究发展相对平缓。在 2008 年达到高峰，这可能是由于 2008 年北京奥运会的召开，刺激了当年中国竞技体育的快速发展，也随之带动了体育人文社会学在这方面研究的蓬勃发展。

从表 7-4 中我们看到，与体育学论文所涉及的主要关键词有所不同，体育人文社会学中关于竞技体育关注的重点更多地集中在运动员、教练员、训练体制、体育职业，而不是运动项目本身。它们更加强调的是运动体制的改革，更加注重以人为本的理念。例如当今在中国体育界普遍采用的是举国体制，在2008年以后对其的研究显著上升，表明中国体育界虽然在奥运会上取得了不俗的成绩，但在快速发展的过程中也需要不断地反思。中国体育的发展不应该仅仅寄希望于由国家政府来推动，可以通过合理有效地利用体制改革，更加充分地发挥普通大众的主观能动性，以此来促进体育事业的合理健康发展。

四 体育产业类关键词分析

体育产业作为体育人文社会学研究中必不可少的一部分，有着重要的研究意义。为了能够更加详尽地了解体育人文社会学中体育产业发展中所涉及的各个研究热点。表7-5列出了其中高频关键词的具体数据。

表7-5　　　　　　　2007—2011年体育产业类关键词统计

类别排序	关键词	2007年	2008年	2009年	2010年	2011年
1	体育产业	34	32	19	28	22
2	体育消费	17	13	24	9	8
3	体育旅游	13	9	7	7	9
4	体育用品	11	5	10	9	6
5	体育经济	8	13	2	4	2
6	体育市场	6	8	2	1	2
7	体育彩票	5	13	3	9	1
8	体育场馆	5	6	4	6	2
9	人力资本	5	2	3	2	3
10	公共体育服务	4	5	5	3	4
11	体育经济学	4	2	20	10	10
12	公共服务	3	1	6	1	5
13	产业集群	2	4	7	2	3
14	全球化	1	2	7	5	2
	合计	118	115	119	96	79

比较而言，体育产业在2007—2011年间的研究中表现平平，除了在2009年有小幅提高外，基本保持原有的发展态势。2009年的稳步发展，可能是由于奥运经济的带动作用，但随后就呈现明显下滑趋势。体育产业的研究虽有起伏，但总体而言在2007—2011年间还是相对保持着比较平稳的发展态势。从"全球化"的词频增长可见，随着中国对外开放的日益繁荣，外来商业模式和经营理念对国内的体育产业发展带来了越大而越深远的影响，使得中国的体育产业也在与世界接轨，慢慢融入世界体育的产业链中。

从表7-5所罗列的关键词中我们可以看到，体育产业主要涉及体育用品、体育消费、体育经济、人力资本等，通过合理地开发和利用现有的体育资源，就可以不断扩展当前的体育产业链。从"人力资本"的词频在2007—2011年间研究中的不断下降，表明中国体育产业的发展，已开始脱离仅仅依靠廉价的劳动力优势来占据市场，如今开始更多地依靠商业运作，为国内体育事业的发展注入新的活力。

五 奥林匹克类关键词分类

在排名前106名的关键词中，还有这样一组关键词是以奥运研究为主题的关键词，他们在总体中所占的份额虽然不多，但也是被关注的热点之一，说明奥运研究在体育人文社会学研究领域内还是占有一席之地的，具体数据见表7-6。

表7—6　　　　　　2007—2011年奥林匹克类关键词统计

排序	类别	关键词	关键词标引论文篇数				
			2007年	2008年	2009年	2010年	2011年
1		奥林匹克	18	26	10	9	6
2		北京奥运会	23	31	11	5	6
合计			41	57	21	14	12

从表7-6中，我们可以看到对于奥林匹克运动的研究在2007—2008年之间一度平稳增长后，一直处于下滑的趋势，这可能是由于2008年奥运会在中国召开，造成了短时间内研究热，但随着北京奥运会的闭幕，人们对

于奥林匹克运动研究的热情也开始逐渐消减。

"奥运"在世界人们心中代表的不仅仅是体育竞技,它更是和平的象征,对奥运的长期深远的研究,一定能更加有力地促进国内体育事业的发展。但如何保持国内大众对于奥林匹克运动长久的热情,却是体育人文社会学研究领域值得深思的问题。

第二节 关键词共现分析

张勤曾指出共词分析方法是信息计量学的一种重要的方法,也是内容分析方法的一种。其原理是当两个能够表达某一学科领域研究主题或研究方向的专业术语在同一篇文献中出现时,表明这两个词之间存在着一定的内在联系,并且出现的次数越多,表明它们之间的关系越密切、距离越近。[①] 根据这个原理,作者对体育人文学 2007—2011 年每年的关键词都进行了共词分析,从而发现每年的研究热点以及年度的热点转移和变化状况。

一 2007年关键词共现分析

我们将 2007 年的关键词词频进行了统计,为了能够了解各个关键词所代表的研究热点区域之间的关系,作者提取了本年度体育人文社会学论文中词频大于等于 6 的 79 个关键词,并制作了共现关系矩阵,具体如表 7-7(由于篇幅的关系,本章中只列出了部分数据)。

表 7-7　　　　　　　　　　2007 年关键词共现矩阵

	体育教学	高校体育	体育文化	学校体育	体育研究	中国体育	体育课程	奥林匹克
体育教学	0	16	1	12	1	1	6	0
高校体育	16	0	1	1	2	0	8	0
体育文化	1	1	0	0	3	3	0	4

[①] 张勤、马费成:《国外知识管理研究范式:以共词分析为方法》,《管理科学学报》2007 年第 6 期。

续表

	体育教学	高校体育	体育文化	学校体育	体育研究	中国体育	体育课程	奥林匹克
学校体育	12	1	0	0	0	2	4	0
体育研究	1	2	3	0	0	3	0	3
中国体育	1	0	3	2	3	0	0	0
体育课程	6	8	0	4	0	0	0	0
奥林匹克	0	0	4	0	3	0	0	0

为了能更加清楚地阐述高频关键词之间的联系，作者提取出了其中词频大于等于10的高频关键词，利用Pajek软件（Pajek是大型复杂网络分析工具，是用于研究目前所存在的各种复杂非线性网络的有力工具[①]），制作了2007年高频关键词共现图（见图7-2）。

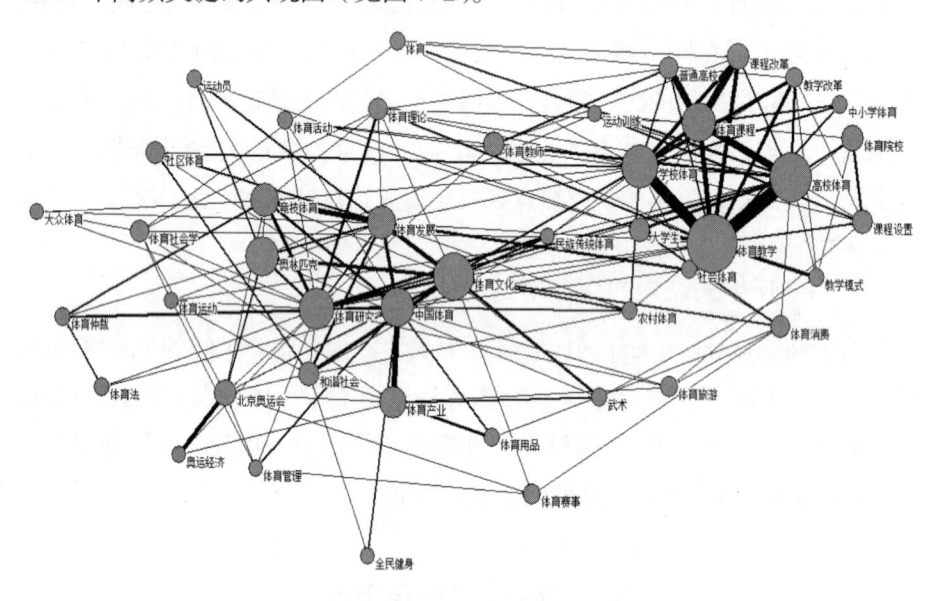

图7-2 2007年高频关键词共现图

图7-2中关键词节点的大小体现了词频的多少，节点间连线的粗细表现了共现关系的强弱。从图7-2中我们可以发现体育人文学领域在2007年

---

① 张菁：《Pajek在河北大学经济学院教师合著网络中的应用》，《科技情报开发与经济》2009年第19期。

关注的重点集中在三大区域，一个是体育教学的研究，另一个是体育文化的研究，最后一个是有关竞技体育的人文学研究。从图中我们可以看到体育教学的研究网络相对比较紧密，各个研究方向之间都有着强烈的共现关系，因此形成了一个致密的网络。相比而言，体育文化方面对于体育发展、奥林匹克等不同方向的研究还比较零散，还未能形成一个完整的体系，各个研究方向之间的交流与合作还比较欠缺。在有关竞技体育的人文学研究方面，虽然关键词本身出现的词频不高，但与周围各个学科间的联系还是比较致密的，可见有关竞技体育的人文学研究正从体育人文学其他学科的发展中汲取营养来更加有力地促进自身的发展。

为了能更清楚地展示各个研究方向之间的联系，弱化低共现关键词的影响，作者利用 UCINET 软件，对高频关键词矩阵中共现频率大于等于 3 的关键词制作了关键词高共现关系图，具体图形如图 7-3 所示。

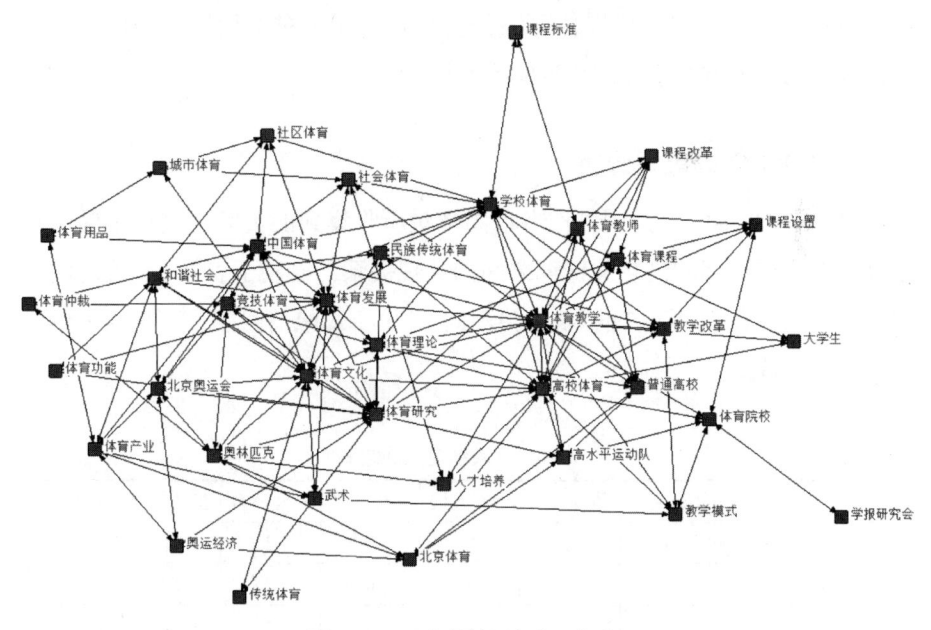

图 7-3 2007 年关键词高共现关系图

从图 7-3 中我们可以看到 2007 年体育人文学领域内的研究热点主要可以分为两大块，与图 7-2 相比略有变化，主要是由于有关竞技体育的人文学研究和体育文化等其他学科间紧密的联系，使得它们一起被融入进"体育发展"的范畴,共同组成了当年体育人文社会学研究的热点区域。有关竞技体育的人文社会学研究作为体育发展关注的一个重要方面,随着北京奥运会即将召开,开始受到人们更广泛的关注。与竞技体育相关的人文社会学研究也带动了体育理论研究的创新和对民族传统体育的探索。2008年北京奥运会的召开,也为国内体育经济的发展创造了绝佳的契机,所以有关体育产业、体育用品的研究也开始如雨后春笋般纷纷涌现。体育与商业的有机结合,为国内体育事业的发展注入了强大的活力。

当年的另一块研究热点是围绕着体育教学展开的,主要关注的是体育课程、高校体育、教学改革和学校体育,由此可见当年体育人文社会学研究的热点主要是关注国内体育教学的发展。由于当前国内对于青少年体育人文素质的培养集中在以学校为主体的教育体制内,所以对于体育课程的改革、课程标准的制定、教学方案的改革、课程的设置都会大大影响中国体育事业未来的发展。所以体育工作者都希望通过对学校体育的进一步研究,来推动国内体育事业的快速健康发展。

二 2008年关键词分析

对于2008年的关键词,作者也同样对所收集到的关键词进行了提取和整理。根据统计到的高频关键词之间的共现关系,绘制了表7-8[①]关键词共现矩阵(词频大于等于5的87个关键词),由于篇幅的限制,表7-8中也只给出了部分数据。

表7-8 2008年关键词共现矩阵

	体育研究	体育文化	体育教学	体育发展	学校体育	高校体育	竞技体育	奥林匹克
体育研究	0	6	4	8	5	2	6	7
体育文化	6	0	1	3	0	2	3	5
体育教学	4	1	0	3	9	12	0	1
体育发展	8	3	3	0	1	0	3	4
学校体育	5	0	9	1	0	2	0	0

① 卢元镇:《体育人文社会科学概论高级教程》,高等教育出版社2003年版,第45页。

续表

	体育研究	体育文化	体育教学	体育发展	学校体育	高校体育	竞技体育	奥林匹克
高校体育	2	2	12	0	2	0	2	0
竞技体育	6	3	0	3	0	2	0	1
奥林匹克	7	5	1	4	0	0	1	0

如果只通过表7-8，读者将很难发现各个关键词之间的联系，所以作者提取了其中词频大于等于10的高频关键词，利用Pajek软件，制作了图7-4。

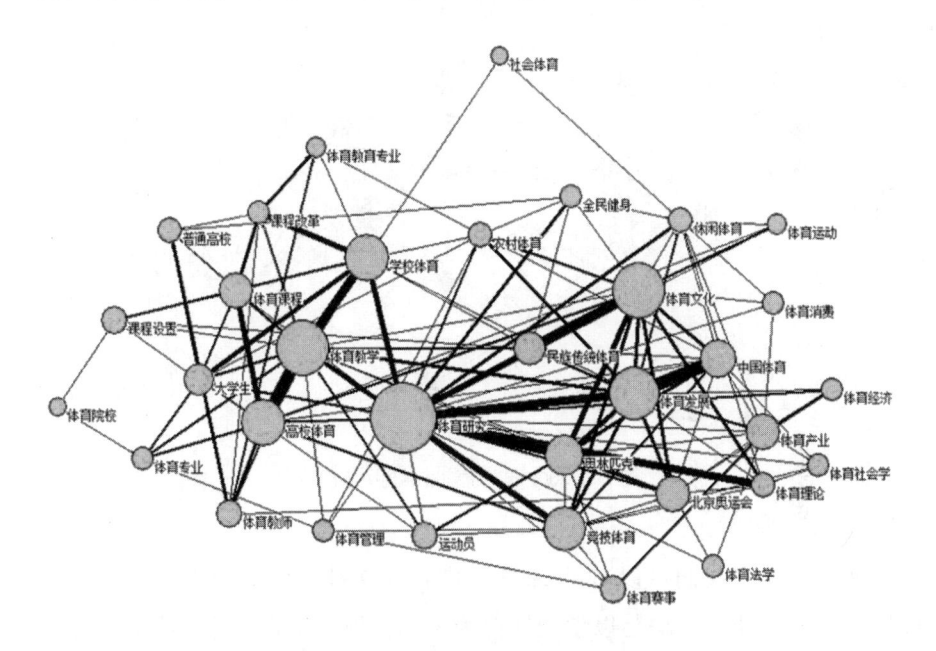

图7-4 2008年高频关键词共现图

由图7-4我们可以发现2008年围绕着体育研究依旧可以把体育人文社会学归为两个主要的研究方向，一是体育教学，另一个是体育发展。体育教学作为传统的研究热点，依旧受到普遍的关注。但是围绕着体育发展所形成的共现网络开始变得越来越稠密。竞技体育、体育文化、奥林匹克和北京奥运之间的交流与合作开始越发的频繁。另外关于体育法学、体育经济、体育消费、全民健身等项目的研究也开始逐步地兴起。总体而言，当年体育人文社会学的研究呈现出蓬勃向上的发展趋势。

为了能更清楚地展示高共现关键词之间的联系，利用 UCINET 软件，笔者对其中共现关系大于等于 3 的关键词进行了可视化，制作关键词高共现关系图，具体图形如图 7-5 所示。

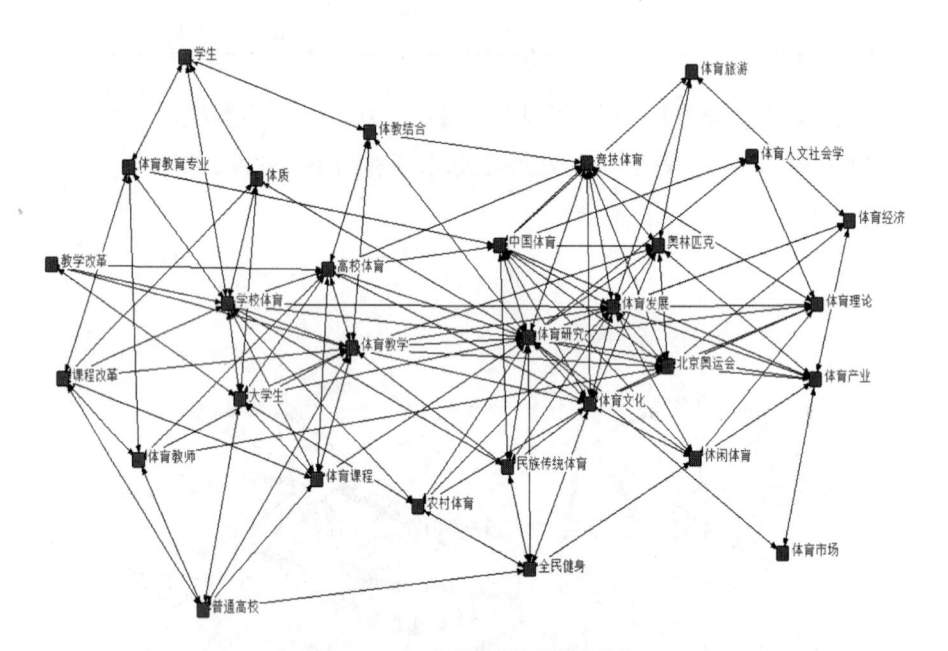

图 7-5 2008 年关键词高共现关系图

从图 7-5 中我们可以看到 2008 年体育人文社会学研究的总体情况可以归结为两大块。一块是以学校体育为主体，另一块是以体育发展研究为主体。学校体育关心的重点集中在以大学生为主体的高校体育和体育教学。另一块围绕着体育研究，由北京奥运会、体育文化、体育发展、竞技体育和中国体育等关键词构成了一个相对紧密的网络。由于 2008 年奥运会在北京的顺利召开，以北京奥运会为关键词的文献变得尤为突出。可见奥运会在中国的顺利举行掀起了国内一阵体育研究的热潮，也带动了体育产业的快速发展和体育理论的不断创新。

三 2009年关键词分析

著者对于 2009 年的关键词也进行了同样的处理，提取了词频大于等于

5 的 94 个关键词并制作了关键词共现矩阵，具体如表 7-9（由于篇幅的关系，只列出了矩阵的部分数据）。

表 7-9　　　　　　　　　　2009 年关键词共现矩阵

	学校体育	体育社会学	竞技体育	高校体育	体育教学	体育文化	体育课程	体育消费
学校体育	0	0	0	2	7	0	4	0
体育社会学	0	0	3	0	0	0	0	0
竞技体育	0	3	0	0	1	0	0	0
高校体育	2	0	0	0	1	2	3	0
体育教学	7	0	1	1	0	0	1	0
体育文化	0	0	0	2	0	0	0	0
体育课程	4	0	0	3	1	0	0	0
体育消费	0	0	0	0	0	0	0	0

我们提取了其中词频大于等于 10 的高频关键词，利用 Pajek 软件进行了可视化，制作了 2009 年高频关键词共现图（见图 7-6）。

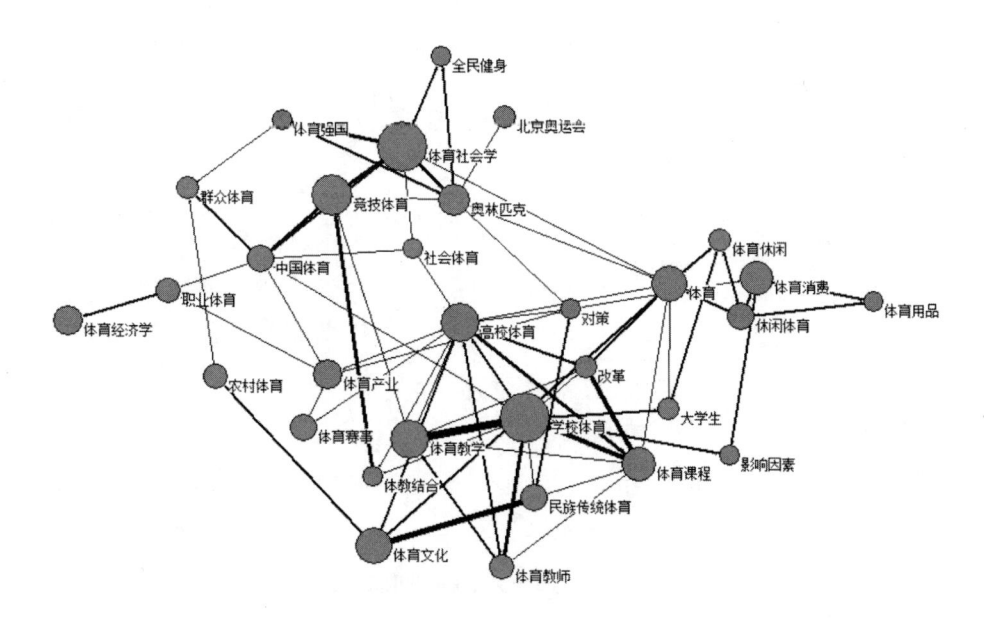

图 7-6　2009 年高频关键词共现图

根据图 7-6 我们可以看到体育教学方面依旧是体育人文社会学关注的重点，在此就不再赘述。但是在体育研究方面开始发生了变化，体育社会学和有关竞技体育的人文学研究所占的比重开始上升，人们开始更加关注全民健身、群众体育等这样的体育话题。说明在北京奥运会过后，人们开始更加注重体育运动在平民大众中的扩展，对全体普通国民身体素质的提高所起到的作用。此外，从图中我们还可以发现体育经济与职业体育，还有体育产业之间的联系开始变得越来越紧密，说明职业体育也开始受到越来越多商业化因素的影响。说明当前中国职业体育的发展已不再是仅仅依靠国家体制的扶持，而是开始慢慢进入由商业产业带动，国家引导的新模式。另外有关体育消费、体育休闲、体育用品等研究成果的纷纷涌现，展现了中国国内体育市场开始日趋活跃，有着远大的前景。

为了能够更加清楚地展现各个关键词之间的联系，弱化低共现关系对读者的影响，我们利用 UCINET 软件，对共现矩阵中共现频率大于等于 3 的关键词制作关键词共现图，具体图形如图 7-7 所示。

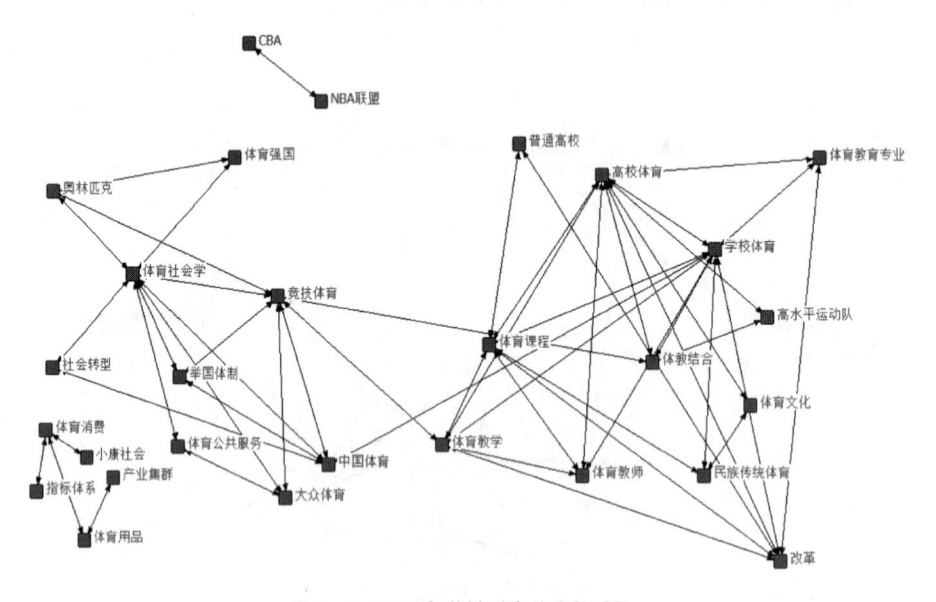

图 7—7 2009 年关键词高共现关系图

从图 7-7 中我们可以看到，2009 年体育人文社会学研究的热点相对前两年开始发生了明显的变化。虽然在学校体育和竞技体育方面已然是体育人文学研究的重点区域，但是也开始涌现出新的研究热点区域。比如说 CBA 和 NBA 组成的共现网络，展现了美国职业篮球联盟和中国篮球协会之间的合作与联系开始越来越密切，说明国内与国外的体育合作开始不断受到人们的关注与重视。此外还有体育用品、体育消费、产业集群和指标体系组成的小网络，也让我们看到体育产业集群开始继续得到了快速发展。国内体育产业蕴含着巨大的市场与能量，如果能够合理地利用体育产业中的商机，不但可以促进国内体育水平的提高，还可以带来巨额的经济收入。

四 2010年关键词分析

我们对 2010 年的关键词也如上文中所述，采取了同样的处理方式。经过提取，收集到词频大于等于 5 的 94 个关键词，利用编写的程序制作了关键词共现矩阵，具体如表 7-10（由于篇幅的关系，也只列出了部分数据，方便读者参考）。

表 7-10　　　　　　　　　　2010 年关键词共现矩阵

	学校体育	竞技体育	体育文化	体育课程	体育社会学	体育产业	高校体育	体育教学
学校体育	0	0	0	10	0	0	2	4
竞技体育	0	0	1	0	2	1	1	0
体育文化	0	1	0	0	0	0	0	0
体育课程	10	0	0	0	0	0	3	1
体育社会学	0	2	0	0	0	0	0	0
体育产业	0	1	0	0	0	0	0	0
高校体育	2	1	0	3	0	0	0	2
体育教学	4	0	0	1	0	0	2	0

为了方便读者更加明了地观察到各个关键词之间的联系，我们选取

了 2010 年出现在体育人文社会学论文中词频大于等于 10 的关键词，利用 Pajek 软件，制作了图 7-8。

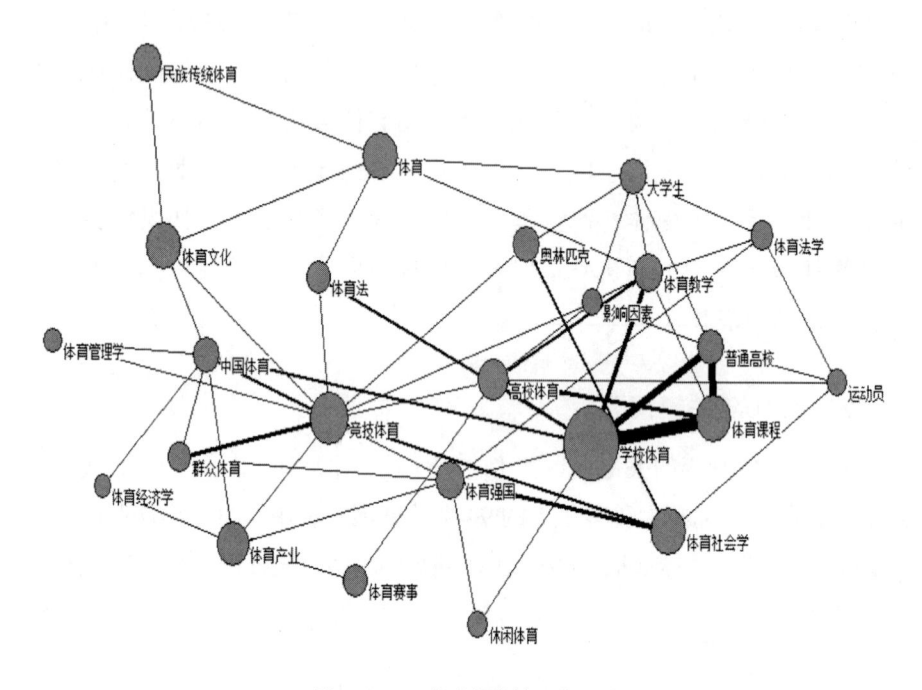

图 7-8 2010 年高频关键词共现图

从图 7-8 中我们可以看到当年体育人文社会学研究的主要内容还是传统的体育教学研究。有关体育竞技的人文学研究作为另一个研究的主要方向，除了和群众体育之间的联系有所加强，与其他各个研究领域之间的联系并不是太紧密。可见竞技体育也开始慢慢走向平民化，向着大众体育的方向发展。另外体育管理学也开始介入竞技体育领域，说明对于中国体育学的发展也开始更加注重科学与时效。

为了能够更加清楚地展现关键词之间的联系与关系，弱化低共现关键词的视觉干扰，利用 UCINET 软件，对共现矩阵中共现频率大于等于 3 的关键词制作关键词共现图，具体图形如图 7-9 所示。

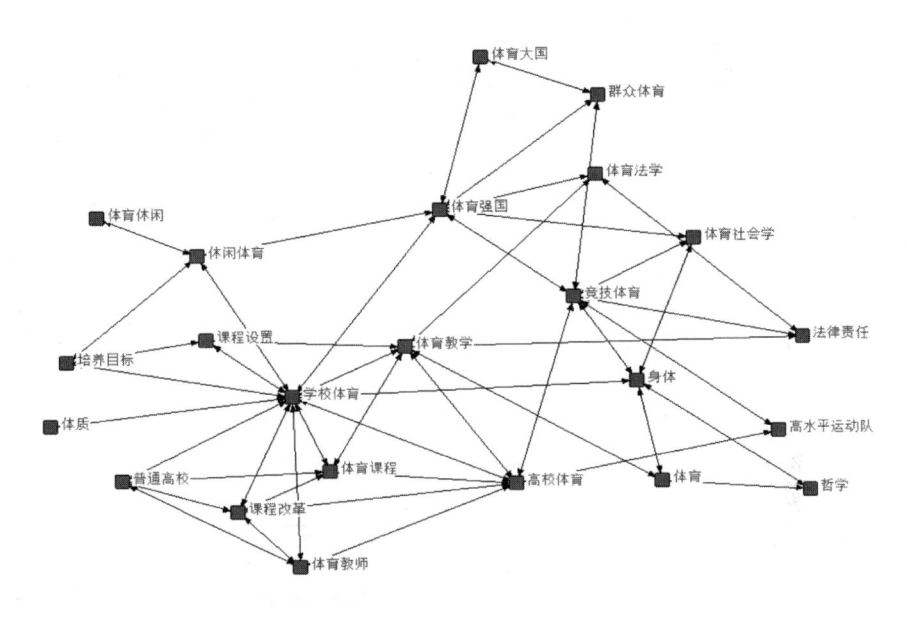

图 7-9　2010 年关键词高共现关系图

从图 7-9 中我们可以看到传统的两大研究热点区域，学校体育和竞技体育之间的界限开始变得模糊，相对而言它们之间的联系开始变得越来越广泛。并且人们在关注竞技体育的时候也开始思考体育背后蕴含的法律问题，不再是简简单单只注重身体素质的发展。中国要真正成为体育强国，不仅仅只要抓住学校体育，更多的是该关注全体国民的体育素质发展，开展广泛的群众体育运动。2010 年休闲体育也开始成为越来越受人们关注的话题，说明当今体育也开始有向娱乐化和休闲化发展的趋势，而不仅仅局限于体育竞技。

五　2011 年关键词分析

我们对于 2011 年的关键词也进行了上述处理。经过提取，收集到词频大于等于 4 的关键词 90 个，利用编写的程序制作了关键词共现矩阵，具体如表 7-11 所示（由于篇幅的关系，也只列出了部分数据，方便读者参考）。

表 7-11　　　　　　　　　　2011 年关键词共现矩阵

	体育社会学	竞技体育	体育文化	体育产业	体育赛事	中国体育	民族传统体育	奥林匹克
体育社会学	0	0	0	0	2	3	0	0
竞技体育	0	0	1	1	0	0	0	0
体育文化	0	1	0	0	0	0	1	2
体育产业	0	1	0	0	0	2	0	0
体育赛事	2	0	0	0	0	0	0	0
中国体育	3	0	0	2	0	0	1	0
民族传统体育	0	0	1	0	0	1	0	0
奥林匹克	0	0	2	0	0	0	0	0

为了使各个关键词之间的联系可以更加清晰地展现出来，我们同样提取了其中词频大于等于 10 的高频关键词，利用 Pajek 软件，制作了 2011 年高频关键词共现图（图 7-10）。

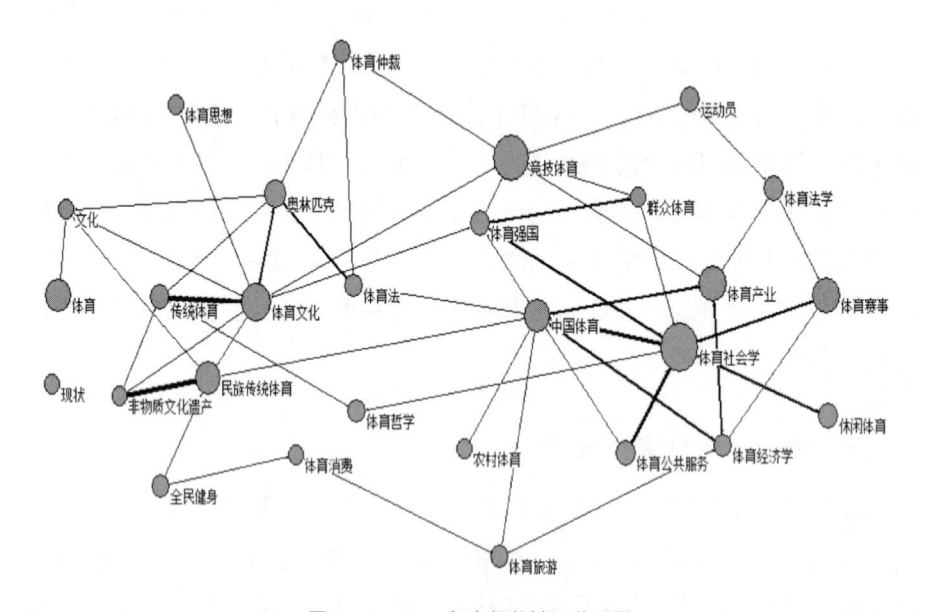

图 7-10　2011 年高频关键词共现图

从图 7-10 中我们可以看出，传统的研究方向体育教育已经渐渐不再是体育人文学研究的重点方向。人们开始更加关注体育文化、体育产业和体育公共服务的发展，开始致力于群众体育的健康发展。体育文化较几年前开始受到更多的关注，民族传统体育和奥林匹克成为体育文化研究的重要方向。对于非物质文化遗产的研究也成为民族传统体育的重要组成部分。体育产业所涉及的范畴在 2011 也开始有了很大的扩展。体育法学也与体育产业有了很强的关联，说明体育法学的发展开始促进体育产业发展的逐步完善。总体来看，2011 年的研究开始更多地涉及法学方面的知识，体现出体育人文学的发展在不断地融入新的元素，展现出旺盛的生命力。

为了减少共线关键词对于读者的视觉影响，利用 UCINET 软件，对其中共现关系大于等于 3 的关键词制作关键词共现图，具体图形如图 7-11 所示。

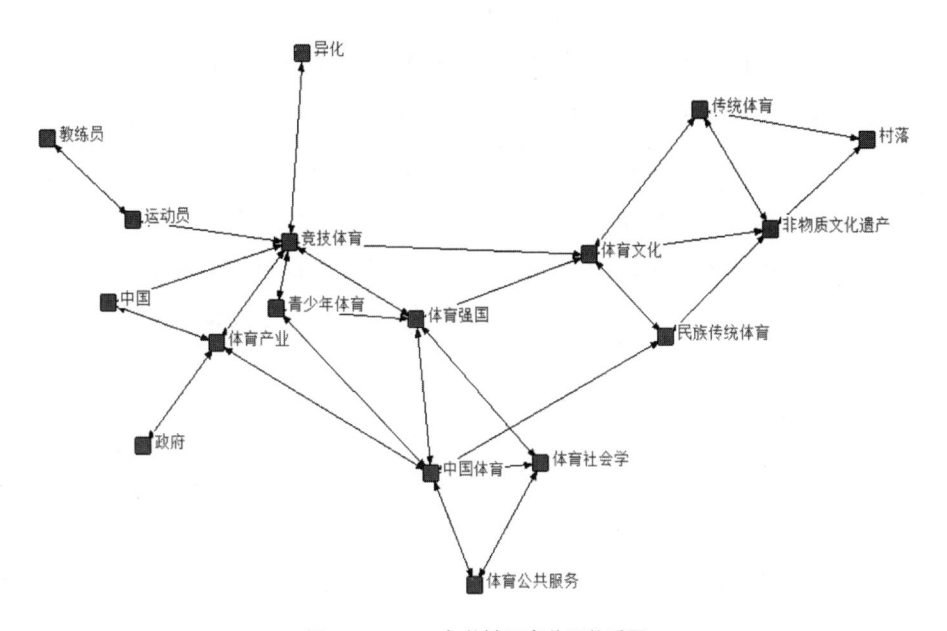

图 7-11 2011 年关键词高共现关系图

由图 7-11 我们可以看到 2011 年的体育人文社会学关键词围绕的主题是体育强国。体育强国又关注三个主要的方面：一是体育文化的发展，一是竞技体育的发展，另外一个是青少年体育。要成为体育强国一个重要方面是注重竞技体育的发展，因为体育从产生之初就是一项具有竞争性质的运动，所以要实现体育强国梦就必须关注运动员和教练员的培养。而青少年体育则是未来中国的希望，正所谓少年强则中国强，少年智则中国智，所以要实现中国的体育强国梦，必须要关注青少年的体育发展。体育文化也是中国实现体育强国的重要方面，作为拥有上下五千年悠久历史的文明古国，文化的积淀与传承将会为我们带来深远而重要的意义。传统民族体育作为中国历史文化的一部分，是中国向世界展示本民族特色的窗口，民族的才是世界的，所以我们更应该保留原有的民族体育特色。

第三节 小结

通过对 CSSCI 中收录的近 5 年的体育人文学文献的关键词分析，我们大致了解了国内近 5 年体育人文社会学的发展主要分为五个热点方向，分别是体育教学、体育文化、竞技体育、体育产业和奥林匹克。在这五个研究的热点区域中，体育教学呈现明显的下滑趋势，开始逐渐偏离研究的中心区域。体育文化的研究展现出强劲的增长势头。其他各个领域在近 5 年中呈现平缓的发展趋势。以上分析，希望能为国内体育人文社会学的发展提供一些参考。

第八章　体育人文社会学转载分析——基于人大复印报刊资料

中国人民大学复印报刊资料是中国学术界普遍认可的最具影响力的二次文献资料之一，因为它汇集了自改革开放以来国内报刊公开发表的人文社科学术研究成果的精粹，由专业编辑和业界专家共同进行精选，所以其对论文兼具收集和评价功能。其中《复印报刊资料·体育》（简称《体育》）是主要转载一级学科体育学论文的二次文献期刊，精选国家关于体育的方针政策、体育理论研究、体育经营与管理等方面的论文，内容涉及体育经济、体育管理、体育法规、奥林匹克运动、竞技体育、大众体育、学校体育、体育文史、国外体育等。[①] 相对于其他二次文献来讲，《体育》是国内最具全面反映体育学高端研究成果的二次文献期刊，创刊至今，已成为评价本领域相关期刊论文学术影响力的一种重要尺度，同时也成为展示体育学前沿研究成果的风向标。

因此，本章选取人大复印报刊资料 2008—2012 年间全文转载的论文，主要针对论文中的关键词为主要研究内容。关键词是从论文的题名、文摘和正文中选取出来的，是对表述论文的研究内容有实质意义的词汇。体育学关键词是体育学研究思想与观点的凝练，是体育学话语的缩影。以往在体育学领域内关于人大复印报刊资料的研究多为载文分析[②]和影响力

[①] 中国人民大学报刊资料中心：http://www.zlzx.org/periodicalDetail.action?id=G8
[②] 刘雪松：《人大复印报刊资料〈体育〉全文转载特色分析》，《成都体育学院学报》2003 年第 6 期。

分析[1]。因此，通过对关键词在各年度频次的统计，并进行共现分析，描述关键词之间的关联与结合，可以反映该领域的研究历程和热点。

目前众多学者都开始利用关键词分析法对各个学科领域进行分析，以了解当前各学科内研究的热点和发展趋势，例如张灵芝对中国高等教育关键词的分析[2]、陈传明对管理学关键词的分析[3]等。目前学界鲜有关于体育人文社会学领域关键词为研究对象所做的研究，以往有针对关键词的研究是在整个体育学领域[4]。所以本章希望借助人大复印报刊资料2008—2012年体育人文社会学关键词的分析来进一步阐述国内体育人文社会学研究的核心内容和内在规律，揭示此学科研究的特点、规律、知识结构及研究状况，从而掌握体育人文社会学科研究的热点和趋势，促进体育人文社会学的进一步发展。

第一节 关键词分类分析

我们从2008—2012年的人大复印报刊资料《体育》转摘的文献中共提取出关键词1464个，经过统一处理，其中各不相同的关键词有1297个。这些关键词几乎涉及体育人文社会学研究的各个方面。通过统计关键词出现的频率，我们可以了解到体育人文社会学各个研究对象被学界关注的程度，通过这种关注程度，可以预测体育人文社会学领域的研究热点和发展趋势。

为了考察体育人文社会学研究热点，我们对处理后的关键词进行了词

---

[1] 任保国：《〈复印报刊资料·体育〉载文信息统计与分析》，《滨州师专学报》2004年第4期。

[2] 张燕蓟：《〈复印报刊资料〉体育学与心理学期刊学术影响力分析》，《四川师范大学学报》(社会科学版)2009年第4期。

[3] 陈传明、刘海建：《2005—2006年我国管理学的研究热点——基于CSSCI关键词的分析》，《管理学报》2009年第2期。

[4] 瞿惠芳、朱唯唯：《我国体育学研究热点分析》，《体育文化导刊》2009年第3期。

频统计,选取112个词频大于2的关键词,详见表8-1。

表 8-1 关键词总词频统计

关键词	词频	关键词	词频	关键词	词频
竞技体育	36	高校	7	后奥运	4
北京奥运会	34	和谐	7	教练员	4
体育产业	26	价值	7	可持续发展	4
职业体育	26	青少年	7	美国	4
奥运	25	体育场馆	7	人力资本	4
体育	24	体育经济	7	政府职能	4
农民体育健身工程	22	体育事业	7	中国足球	4
体育法	20	政府部门	7	电视	3
体育管理	20	锻炼	6	国家形象	3
文化	19	区域体育	6	举国体制	3
公共体育	17	群众体育	6	利益群体	3
全民健身	16	体育锻炼	6	旅游产业	3
奥林匹克	15	体育史	6	农村中小学	3
体育社会	15	体育思想	6	农民工体育	3
武术	15	体育学科	6	欧洲	3
政府	15	体育原理	6	社会价值	3
民族传统体育	14	城乡体育	5	社会阶层	3
市场	14	传播	5	收益分配	3
体育公共服务	12	传统体育	5	体育本质	3
体育强国	12	发展战略	5	体育传播	3
体育赛事	12	改革	5	体育大国	3
体育发展	11	公共体育服务	5	体育概念	3
产业	10	国际化	5	体育观众	3
体育人文精神	10	民俗体育	5	体育教育	3
体育文化	10	社区体育	5	体育精神	3
体育消费	10	体育旅游	5	体育科学	3
休闲体育	10	体育权利	5	体育社团	3

续表

关键词	词频	关键词	词频	关键词	词频
健康	9	体育用品	5	体育体制	3
农村体育	9	体育运动	5	体育休闲	3
评价	9	体育仲裁	5	体育哲学	3
学校体育	9	中国体育	5	体育组织	3
中国	9	城市居民	4	体质健康	3
大型体育赛事	8	大学生	4	新媒体	3
国民体质	8	发展趋势	4	阳光体育运动	3
体育社会学	8	反垄断法	4	指标体系	3
运动员	8	公共体育场地	4	足球	3
城市发展	7	管理体制	4	合计	883
城市化	7	国际体育仲裁院	4		

表 8-1 中所列 112 个关键词虽然仅占关键词总数的 8%，但其词频数却占了词频总数的 40%。由此可见，所列关键词可以代表这一时期体育人文社会学研究领域中核心区的情况。

总体而言，从 8-1 表中，我们可以看到体育人文社会学 2008—2011 年间关注的内容主要集中在竞技体育、体育产业、奥林匹克、体育管理和体育社会五个方向。在体育人文社会学范畴讨论的竞技体育主要涉及的是服务型政府管理职能转变问题、后备人才和人力资本问题、群众和大众体育与竞技体育关系、竞技体育争议与仲裁、竞技体育地区差异以及全球化问题。

另外还有体育文化学和体育法学两个方向，虽然在绝对数量上不具有明显优势，但是也突显出较好的成长性。体育文化因为是体育本身所具有的特性，体育的过程无处不渗透着文化的因子。这一时期的体育文化学研究更关注民族体育文化、人文奥运以及西方体育人文价值等。体育法学是 2008—2012 年研究的另一个热点，主要关注仲裁机制司法化、反垄断法、反兴奋剂和奥运知识产权保护等相关问题。

我们将本次采集的 546 篇论文，逐篇根据其主题研究方向归类到体育人文社会学的各分支学科。为了可以有效地观察到这些分学科论文在

2008—2012年期间的变化过程，特设表8-2。

一 体育人文社会学各学科分析

从表8-2可以看出：整体上看2008—2012年人大复印报刊资料《体育》转摘的文献逐年有所减少，从2008年的121篇，减少到2012年的84篇，减幅最大的是2011和2012年之间，减少了22.2%。这一现象和目前体育学研究的繁荣发展相悖，值得学界关注。

表8-2　　　　2008—2012年体育人文社会学各学科论文统计

类别排序	关键词	关键词标引论文篇数				
		2008年	2009年	2010年	2011年	2012年
1	体育管理学	32	21	28	24	23
2	体育社会学	18	30	21	24	19
3	体育经济学	16	22	15	19	18
4	奥运	29	8	6	4	5
5	体育文化学	14	9	12	8	2
6	体育法学	3	12	9	6	8
7	体育教育学	6	7	7	6	0
8	体育哲学	4	5	2	5	4
9	体育新闻学	5	2	3	6	3
10	民族传统体育学	4	1	6	6	1
11	运动训练学	7	4	3	0	2
12	运动心理学	1	3	4	3	1
13	体育史	3	1	3	1	2
14	运动生理学	3	1	0	0	0
15	其他	2	0	1	0	0
16	运动医学	2	1	0	0	0
17	体育人类学	0	0	0	0	1
18	运动解剖学	1	0	0	0	0
合计		121	119	114	108	84

我们将表8-2所列的546篇按体育人文社会学的分学科方向进行了归类和划分。为了可以直观地观察到这些分学科在体育人文社会学研究中所占的比例，绘制了各分学科的比例图，具体如图8-1所示。

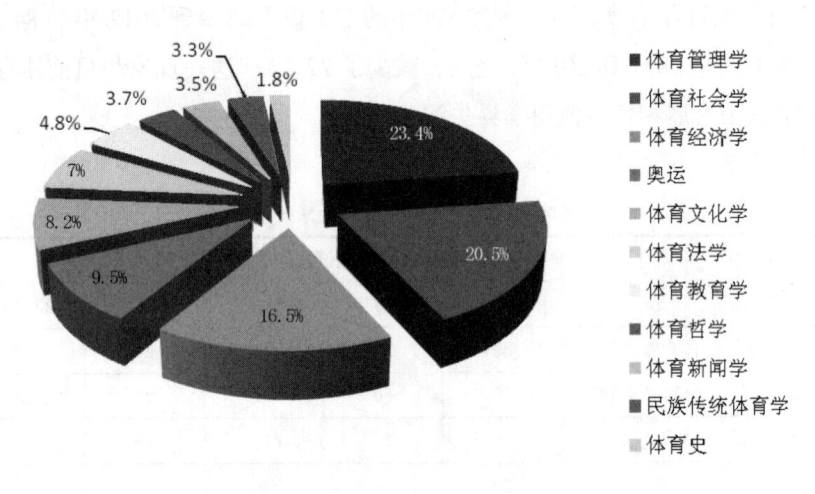

图8-1 体育人文社会学各学科比例图

体育管理学 23.4%
体育社会学 20.5%
体育经济学 16.5%
奥运 9.5%
体育文化学 8.2%
体育法学 7%
体育教育学 4.8%
体育哲学 3.7%
体育新闻学 3.5%
民族传统体育学 3.3%
体育史 1.8%

从图8-1中，我们可以发现，在体育人文社会学研究领域，最主要的两大研究方向是体育管理学和体育社会学，两学科的所占比例均超过了20%。显而易见，在体育人文社会学研究中，这两个方向是研究成果的集中区域。体育经济学则位居第三位，所占比例不到20%。因为2008年北京奥运会的成功举办有关奥林匹克方向的研究位居第四位。体育文化学以8.2%的比例位居第五位，实则位居学科的第四位，说明体育文化学是这一时期研究的新热点。与此同时，我们也看到体育教育学位次相对以往有所落后，排在体育法学之后，位居学科第六位。这可能与中国体育教育学侧重学校体育，以往对学校体育的研究集中在教学改革和课程设置，大量的研究成果促使着体育教学研究领域走向成熟，这是体育教育学文献减少的主要原因之一。另外体育哲学、体育新闻学和体育史均有所覆盖，比例均不到4%。

为了能更加清楚地看到各个分类中，研究发展状况和趋势，下面按照年份对各分支学科关键词的词频进行了统计分析。

二 体育管理学关键词分析

在人大复印报刊资料的体育人文社会学论文关键词中体育管理学关键词约占 24% 左右。下面的一组体育管理学的关键词如实地反映了当今体育管理学的主题内容，详细数据见表 8-3。

表 8-3　　　　　　　　2008—2012 年体育管理学关键词统计

类别排序	关键词	关键词标引论文篇数				
		2008年	2009年	2010年	2011年	2012年
1	体育管理	4	6	4	5	6
2	竞技体育	4	5	4	3	4
3	奥运	7	4	0	4	5
4	政府	6	3	1	2	3
5	体育公共服务	3	1	4	1	3
6	体育发展	3	2	0	3	3
7	职业体育	2	3	4	0	2
8	公共体育	3	1	2	1	3
9	大型体育赛事	2	2	2	2	0
10	评价	2	2	2	2	0
11	北京奥运会	3	0	2	0	2
12	体育赛事	1	1	1	3	1
13	城市发展	0	1	1	0	2
14	全民健身	0	0	4	0	3
15	群众体育	1	0	2	3	0
16	城乡体育	0	1	0	4	0
17	体育强国	0	1	1	1	2
18	国民体质	1	0	2	0	1
	合计	42	33	36	37	40

从表 8-3 中，我们可以看到体育管理学研究在 2008—2012 年来一直处于蓬勃发展的态势。体育管理学作为一门应用性很强的学科，必然和中国目前的体制和社会发展进程相符，才能指导中国的体育发展实践。这些关键词涉及的研究主要是以下几个方面：

一是以探讨体育宏观管理和政府行为为主体，例如体育管理、政府、体育发展等。这说明在中国体育体制改革的研究一直是中国体育改革的重点，也是当前体育改革的突破口，因此这方面的研究非常活跃。

二是研究的倾向主要是竞技体育方面，中国当前实行举国体制下的国家奥运战略，竞技体育一直是中国体育发展过程中不可小觑的方向，也是中国体育发展程度的重要标志。

三是关于社会体育管理领域的研究，随着 1995 年"全民健身计划"的推行，人们的体育参与意识普遍增强，"全民健身"、"群众体育"和"城乡体育"等成为研究的关注点。

四是体育产业管理领域的研究，如"职业体育"、"体育赛事"等，在新的经济发展形势下，建立符合体育强国战略要求的体育产业，体育产业管理体制的调整也要以此为指导，以达到体育产业管理来提高体育产业的质量和效益的最终目标。

第五种研究的倾向主要是针对体育管理中的评价和改革。进行一系列的评价和改革措施的研究，能更有效地促进体育管理的发展，从而整体提高中国的体育水平。从上表 8-3 中可以看出，2008 年以来，体育管理从以往宏观改革方向有所转移，开始更加注重体育各层面发展的指标体系的研究。

三 体育文化类关键词分析

在利用体育人文社会学被标引关键词来分析研究的发展趋势时，可以看到体育文化类关键词在 2008—2010 年发展趋势良好。说明近期人们对于体育文化的重视程度日益提高。为了更加清楚地了解、掌握体育文化中哪些研究是人们关注的重点，我们精心挑选了与体育文化相关的关键词构造了体育文化类关键词统计表，详细数据参见表 8-4。

表 8-4　　　　　　　　　2008—2012 年体育文化类关键词统计

类别排序	关键词	关键词标引论文篇数					
		2008年	2009年	2010年	2011年	2012年
1	文化	3	4	3	2	0
2	体育文化（形式）	2	2	3	0	1
3	奥林匹克	5	0	1	0	0
4	民族传统体育	3	2	1	0	0
5	体育文化	0	0	1	3	1
6	人文	4	1	0	0	0
7	传统体育	2	0	1	1	0
8	民俗体育	0	0	0	2	0
9	体育精神	0	2	0	0	1
	合计	19	11	11	8	3

体育文化具有鲜明的民族性、强烈的时代性以及社会性、差异性和传承性，它更崇尚竞争，提倡公开公平，彰显平等尊重、团结互助的进步文化。正因为体育文化具有以上鲜明特征，当代体育文化已责无旁贷成为一个国家和地区综合实力特别是文化软实力的重要内涵。

2008—2010 年国内对于体育文化的研究处于较高的研究水平，2012 年虽有较大幅度回落。但依然说明在体育人文社会学领域内体育文化学一直是重点研究的方向。如表 8-4 所示，这类关键词涉及体育发展的多个方面，更加充分地说明在体育发展的历史进程中已经深深打上了文化的烙印。

从关键词分析，当前学者对体育文化的研究主要涉及民族传统体育、传统体育和民俗体育，这些对本民族体育文化的深入挖掘和研究，是对传统体育文化的继承和发扬，更是支持中国体育在世界舞台上具有强大竞争力的保障。

四 体育社会学关键词分析

体育社会学是对现实发生着的体育社会现象的描述与阐释。[①] 表 8-5 给出了体育社会学论文中出现的高频关键词统计数据。

表 8-5   2008—2012 体育社会学关键词统计

类别排序	关键词	关键词标引论文篇数				
		2008年	2009年	2010年	2011年	2012年
1	农民体育健身工程	3	5	3	1	4
2	群众体育	2	5	1	0	3
3	农村体育	0	2	1	2	4
4	全民健身	1	4	0	0	3
5	体育社会学	1	2	1	1	2
6	城市化	1	1	2	3	0
7	健康	1	2	1	2	0
8	锻炼	2	0	0	1	3
9	公共体育服务	1	1	0	1	2
10	北京奥运会	3	1	0	0	0
11	社区体育	0	1	0	3	0
12	国民体质	1	1	0	1	0
13	青少年体育	0	0	0	1	2
14	家庭体育	0	0	2	0	0
15	阳光体育运动	0	0	0	0	2
	合计	16	25	12	16	25

从表 8-5 可以看出，体育社会学论文从 2008 年到 2012 年成上扬趋势发展，特别是 2012 年的年度关注热点领域。中国体育社会学在以往的发展过程中形成了与发达国家迥异的风格，相对于发达国家重视微观研究而言，我们更重视宏观研究。从表 8-5 中我们可以看到：中国体育社会学的研究从

---

① 卢元镇：《体育人文社会学的学科集成与研究前沿》，《体育学刊》2005 年第 1 期。

2008年以来更关注大众体育领域，说明目前中国的体育社会学也慢慢倾向于微观层面的研究，这是非常值得肯定的。2008—2012年以来，体育社会学研究主要集中在农民与农村体育、全民健身与健康、体育公共服务问题、北京奥运会、青少年体育等主题上。

随着国家层面对"三农问题"的日益关注以及建设社会主义新农村号召的提出，农民与农村问题逐渐进入学者们的视野，农民与农村体育问题也一跃成为体育领域的研究热点，我们从表中可以看到"农民体育健身工程"和"农村体育"词频从2008年到2012年虽在2011年相对有所减少，但是在2012年均有所反弹。说明这一命题研究还将持续。不同地域农民体质与体育锻炼的现状、不同地域的农民体育文化、新农村体育公共服务发展、农村体育发展的组织模式都是2008—2012年的热点。

随着中国由"管理型政府"向"服务型政府"的转型，公共服务问题受到政府、学术界和社会各界的高度重视，体育公共服务问题也随之受到体育界的关注而成为近年来继"农村体育"以后的又一研究热点。目前就群众、社区、农村的体育公共服务体系做了尝试性的探讨，说明还未建立起成熟的体育公共服务体系。因此，还需要广大学者们投入更多的时间与精力作进一步的研究。

五 体育经济学关键词分析

体育经济学作为体育人文社会学研究中必不可少的一部分，有着重要的研究意义。为了能够更加详尽地了解体育人文社会学中体育经济学发展中所涉及的各个研究热点，表8-6列出了其中高频关键词的具体数据。

表8-6　　　　　2008—2012年体育经济学关键词统计

排序	类别 关键词	关键词标引论文篇数				
		2008年	2009年	2010年	2011年	2012年
1	体育产业	6	6	6	5	2
2	市场	4	7	3	0	0
3	产业	1	2	1	4	2

续表

排序 \ 类别	关键词	关键词标引论文篇数				
		2008年	2009年	2010年	2011年	2012年
4	体育消费	2	1	0	3	3
5	体育经济	1	1	1	2	2
6	体育旅游	0	2	0	2	1
7	职业体育	1	2	2	0	0
8	体育用品	0	0	1	3	1
9	公共体育场地	0	0	1	1	2
10	旅游产业	0	2	0	1	0
11	休闲体育	0	1	0	1	0
合计		15	24	15	22	13

比较而言，体育产业在2008—2011年间都表现出较高的词频，保持良好的发展态势。结合"产业"一词可以看出，虽在2012年该领域的研究略有下滑，但总体而言在2008—2012年间还是保持着比较平稳的发展态势，说明体育产业不仅是中国体育事业发展的重要组成部分，也是国民经济新的增长点，其对国民经济有着强大辐射作用并可以带动发展相关产业，因此其地位和作用在现今是不容忽视的。从"市场"、"体育消费"、"公共体育场地"的词频增长可见，体育消费是体育产业存在的前提和发展的动力。中国体育产业的发展要以社会化、产业化为方向，引导体育消费，培育体育市场，加强体育设施的规划和建设。"后奥运"时期为中国"体育旅游"和"休闲体育"的发展提供了空间，但也面临诸多挑战，其发展的战略决策应该在优化产业布局、提升休闲体育文化、塑造品牌等方面加以考虑。

随着中国对外开放和全球化发展的背景下，外来商业模式和经营理念对国内的体育发展模式带来了较大冲击，使得中国职业体育参与世界体育的竞争成为必然。近几年就职业体育的市场特征、组织产权制度、经营的职能及竞争与经济收益展开了一系列研究。

从表8-6所罗列的关键词中我们可以看到，体育经济主要还涉及"体育用品"一词。中国体育产业还处于初级阶段,体育用品制造业产值占到整个体育产业产值的70%[①],这与当前中国体育产业发展水平处于起步阶段是一致的,也与中国当前作为"世界制造工厂"的新兴工业国地位是完全吻合的。

六 奥林匹克类关键词分类

在本次研究的所有论文中有52篇涉及奥运题材,它们在总体中所占的份额约为10%,说明奥运研究在体育人文社会学研究领域内还是占有一席之地的,具体数据见表8-7。

表8-7　　　　　　　2008—2012年奥林匹克类关键词统计

排序 \ 类别	关键词	关键词标引论文篇数				
		2008年	2009年	2010年	2011年	2012年
1	奥运	11	6	1	1	6
2	北京奥运会	8	2	3	0	1
3	奥林匹克	8	2	0	3	0
4	后奥运	1	1	1	1	0
	合计	28	11	4	6	7

从表8-7中,我们可以看到对于奥运、北京奥运会和奥林匹克研究均在2008年达到最高峰,以后几年均有一定幅度下滑,这是由于2008年奥运会在中国召开,中国体育事业迎来了前所未有的发展机遇,造成了该命题的研究热,但随着北京奥运会的闭幕,对于奥林匹克研究的相对成熟,使得随后几年这一相关研究减少。

在这组关键词中特别关注"后奥运"一词,从2001年申奥到2008年北京奥运成功举办,这期间在奥运会组织模式、奥运会志愿者、人文奥运和奥林匹克教育与文化等方面的研究取得了丰硕的成果。随着鸟巢残奥圣火缓缓熄灭,中国体育告别历史迎来开创未来的新起点。因此,对"后奥运"

[①] 许明思:《中国体育用品制造业产业组织研究》,首都体育学院硕士论文,2010年。

的深入研究，一定能更加有力地促进中国体育事业的未来发展。

第二节 关键词共现分析

作为一种内容分析技术，关键词共现分析方法通过描述关键词与关键词之间的关联与结合，揭示某一领域学术研究内容的内在相关性、学科领域的微观结构、展示学科的发展动态和发展趋势、发现新的学科增长点和突破口等。许多实例表明，在探究科学研究领域之间的关系以及揭示知识关联方面，共词分析具有很大潜力。共词分析方法灵活，结果直观，随着方法的不断改进及计算机技术的进步，共词分析法在分析学科发展历史、挖掘某领域知识等方面有着广阔的应用范围和前景。

与词频分析法研究热点的文献计量方法相比，它更注重关键词之间的联系，从而能更好地直观反映概念之间的关系。与共被引分析法相比共词分析法是对当前发表文献的直接统计，所寻找的是当前论文所集中关注的主题，反映的是在趋势形成之后的焦点，适合寻找知识领域的研究热点和前沿发展方向，更具时效性。而共被引分析法则是通过分析以往发表的论文的引用情况来表现人们目前关注的焦点，更适合于寻找成熟学科的范式。因为前沿领域的研究往往人数众多而不集中，论文比较分散，被引用情况不稳定。而关键词共现分析则有效地弥补了这些缺陷。

根据关键词共现分析原理，作者对体育人文学2008—2012年的关键词进行了共词分析，从而发现期间的研究热点以及热点迁移和变化状况。

一 2008—2012年关键词共现分析

我们将2008—2012年的关键词词频进行了统计，为了能够了解各个关键词所代表的研究热点区域之间的关系，作者提取了本年度体育人文社会学论文中词频大于等于4的83个关键词，并制作了共现关系矩阵，具体如表8-8（由于篇幅的关系，本节中只列出了部分数据）。

表 8-8　　　　　　　　　2008—2012 年关键词共现矩阵

	竞技体育	北京奥运会	体育产业	职业体育	农民体育健身工程	体育法	体育管理	文化
竞技体育	0	2	0	1	0	1	1	0
北京奥运会	2	0	0	0	0	0	0	1
体育产业	0	0	0	0	0	0	0	0
职业体育	1	0	0	0	0	4	0	0
农民体育健身工程	0	0	0	0	0	0	0	1
体育法	1	0	0	4	0	0	1	0
体育管理	1	0	0	0	0	1	0	0
文化	0	1	0	0	1	0	0	0

为了能更加清楚地阐述高频关键词之间的联系，作者提取出了其中词频大于等于 4 的高频关键词，利用 Pajek 软件（Pajek 是大型复杂网络分析工具，是用于研究目前所存在的各种复杂非线性网络的有力工具[①]），制作了 2008—2012 年高频关键词共现图（见图 8-2）。

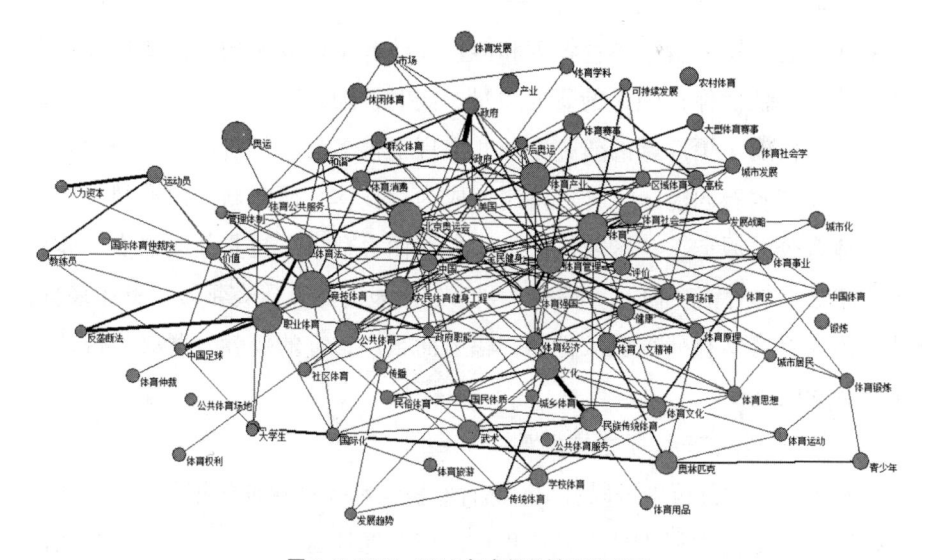

图 8-2　2008—2012 年高频关键词共现图

---

① 瞿惠芳、朱唯唯：《我国体育学研究热点分析》，《体育文化导刊》2009 年第 3 期。

图 8-2 中关键词节点的大小体现了词频的多少，节点间连线的粗细表现了共现关系的强弱。从图 8-2 中我们可以看到以下三个方面。

（一）学科内部结构正在发生变化

从这一阶段中主要核心类团明确分别是"竞技体育"、"奥运与北京奥运"、"体育产业"，次要核心团分布广泛，如"职业体育"、"农民体育健身工程"、"体育法"、"文化"和"民族传统体育"，从这些次要核心团的形成和分布来看，可以认为体育人文社会学科正在经历着研究范围和内容更加拓展、研究热点增多、研究热点更加分散的过程。也就是说体育人文社会学科正在发生结构性变化。总体学科结构从以体育经济和体育管理为最主要内容和研究重点的结构，转变成多个学科方向齐头并重的学科结构模式，各科学方向都有主要内容和研究重点。如新兴的"体育法"、"农民体育健身工程"和"文化"类团成为新的次核心类团，同时又出现不少强度更小、范围更大的类团，这些现象更是说明体育人文社会学科的重要研究领域比较稳定、主要研究热点比较突出，同时也有新兴的研究热点不断涌现的特征。

（二）研究范畴进一步拓展

从研究主题来看，体育管理和体育经济基本研究领域、重要研究热点依然稳定，依然保持强大的研究力量。同时，随着时代的发展，体育管理和体育经济有了更广阔的研究空间，出现了很多与时代特征相符合的研究热点。如"政府职能"、"管理体制"成为竞技体育研究新的研究热点，同时"体育公共服务"、"区域体育"、"大型体育赛事"也是新兴热点。体育人文精神、体育消费研究等都进入到第二阶段的热点研究领域。整体来看，体育人文社会学科研究交叉性强，辐射面很广，它的蓬勃发展必将带动整个体育学的进步。

（三）热点形成与趋势发展

从坐标图的分析中可以看出：体育经济学和体育管理学相关方面的研究在体育人文社会学科中处于核心地位。同时像体育法、区域体育、社区体育、国民体质、群众体育和城乡体育这些命题引起了学界足够的重视，但是研究还没有形成非常严密的体系，该领域的主题有进一步发展的空间，具有潜在的发展趋势。

为了能更清楚地展示各个研究方向之间的联系，弱化低共现关键词的影响。作者利用 UCINET 软件，对高频关键词矩阵中共现频率大于等于 3 的关键词制作了关键词高共现关系图，具体图形如图 8-3 所示。

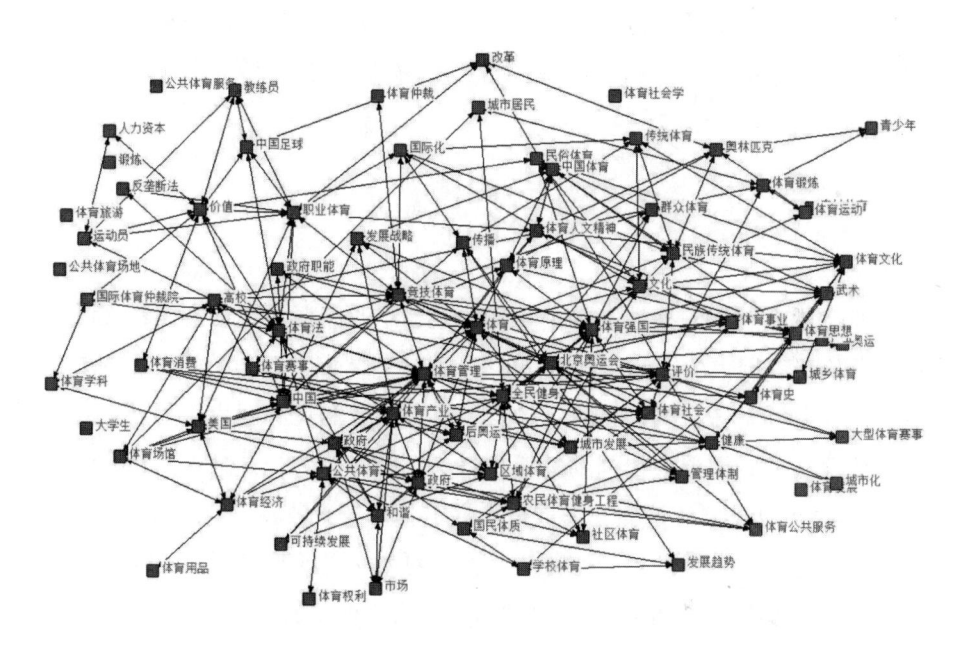

图 8-3 2008—2012 年关键词高共现关系图

从图 8-3 中我们可以看到 2008—2012 年体育人文学领域内的研究热点板块较多。与图 8-2 相比略有变化，主要是由于有关竞技体育和体育管理、职业体育等其他学科间紧密的联系，与体育管理一起融入"政府"，说明政府在竞技体育和体育管理的角色变化；与职业体育一起被融入进"国际化"的范畴，说明职业体育和竞技体育的国际化问题也是研究热点。2008 年北京奥运会的召开，也为国内体育经济的发展创造了绝佳的契机，所以有关体育市场的研究也开始如雨后春笋般纷纷涌现。体育与商业的有机结合，为国内体育事业的发展注入了强大的活力。

值得关注的是另一块研究热点是围绕着评价展开的，主要关注的是体育社会、国民体质、大型体育赛事、民族传统体育和体育锻炼，由此可见当年体育人文社会学研究的诸多领域的研究更加科学化和系统化。如社会体育评价越来越多元化，农村体育评价体系、民族体育、城乡居民体育锻炼、区域体育产业等评价成为关注热点。由于科学完整的评价可以带来有效的决策，因此体育科学的发展离不开体育评价。2008—2012年以来，学术界对评价问题给予了持续的关注，各种评价方法和指标体系构建被广泛地运用于体育人文社会学领域，积极推动了体育人文社会学的发展。

第三节 小结

通过对人大复印报刊资料中转载的近5年的体育人文社会学论文的关键词分析，我们大致了解了国内2008—2012年体育人社会学的发展主要热点方向，分别是体育管理、竞技体育、体育产业和奥林匹克。另外体育文化、体育法的研究展现出强劲的增长势头。整体上看，体育人文社会学经过16年的发展，日渐成熟，形成重点突出、多分支领域与传统人文社会科学交叉渗透一起发展的繁荣态势。以上针对人大复印报刊资料2008—2012年的关键词分析，希望能为中国体育人文社会学的学科发展提供一些参考。

第九章　体育人文社会学研究最有学术影响的论文

　　论文是学术研究中最普遍的成果表现形式，是学术研究探讨的工具，也是学术交流的工具。反映在学术交流中的显著特征就是在学术成果中的引用。一般而言，在学术交流中论文被引用得越多，说明其对科学研究发挥的作用也越大，产生的学术影响也越大。正是基于这样一种认识，我们对体育人文社会学论文的引用文献进行了文献类型的分类，并统计出论文的被引次数，从而遴选出对中国体育人文社会学学术交流产生较大学术影响的论文以及学者。

　　有关论文学术影响研究的论文有许多，我们通过对CNKI查询，命中数百篇此类文章，但真正论及体育人文社会学的则较为鲜见。一些针对体育学高被引论文或论文学术影响研究的成果涉及体育人文社会学。例如，《中国人文社会科学学术影响力报告（2011年版）》[1]采用《中国社会科学引文索引》（CSSCI）2005—2006年收录的引文数据，根据被引次数，选取了54篇论文作为体育学重要学术影响的论文，并对其期刊分布以及主题进行分析，体育人文社会学只是其中的一部分。朱唯唯教授针对CSSCI的1998—2002年数据遴选出了20篇体育学高被引论文。[2]此外，李军[3]对

---

[1]　苏新宁：《中国人文社会科学学术影响力报告》，高等教育出版社2007年版，第1031—1035页。
[2]　朱唯唯：《体育科学研究领域的现状分析与评价》，《中国体育科技》2005年第1期。
[3]　李军：《我国13种体育类核心期刊高被引学术论文及选题特色》，《上海体育学院学报》2009年第5期。

13种体育类核心期刊创刊以来前50篇高被引论文的作者、出版年以及学科分类进行分析，得出体育人文社会学是高被引论文分布最多学科。刘文娟等[①]所作研究同样得出高被引频次论文中体育人文社会学学科论文居多。以上研究均根据被引次数选取论文进行分析，入选论文的主题中虽然包括体育人文社会学，但其研究是针对体育学，对体育人文社会学的研究不深入。本章结合以上论文选取与分析的方法，针对体育人文社会学，采用CSSCI中2007—2011年的引文数据，根据被引次数选出190篇对中国体育人文社会学较有影响的论文，对其作者、期刊以及内容进行详细分析，以揭示对中国体育人文社会学产生重要影响的论文、学者、期刊以及研究领域。

第一节 高被引论文概况分析

针对入选的190篇高被引论文，我们对论文的语种、时间、被引频次、作者以及期刊等基本信息进行了统计分析，从中得到了一些颇有价值的信息。

一 入选论文的语种分析

入选论文中绝大多数为中文文献，仅有6篇为外文论文，并且均为英文，总被引次数39次，占全部入选论文被引次数的2.65%。根据论文的语种分析，说明在中国体育人文社会学研究领域学者更关注中文论文，对外文文献引用较少的原因可能来自学者对外文文献的获取手段欠缺，抑或对外文文献阅读能力有限。入选的体育人文社会学较有影响的国外论文共有6篇，列于表9-1。

---

① 刘文娟、陈勇、崔建强:《体育期刊高被引频次论文学术影响力分析》,《首都体育学院学报》2013年第3期。

表 9-1　　2007—2011 年间 CSSCI 中体育人文社会学论文引用次数较多的国外论文

序号	论文信息	被引次数	被引次数（SSCI）
1	Crawford D W, Jackson E L, Godbey G. A hierarchical model of leisure constraints[J]. Leisure Sciences, 1991, 13(4): 309—320	6	182
2	Fort R, Quirk J. Cross—subsidization, incentives, and outcomes in professional team sports leagues[J]. Journal of Economic Literature, 1995: 1265—1299	6	186
3	Gwinner K P, Eaton J. Building brand image through event sponsorship: The role of image transfer[J]. Journal of Advertising, 1999: 47—57	6	103
4	Neale W C. The peculiar economics of professional sports[J]. The Quarterly Journal of Economics, 1964, 78(1): 1—14	8	110
5	Rottenberg S. The baseball players' labor market[J]. The Journal of Political Economy, 1956: 242—258	7	222
6	Sloane P J. The economics of professional football: the football club as a utility maximiser[J]. Scottish Journal of Political Economy, 1971, 18(2): 121—146	6	19

表 9-1 中除了论文 4 和 5 的被引次数分别为 8 次和 7 次以外，其他论文的被引次数均为 6 次，说明这些国外论文虽然入选高被引论文，但其被引次数相对于其他入选论文还是较低，对中国体育人文社会学研究的影响力相对较弱。我们另查阅了 SSCI，并将这些论文在其中的被引次数也列入表中予以参照，可以看出，这 6 篇论文中，除论文 6 在 SSCI 中被引次数稍低外，其他论文的被引次数均过百，说明这些论文在国外的研究论文中具有一定的学术影响。

从入选的国外论文的发表时间看，这些论文的发表时间均属于 20 世纪，最早的一篇论文发表于 1956 年，相对于中文的高被引论文，其发表时间较早。论文均来源于经济领域的国外期刊，说明在体育人文社会学研究中与经济相关的研究对外文资源的引用相对较多。涉及的主题为体育运动的经济效益、体育赛事赞助的品牌效应、运动人力资源，相关的体育项目为足球与棒球。

二　入选论文的时间分析

一般来说，一篇论文在发表 1—3 年之间是引用频率最高的时间段，苏新宁教授经过对期刊引文时间的跟踪，发现人文社会科学领域的论文，在发表以后的第 2 年或第 3 年才会达到引用峰值[①]，我们统计得到的高被引论文恰恰符合这一规律。入选论文的发表年度统计见图 9-1。

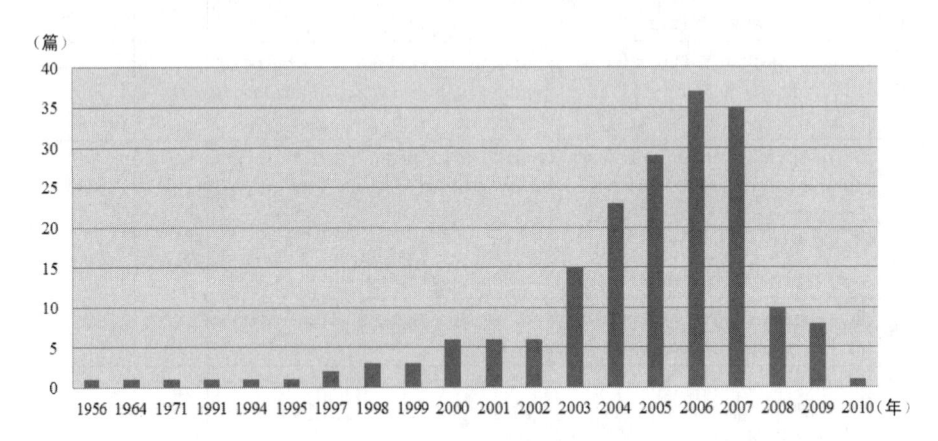

图 9-1 入选论文的时间分布

透过图 9-1 的论文发表时间分布，我们可以看到这些论文的发表时间主要集中在 2003—2007 年，占全部高被引论文的 78.42%。其中，2006 年的论文数最多为 37 篇。科学工作者使用的引文 20 年以前的文献就很少被人利用了[②]，而得到的较有影响的论文中存在 3 篇发表于 20 年前的论文，且均为英文，被引次数为 6—7 次，说明这些论文长期以来在相关领域也包括体育人文社会学领域有着较大影响。

从高被引论文的时间分布分析，2004—2007 年间发表的论文的被引用峰值恰恰都落在 2007—2011 年间。因此，2004—2007 年的高被引论文入选最多，是符合论文引用规律的，并不是说这一时段发表的论文比其他时段质量更高。

三 入选论文的被引频次分析

论文被引次数反映了单篇论文的学术影响，我们将入选论文的被引次

---

① 苏新宁：《构建人文社会科学学术期刊评价体系》，《东岳论丛》2008 年第 1 期。
② 瞿惠芳、朱唯唯：《我国体育学研究热点分析》，《体育文化导刊》2009 年第 3 期。

数分布进行了统计，并绘制了图9-2，其中横轴表示被引次数，纵轴表示论文数目。

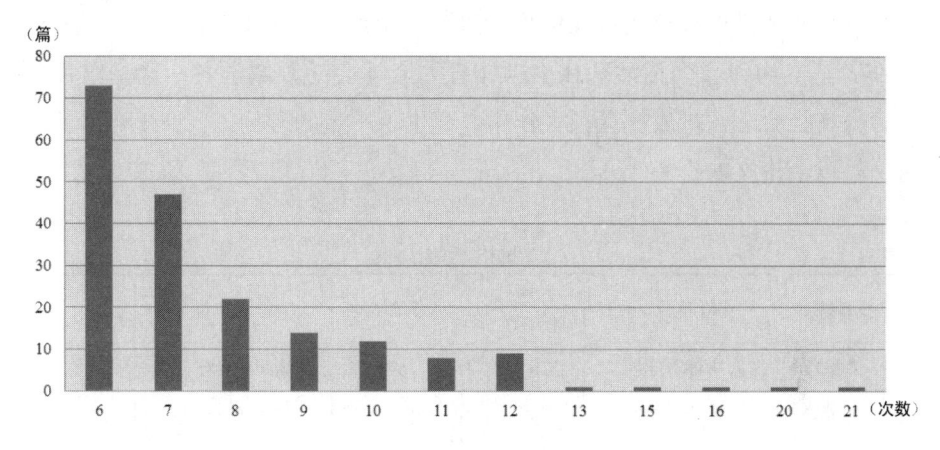

图9-2 入选论文的被引次数分布

根据图9-2可以得出，被引次数为6的论文，即入选论文中被引次数最少的论文数量最多，占全部论文数的38.42%。相反，被引次数较高的论文的数量很少，达到20次及以上的只有2篇，10次以上的只有20篇左右。如果我们分析最高被引次数论文的时间分布，也可以看出些许端倪（参见表9-2）。表9-2中的论文时间分布均处在2006—2007年间，其中2006年4篇，2007年1篇。这个结果同样告诉我们，这些最高被引论文与统计年份的被引峰值有关。因此，我们切不可以说，这几篇论文就一定比其他入选论文具有更大的学术影响力。

表9-2　　　　　　　　　被引次数大于12的入选论文列表

序号	论文信息	被引次数
1	肖林鹏.公共体育服务概念及其理论分析[J].天津体育学院学报，2007，22(2)：97—101	21
2	吕树庭.社会结构分层视野下的体育大众化[J].天津体育学院学报，2006，21(2)：93—98	20
3	胡庆山.新农村建设中发展"新农村体育"的必要性、制约因素及对策[J].体育科学，2006，26(10)：21—26	16
4	黄爱峰.新农村建设下的农村体育发展思考[J].上海体育学院学报，2006，30(6)：14—19	15
5	倪依克.论民族传统体育文化遗产保护[J].体育科学，2006，26(8)：66—70	13

四 入选论文的作者分析

我们对入选的 190 篇论文的作者进行了统计，涉及 150 位作者。这 150 位作者基本均为当今正活跃在中国体育人文社会学领域学者，这些作者在体育人文社会学领域发挥着很大作用，产生了一定的影响。表 9-3 给出了入选 2 篇以上论文的作者。

表 9-3　　　　　　　　　　入选的作者统计

序号	作者姓名	作者单位	入选论文数	序号	作者姓名	作者单位	入选论文数
1	于善旭	天津体育学院	5	15	马志和	湖州师范学院	2
2	肖林鹏	天津体育学院	4	16	倪依克	广州体育学院	2
3	卢元镇	华南师范大学	4	17	秦椿林	北京体育大学	2
4	吕树庭	广州体育学院	3	18	闵健	成都体育学院	2
5	虞重干	上海体育学院	3	19	熊斗寅	国家体育总局体科所	2
6	白晋湘	吉首大学	3	20	杨桦	北京体育大学	2
7	田雨普	南京师范大学	3	21	凌平	杭州师范大学	2
8	陈林祥	武汉体育学院	3	22	裴立新	广州体育学院	2
9	林显鹏	北京体育大学	3	23	黄汉升	福建师范大学	2
10	石岩	山西大学	3	24	王庆伟	首都体育学院	2
11	胡庆山	华中师范大学	2	25	陈玉忠	上海体育学院	2
12	席玉宝	安徽师范大学	2	26	周爱光	华南师范大学	2
13	鲍明晓	国家体育总局体科所	2	27	刘旻航	山东财经大学	2
14	胡小明	华南师范大学	2				

统计表 9-3 数据，共有 27 位作者入选，占全部作者的 18%，说明大多数作者只能有一篇论文入选。为进一步对作者进行分析，我们对作者的工作情况、出生年份以及研究方向进行调研。其中，16 位作者目前担任所在单位的领导，例如杨桦为北京体育大学校长、白晋湘为吉首大学党委书记、闵健为成都体育学院党委书记，说明这些教授虽在领导岗位，依然注重学

术研究，并在各自的研究领域产生很大的学术影响。

根据作者出生年份的调查分析，一方面，作者的出生年份跨越20世纪20年代到80年代，有始终坚持在科研第一线的耄耋、古稀之长者，也有年富力强的中年学者，更有崭露头角的青年才俊。其中生于20世纪60年代的作者最多有10位（凌平、林显鹏、倪依克、包明晓、白晋湘、席玉宝、马志和、石岩、陈林祥、陈玉忠），占入选2篇以上论文的作者的37%，如果再加上20世纪50年代的7位学者（胡小明、于善旭、杨桦、闵建、周爱光、裴立新、黄汉升），占据所有入选学者的2/3左右，恰恰说明45—60岁之间的学者是科学研究的中坚力量，这一年龄段的学者在科学研究中产生的影响是巨大的。但在学科发展中我们决不可忽略老一辈学者在学术发展中的引领和指导作用，所入选的65岁以上的学者有5位（熊斗寅、卢元镇、吕树庭、虞重干、秦椿林、田雨普），尤其是80多岁的熊斗寅先生（1926— ），如此高龄依然笔耕不辍，其成果在中国体育人文社会学领域产生着重要影响，令人起敬。我们也非常高兴地看到一些青年学者的崛起，4位70后、80后的学者进入高被引论文行列，可视为中国体育人文社会学领域的后起之秀，其中2位（刘旻航、胡庆山）分别出生于1979年和1980年，是入选学者中最年轻的两位学者。作为1973年出生的肖林鹏有4篇论文入选，其科研潜力不可小视。

从另一方面看，入选论文的作者绝大多数为教授和博士生导师，少数几位青年学者也都是副教授，并且均为博士。入选论文的学者不仅仅来自体育类高校，还有大量师范类院校，体育科学研究所也有两位专家的入选，更可喜的是，综合类高校也有学者入选。

五 入选论文的期刊分析

对高被引论文的期刊分布进行分析，可以发现该领域重要研究成果的期刊分布，由此可以得到该领域研究的核心期刊，通过对入选的高被引论文统计，共获得29种期刊，其中中文期刊23种，外文期刊6种。详细数据参见表9-4。

表 9-4　　　　　　　　　　　　　入选论文的期刊

序号	期刊名称	论文数	序号	期刊名称	论文数
1	体育科学	57	16	经济体制改革	1
2	上海体育学院学报	24	17	旅游学刊	1
3	北京体育大学学报	16	18	南京体育学院学报（文科版）	1
4	天津体育学院学报	16	19	山东体育学院学报	1
5	体育学刊	11	20	沈阳师范大学学报（文科版）	1
6	西安体育学院学报	9	21	体育科学研究	1
7	体育文化导刊	8	22	外国经济与管理	1
8	体育与科学	8	23	浙江体育科学	1
9	武汉体育学院学报	7	24	Journal of Advertising（广告杂志）	1
10	中国体育科技	7	25	Journal of Economic Literature（经济文献杂志）	1
11	成都体育学院学报	6	26	Journal of Political Economy（政治经济学杂志）	1
12	体育文史	3	27	Leisure Sciences（休闲学）	1
13	体育科研	2	28	Quarterly Journal of Economics（经济学季刊）	1
14	北京市政法管理干部学院学报	1	29	Scottish Journal of Political Economy（苏格兰政治经济学杂志）	1
15	法学	1			

分析表 9-4 数据，6 种外文期刊为非体育学专业期刊，主要为经济类期刊，入选论文数均为 1，说明中国体育人文社会学领域的有关体育经济、体育休闲、体育广告方面学者较为关注国外有关资料，而其他研究方向则更关注国内文献。统计得到的中文非体育学类期刊有 6 种，分布在法律、经济、教育等学科，但入选论文数也均为 1。体育人文社会学虽然与法学、经济学、社会学、教育学等学科相关，但这些学科期刊对体育人文社会学研究影响较小，体育学期刊是体育人文社会科学研究的主要参考依据。

《体育科学》入选了 57 篇论文，占入选论文数的 30%，是体育人文社会学研究领域最有影响期刊。《体育科学》期刊与其他几种体育学重要期刊《上海体育学院学报》、《北京体育大学学报》、《天津体育学院学报》、

《体育学刊》的总计入选论文数相当，而其他 24 种期刊包括剩余的逾 1/3 的论文。由此进一步证明，《体育科学》不仅是体育学领域的最权威期刊，在体育人文社会学领域也发挥着极大的作用，是体育人文社会学研究中最为重要的参考期刊。除此以外，《上海体育学院学报》、《北京体育大学学报》、《天津体育学院学报》、《体育学刊》等期刊也是体育人文社会学较有影响论文的重要产出源。图 9-3 给出了 2007—2011 年间入选论文在各类期刊中的比例。

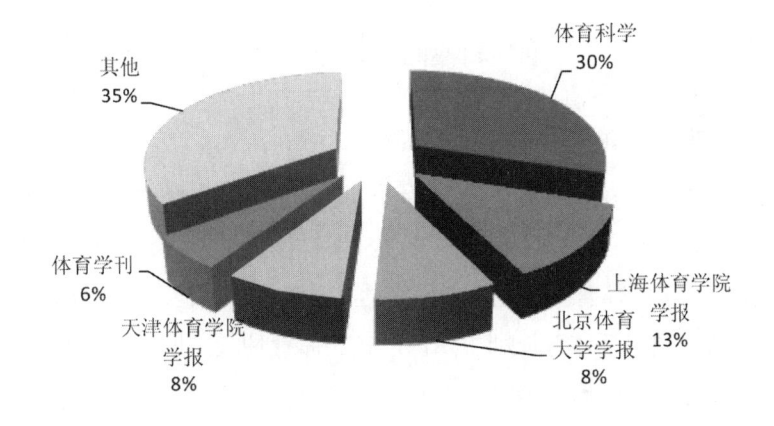

图 9-3　入选论文在各类期刊中的比例

第二节　国内入选论文主题分析

体育人文社会学是研究体育与人、体育与社会互相关系基本规律的学科群[①]，因此该领域的相关研究与其他学科交叉较多。入选论文涉及的学科包括法律、经济与教育，此外体育学下的学科是该领域主要的研究范围。入选论文中国内论文有 184 篇，包括法律相关论文 15 篇、经济相关论文 37 篇、教育相关论文 19 篇和体育类论文 113 篇，各类论文的比例如图 9-4。本节将按照以上 4 类对入选国内论文进行内容分析。

---

① 体育人文社会学：百度百科 http://baike.baidu.com/view/1547999.htm.

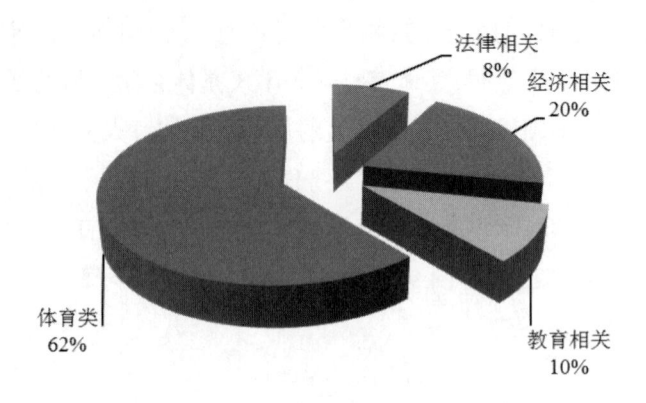

图 9-4 各类国内入选论文的比例

一 法律相关论文

入选论文中，法律相关的论文为 15 篇，列于表 9-5，被引次数为 6—10 次。除 1 篇论文来自法律期刊外，其余都来自体育类期刊，说明 2007—2011 年间与法律相关的体育人文社会学研究的参考论文的来源主要是体育类期刊。论文研究的主题包括体育权利、知识产权、体育仲裁制度、反垄断、体育法等，均为体育法学的研究内容，无专门的法律论文入选，说明法律专业论文对该阶段的体育人文社会学研究影响较小。15 篇论文中包括于善旭教授发表的 5 篇论文，为该作者入选论文全部，论文研究主题包括体育权利、体育仲裁以及体育法。于善旭教授从 1989 年在《体育与科学》发表第一篇体育法学方面的学术论文《试论体育法在法律体系中的地位》以来，一直致力于体育法学的研究工作，先后参加国家体育总局多项体育法规的起草工作，曾参与《中华人民共和国体育法》起草修改和《释义》编写，对体育法学的发展作出了重要贡献，有 5 篇论文入选法律相关论文说明其重要的学术影响。

表 9-5 法律相关入选论文

序号	作者	标题	期刊	发表时间	被引次数
1	于善旭	再论公民的体育权利	体育文史	1998	10
2	于善旭	建立我国体育仲裁制度的研究	体育科学	2005	9
3	胡峰	奥林匹克标志知识产权保护——基于国际法与比较法视角的研究	体育与科学	2006	8

续表

序号	作者	标题	期刊	发表时间	被引次数
4	刘强	体育竞赛及其电视转播权的知识产权保护	南京体育学院学报（文科版）	2006	8
5	于善旭	《中华人民共和国体育法》修改思路的探讨	体育科学	2006	7
6	郭树理	论司法对体育行会内部纠纷的干预	北京市政法管理干部学院学报	2003	6
7	姜熙	美国职业棒球反垄断豁免制度的历史演进——基于案例分析	天津体育学院学报	2010	6
8	刘凤霞	对现行《体育法》修改之思考	浙江体育科学	2003	6
9	于善旭	论公民体育权利的时代内涵	北京体育大学学报	1998	6
10	于善旭	体育仲裁法律制度研究	法学	2004	6
11	张贵敏	我国运动员成绩的产权界定	体育科学	2000	6
12	张厚福	论运动竞赛表演的知识产权保护	体育科学	2001	6
13	钟秉枢	奥林匹克品牌的法律保护及中、美、澳三国间的比较	武汉体育学院学报	2006	6
14	陈远军	试论公民体育权利的社会实现	体育文化导刊	2006	6
15	童宪明	体育权利的特点与构成要素研究	体育文化导刊	2007	6

二 经济相关论文

入选论文中包括37篇经济相关的论文，其中被引次数为10次以上的论文列于表9-6。分析表9-6，论文主题主要包括体育用品和体育消费两大内容。此外，对其他入选的经济相关论文进行分析，发现其他主题为体育产业与体育旅游。体育产业是向全社会提供各类体育物质用品和服务，满足人民群众多样化体育消费需求的行业。[①]体育旅游是一种重要的体育产业，而体育用品与体育消费又是体育产业的两大内容，说明2007—2011年与经济相关的体育人文社会学研究中具有重要影响的研究方向为体育产业研究。为便于分析采用体育产业整体研究、体育用品、体育消费、体育旅游以及其他的划分方式对与经济相关的入选论文进行分析。

---

① 鲍明晓：《体育产业：新的经济增长点》，人民体育出版社2000年版，第1—9页。

表 9-6　　　　　　　经济相关入选论文（被引次数大于 10）

序号	作者	标题	期刊	发表时间	被引次数
1	刘艳丽	从经济学视角试论我国体育公共服务产业生产主体的多元化	西安体育学院学报	2004	12
2	蔡宝家	区域体育用品产业集群实证研究	上海体育学院学报	2006	12
3	席玉宝	我国体育用品产业集群的现状与发展研究	体育科学	2005	11
4	席玉宝	我国体育用品出口状况分析	体育科学	2005	11
5	肖焕禹	上海市不同社会阶层居民体育消费趋向探析	上海体育学院学报	2006	10
6	杨明	我国体育用品产业集群发展及政府政策研究	体育与科学	2007	10

（一）体育产业整体研究

入选论文中9篇针对体育产业整体进行研究，列于表9-7。根据表9-7，论文均来自体育学期刊。为进一步分析期刊来源，以"体育产业"为检索词在CSSCI中进行来源文献的标题检索，大多数论文发表于体育学期刊，其他学科的期刊较少，说明体育学期刊是"体育产业"整体研究的论文主要来源，则较有影响的论文也应主要来自体育学期刊。论文的主题包括国内外体育产业的发展状况与特点、产业政策和产业统计指标体系。表9-7包括林显鹏的3篇论文，为其入选的全部论文，说明林显鹏是2007—2011年体育体育人文社会学领域体育产业整体研究的重要学者，研究的主题包括体育产业统计指标体系和体育产业发展。

表 9-7　　　　　　　体育产业整体研究相关的入选论文

序号	作者	标题	期刊	发表时间	被引次数
1	陈林祥	我国体育产业结构与产业布局政策选择的研究	体育科学	2007	8
2	林显鹏	我国体育产业发展现状及对策研究	体育科学	2006	8
3	林显鹏	关于建立我国体育产业统计指标体系的研究	体育科学	2000	7
4	杨再淮	我国体育产业可持续发展研究	上海体育学院学报	2006	7
5	赵炳璞	体育产业政策体系研究	体育科学	1997	7
6	金宗强	休闲体育产业的产业特性分析	西安体育学院学报	2006	6
7	林显鹏	国外体育产业统计指标体系研究	天津体育学院学报	2000	6
8	张林	改革开放30年我国体育产业发展回顾	上海体育学院学报	2008	6
9	赵清波	发达国家体育产业发展的特点及模式带来的启示	北京体育大学学报	2004	6

（二）体育用品

体育用品研究中入选的论文列于表9-8，其中除传统的对于体育用品制造与出口的研究，还包括体育用品产业集群。体育用品产业集群一般以市（县）、镇（乡）、村为地理区域，围绕同一产品或紧密相关产品从事产品开发、生产和销售等经营活动。[1] 体育用品产业集群能有效提升体育用品的竞争力[2]，因此对该主题进行研究有较强的实际意义。席玉宝入选较有影响的两篇论文均为该领域，且被引次数较高，说明其在2007—2011年体育人文社会学领域关于体育用品的研究中具有较大影响，研究方向包括体育用品产业集群与出口的研究。

表 9-8　　　　　　　体育用品相关的入选论文

序号	作者	标题	期刊	发表时间	被引次数
1	蔡宝家	区域体育用品产业集群实证研究	上海体育学院学报	2006	12
2	席玉宝	我国体育用品产业集群的现状与发展研究	体育科学	2005	11
3	席玉宝	我国体育用品出口状况分析	体育科学	2005	11
4	杨明	我国体育用品产业集群发展及政府政策研究	体育与科学	2007	10
5	何冰	中国体育用品业国际竞争力的理论与实证研究	体育科学	2007	8
6	李晓天	对我国体育用品产业市场结构特征的研究	体育科学	2007	7
7	陈颇	体育用品出口贸易对我国经济增长贡献程度的实证研究	天津体育学院学报	2007	6
8	连桂红	我国体育用品制造业发展的现状及对策研究	西安体育学院学报	2004	6

（三）体育消费

体育消费是社会生产力发展到一定阶段的产物，指人们在体育活动方面的个人消费支出[3]。入选的关于体育消费的较有影响的论文列于表9-9，论

---

[1] 席玉宝、刘应、金涛：《我国体育用品产业集群的现状与发展研究》，《体育科学》2005年第6期。

[2] 蔡宝家：《区域体育用品产业集群实证研究》，《上海体育学院学报》2006年第1期。

[3] 陈善平、李树茵、闫振龙：《体育消费认知决策模型的研究》，《体育科学》2006年第10期。

文主要集中于针对不同地区居民体育消费的调查。说明对于体育消费的研究，主要采用实证调查的方法，涉及地域包括上海、青海、珠江三角洲以及全国。虽然体育消费属于体育与经济结合范畴，由于消费的产生与作用与心理相关，因此入选论文3和8结合了心理学。

表 9-9　　　　　　　　体育消费相关的入选论文

序号	作者	标题	期刊	发表时间	被引次数
1	肖焕禹	上海市不同社会阶层居民体育消费趋向探析	上海体育学院学报	2006	10
2	蔡军	对我国城市居民体育消费的研究	体育科学	1999	8
3	陈善平	体育消费认知决策模型的研究	体育科学	2006	7
4	刘志强	21世纪我国现代体育消费行为及对策研究	西安体育学院学报	2004	7
5	李新	青海省城镇居民体育消费现状调查及对策研究	北京体育大学学报	2005	7
6	马渝	我国居民体育消费水平的现状调查与分析	武汉体育学院学报	2002	7
7	陈华	珠江三角洲居民体育消费的阶层分析	体育学刊	2007	6
8	张永军	试论体育消费的文化心理功能	天津体育学院学报	2006	6

（四）体育旅游

体育旅游是一项融体育、娱乐、探险、观光为一体的专业性旅游服务产业[①]。入选论文中，包括5篇与体育旅游相关的论文，列于表9-10，研究主题涉及体育旅游的概念、研究现状、市场开发以及其作用。

表 9-10　　　　　　　　体育旅游相关的入选论文

序号	作者	标题	期刊	发表时间	被引次数
1	韩鲁安	体育旅游对国民经济和社会发展的作用	天津体育学院学报	2000	8
2	汪德根	体育旅游市场特征及产品开发	旅游学刊	2002	8
3	韩忠培	中国体育旅游资源和体育旅游市场开发研究	体育与科学	2005	7
4	闵健	体育旅游及其界定	武汉体育学院学报	2002	7
5	唐小英	国外体育旅游研究现状与分析	西安体育学院学报	2005	6

---

① 柳伯力、陶宇平：《体育旅游导论》，人民体育出版社2003年版，第6页。

（五）其他

除以上论文外，入选论文中与经济相关的其他论文列于表9-11。其中，论文2来自非体育学刊，其他论文均来自体育学期刊。论文1使用了经济学的角度对体育服务产业进行分析，论文2研究了运动员的收益分配。论文3、4、5和7主要涉及体育赛事的营销、经济效应以及市场化的研究。此外，论文6对体育彩票这种具体的体育产业进行了研究。

表9-11　　体育产业相关的入选论文

序号	作者	标题	期刊	发表时间	被引次数
1	刘艳丽	从经济学视角试论我国体育公共服务产业生产主体的多元化	西安体育学院学报	2004	12
2	武秀波	我国运动员人力资本形成与收益分配的特殊性	沈阳师范大学学报（文科版）	2006	9
3	王庆伟	我国体育赛事向市场化运作过渡阶段的特征研究	天津体育学院学报	2006	8
4	周毅	第29届奥运会对促进北京地区经济增长的分析	体育科学	2006	7
5	卢长宝	国外赞助营销研究新进展	外国经济与管理	2005	7
6	李刚	关于中国足球彩票发展的对策研究	体育科学	2006	7
7	许治平	我国大城市大众体育赛事市场营销的社会背景分析	西安体育学院学报	2006	6

三　教育相关论文

与教育相关的入选论文主要集中在运动员教育、体育专业教育与体育教学三个方面，共入选论文19篇，以下将从这三方面对入选论文进行分析。

（一）运动员教育

与运动员教育相关的入选论文包括运动员的文化教育和体教结合的研究，入选论文列于表9-12。从论文主题来看，以体教结合为主题的论文占多数，有4篇。体教结合即通过整合体育与教育两个系统的资源，提高效能，形成合力，共同培养竞技体育的后备人才，主要表现为：有些一线队伍进入高校；有些二线队伍放到中学；高校自己办高水平运动队。[①]体教结合的模式不仅可以促进竞技体育事业的发展，还可以促进学校体育和群众体育的发展，以推动中国体育事业的整体发展。[②]对体教结合进行研究，在体育运动人才的选拔与教育方面有重要作用。此外，虞重干教授关于该主题研究的有两篇论文入选，说明虞重干教授是运动员教育研究的重要学者。

表 9-12　　　　　　　　　体教结合相关的入选论文

序号	作者	标题	期刊	发表时间	被引次数
1	虞重干	"体教结合"与高校高水平运动队建设	体育科学	2006	12
2	马志和	国外教育系统培养竞技体育后备人才的共性经验及其启示	上海体育学院学报	2005	10
3	马宣建	我国体教结合政策的形成与发展研究	上海体育学院学报	2005	8
4	林立	论科学发展观视角下的体教结合	体育科学研究	2005	6
5	宋继新	论我国高水平竞技运动与高等体育教育的新结合	体育科学	1997	6
6	杨烨	教育学视野中的竞技体育人才培养	上海体育学院学报	2006	6
7	虞重干	我国优秀运动员文化教育现状调查报告	体育科学	2008	6

（二）体育专业教育

体育专业教育指高等学校对体育类专业的设置以及学生培养，入选论文列于表 9-13。入选论文主题包括本科、硕士与博士的教育，涉及专业包括体育教育和体育学。根据国家发布的学科分类的标准[③]，体育学为一级学科，包括体育教育学、体育史、体育理论等二级学科。入选的较有影响的体育专业教育论文中，体育教育学是唯一涉及的二级学科，可见在 2007—2011 年，体育人文社会学研究中体育教育学研究的影响要大于其他二级学科。

---

① 虞重干、张军献：《"体教结合"与高校高水平运动队建设》，《体育科学》2006 年第 6 期。

② 陈会林、王宏江：《体教结合培养竞技体育后备人才的制度审视》，《首都体育学院学报》2012 年第 4 期。

③ 中国标准出版社：《GB/T13745—2009, 学科分类与代码》，中国标准出版社 2009 年版。

表 9-13　　　　　　　　体育专业教育相关的入选论文

序号	作者	标题	期刊	发表时间	被引次数
1	杨贵仁	新时期我国体育学博士研究生教育审视	体育科学	2005	11
2	黄汉升	我国普通高校本科体育教育专业课程设置的调查与分析	中国体育科技	2003	7
3	黄汉升	新中国体育学硕士研究生教育的回顾与展望	体育科学	2007	7
4	韩春利	我国高等体育教育专业学生培养现状及改革对策	武汉体育学院学报	2005	6
5	吴忠义	我国高等教育体育类专业的现状与改革策略探析	北京体育大学学报	2005	6

（三）体育教学

体育教学指各阶段学校对体育课程的设置以及实施，入选论文列于表9-14。论文的研究主题主要是体育课程以及体育教学现状的调查与思考。其中，论文1、3、5和6均与体育课程的研究相关，包括课程标准的实施与课程改革的调查与反思。

表 9-14　　　　　　　　体育教学相关的入选论文

序号	作者	标题	期刊	发表时间	被引次数
1	季浏	《体育与健康课程标准》实施过程中应注意的几个问题	上海体育学院学报	2006	10
2	张洪潭	从体育本质看体育教学	体育与科学	2008	8
3	贾齐	还体育课程以本来面目	体育学刊	2005	7
4	姚蕾	中国城市学校体育教育现状与思考	体育科学	2004	7
5	刘昃航	对基础教育体育与健康课程改革的反思	体育科学	2006	6
6	汪晓赞	我国新一轮中小学体育课程改革现状调查	上海体育学院学报	2007	6
7	项立敏	高校体育"三自主"教学产生的问题分析	体育学刊	2007	6

四　体育类论文

入选的体育类论文主要集中在体育研究、体育事业、社会体育、竞技体育、体育赛事和民族传统体育6个类别，包含论文113篇，以下将从这6个类别分别对每个主题入选的较有影响的论文进行讨论。

(一)体育研究

入选论文体育研究类的论文包括12篇,列于表9-15,论文主题除包括体育概念、本质、价值观以及研究方法的探讨,还包括2篇对于体育人文社会学研究的论文。说明对于2007—2011年体育人文学较有影响的体育研究论文主要集中对于体育的研究,包括少数对于体育人文社会学的研究。此外,朱唯唯采用文献分析的方法对体育学学术影响力进行研究,该论文的入选说明采用文献分析法对学科的影响力的分析得到体育人文社会学研究学者的认同。

表9-15　　体育研究相关的入选论文

序号	作者	标题	期刊	发表时间	被引次数
1	陈琦	我国当代体育价值观的研究	体育科学	2006	9
2	熊斗寅	"体育"概念的整体性与本土化思考——兼与韩丹等同志商榷	体育与科学	2004	9
3	黄莉	体育精神的文化内涵与价值建构	体育科学	2007	8
4	李力研	体育的哲学宣言——"人的自然化"	天津体育学院学报	1994	7
5	卢元镇	体育人文社会学的学科集成与研究前沿	体育学刊	2005	7
6	卢元镇	中国体育社会学学科进展报告	北京体育大学学报	2003	7
7	熊斗寅	什么是体育	体育文史	2004	7
8	周爱光	体育本质的逻辑学思考	武汉体育学院学报	1999	7
9	万义	对"中西体育文化差异论"的质疑	体育学刊	2007	7
10	陈玉忠	论构建和谐社会与当代中国体育的价值目标	体育科学	2005	6
11	章岚	对体育科学研究中质的研究方法的探讨——一种更加注重程序化、情景化的研究方法	体育科学	2004	6
12	朱唯唯	体育学学术影响力研究报告——CSSCI体育科学文献分析	体育科学	2006	6

(二)体育事业

体育事业是指在社会生活中,在国家的相应部门领导下,由国家财政支持生产或创造具有公益性、福利性公共产品(物质产品或精神产品)的集合①。入选论文中与体育事业相关的论文有46篇，为便于讨论，结合论文主题从体育公共服务、农村体育、体育制度、政府职能、体育强国和其他，6个方面进行分析。

1. 体育公共服务

体育公共服务是体育事业主要成果，与此相关的体育人文社会学较有影响的论文包括10篇，列于表9-16。论文内容主要集中于公共体育服务的概念以及体系。其中包括肖林鹏入选的3篇较有影响的论文，且《公共体育服务概念及其理论分析》一文被引次数达21次，位居所有入选论文的首位，说明肖林鹏是2007—2011年公共体育服务研究较有影响的学者。

表 9-16　　　　　　　　公共体育服务相关的入选论文

序号	作者	标题	期刊	发表时间	被引次数
1	肖林鹏	公共体育服务概念及其理论分析	天津体育学院学报	2007	21
2	肖林鹏	我国公共体育服务体系概念开发及其结构探讨	天津体育学院学报	2007	12
3	郭惠平	对我国公共体育服务社会化改革的再思考	武汉体育学院学报	2007	10
4	闵健	社会公共体育产品的界定与转变政府职能的研究	体育科学	2005	10
5	曹可强	完善上海市体育公共服务体系的若干对策建议	体育科研	2008	9
6	冯国有	体育公共服务均等化及其财政政策选择	上海体育学院学报	2007	8
7	王才兴	构建完善的体育公共服务体系	体育科研	2008	8
8	李建国	社区全民健身服务网络的理论框架	上海体育学院学报	1999	7
9	肖林鹏	论全民健身服务体系的概念及其结构	西安体育学院学报	2008	6
10	陈明	公共体育场馆经营管理的模式	体育学刊	2004	6

2. 农村体育

农村是国家发展体育事业的重点，入选论文中与农村体育相关的论文包括14篇，列于表9-17。论文主题主要集中在新农村建设过程中农村体育发展的研究。2005年10月，中国共产党十六届五中全会通过《"十一五"规划纲要建议》，提出要按照"生产发展、生活宽裕、乡风文明、村容整

---

① 体育事业：百度百科 http://baike.baidu.com/view/2231536.htm。

洁、管理民主"的要求,扎实推进社会主义新农村建设。[①]农村体育作为农村精神文明建设的重要组成部分,对于"乡风文明"起重要作用,因此关于新农村建设中农村体育发展的研究成为这一阶段的重点。论文1与2的被引次数位于全部较有影响论文的前5位,说明这2篇论文对于新农村建设中农村体育发展的重要性,同时也说明该主题在2007—2011年整个体育人文社会学研究中的重要性。

表 9-17　　　　　　　农村体育相关的入选论文

序号	作者	标题	期刊	发表时间	被引次数
1	胡庆山	新农村建设中发展"新农村体育"的必要性、制约因素及对策	体育科学	2006	16
2	黄爱峰	新农村建设下的农村体育发展思考	上海体育学院学报	2006	15
3	虞重干	农村体育的根基——村落	武汉体育学院学报	2007	11
4	刘玉	我国农村体育发展进程中的利益机制研究	西安体育学院学报	2009	10
5	裴立新	当前农村体育发展中若干重大问题的理性思考	体育与科学	2003	9
6	吕树庭	关于小城镇作为中国农村体育发展战略重点的思考	上海体育学院学报	2003	8
7	马先英	农村体育——制约我国群众体育发展的"瓶颈"	北京体育大学学报	2004	8
8	曹军	社会主义新农村建设目标下发展农村体育的思考	中国体育科技	2006	7
9	胡庆山	新农村建设中农民体育发展的文化审视——以湖北省大洲村为个案	体育科学	2007	7
10	赵晓红	新农村建设中农村体育的发展对策	上海体育学院学报	2007	6
11	董新光	农村体育评价指标体系的研究	体育科学	2007	6
12	郭敏刚	农村体育思想的变迁及其对我国新农村体育建设的启示	上海体育学院学报	2007	6
13	郭修金	小康社会中的村落体育——山东三村的调查	体育科学	2009	6
14	李会增	对新农村体育发展的几点思考	中国体育科技	2007	6

3. 体育体制

体育体制是关于体育的体系和制度的总称,与体育体制相关的论文包

[①] 瞿振元、李小云、王秀清:《中国社会主义新农村建设研究》,社会科学文献出版社2006年版,第3期。

括 11 篇，列于表 9-18。其研究内容包括体育制度和体系的改革与创新，关于"举国体制"的论文为 5 篇，是这一主题的主要研究内容。"举国体制"是中国体育在特定历史时期所实行的一种特殊体育体制，主要是依靠政府的行政手段管理体育、依靠计划的手段为体育发展提供财政支持。[①] 此外，国家体育总局局长、党组书记刘鹏在 2006 年中国体育发展战略研讨会上的致辞，在 2007—2011 年体育人文社会学研究中被引次数达 12 次，说明在 2007—2011 年体育人文社会学就体育体制的研究中该致辞具有重要指导意义。

表 9-18　　　　　　　　体育制度相关的入选论文

序号	作者	标题	期刊	发表时间	被引次数
1	刘鹏	促进体育改革发展，服务和谐社会建设——在2006年中国体育发展战略研讨会上的致辞	体育科学	2007	12
2	鲍明晓	关于建立和完善新型举国体制的理论思考	天津体育学院学报	2001	10
3	郝勤	论中国体育"举国体制"的概念、特点与功能	成都体育学院学报	2007	9
4	杨桦	坚持和进一步完善我国竞技体育举国体制的研究	北京体育大学学报	2004	9
5	李元伟	关于进一步完善我国竞技体育举国体制的研究	中国体育科技	2003	8
6	胡小明	新时期中国体育的制度创新	体育文化导刊	2007	7
7	李相如	关于我国两种社会体育指导员制度的比较研究——兼论构建中国社会体育指导员制度体系的设想	体育科学	2005	7
8	凌平	模式的变革与变革的模式——中国体育体制和运转机制变革的研究	体育学刊	2001	7
9	秦椿林	再论"举国体制"	北京体育大学学报	2005	7
10	邢尊明	论我国体育改革与发展中的"体制迷恋"现象	天津体育学院学报	2008	6
11	肖林鹏	中国竞技体育优先发展战略回顾与总结	上海体育学院学报	2002	6

4. 政府职能

政府是发展体育事业的主体，入选的关于体育事业的政府职能论文为 3 篇，列于表 9-19。政府职能与体育体制密切相关，因此入选的关于政府职能的研究与体育体制的研究一致，集中于改革与创新。其中论文 3 发表于

---

① 郝勤：《论中国体育"举国体制"的概念、特点与功能》，《成都体育学院学报》2004 年第 1 期。

《经济体制改革》为非体育学刊，而入选论文中只有6篇来源于非体育学刊，说明关于政府职能的研究中非体育学期刊也得到了体育人文社会学领域学者的重视。

表9-19　政府职能相关的入选论文

序号	作者	标题	期刊	发表时间	被引次数
1	白晋湘	从全能政府到有限政府——市场经济条件下政府体育职能转变的思考	体育科学	2006	9
2	马志和	论政府体育管理职能的转变与制度创新	上海体育学院学报	2003	9
3	刘青	论我国政府职能转变与体育行政管理体制改革	经济体制改革	2003	7

5. 体育强国

体育强国是指在以社会体育为基础，竞技体育为先导的体育事业发展各个领域的总体发展水平在世界上处于一流和前列的国家。[①]体育强国代表国家角度的体育事业发展的目标，其入选论文列于表9-20。论文2、5和6研究了体育大国向体育强国发展，说明2007—2011年关于体育强国的研究中，如何从体育大国走向体育强国是该主题的研究重点。

表9-20　体育强国相关的入选论文

序号	作者	标题	期刊	发表时间	被引次数
1	徐本力	体育强国、竞技体育强国、大众体育强国内涵的诠释与评析	天津体育学院学报	2009	12
2	田雨普	努力实现由体育大国向体育强国的迈进	体育科学	2009	11
3	田麦久	"竞技体育强国"论析	北京体育大学学报	2008	8
4	袁大任	强化中国体育软实力可选方案	体育文化导刊	2009	6
5	周爱光	"体育大国"与"体育强国"的内涵探析	体育学刊	2009	6
6	刘旻航	从体育大国到体育强国的嬗变	中国体育科技	2006	6

---

① 徐本力：《体育强国、竞技体育强国、大众体育强国内涵的诠释与评析》，《天津体育学院学报》2009年第2期。

6.其他

其他关于体育事业的论文列于表9-21，由于论文主题分散无法归入以上各类，论文内容主要包括关于体育的评价指标体系，以及中国体育和体育社团的发展回顾。

表 9-21　　　　　　　　　体育事业相关的其他的入选论文

序号	作者	标题	期刊	发表时间	被引次数
1	黄亚玲	中国体育社团的发展——历史进程、使命与改革	北京体育大学学报	2004	7
2	李艳翎	体育社会评价指标体系的研制	北京体育大学学报	2004	6
3	卢元镇	2008年后的中国体育	体育文化导刊	2005	6
4	周登嵩	首都体育现代化指标体系的研究	北京体育大学学报	2007	6

（三）社会体育

社会体育，是指职工、农民和街道居民自愿参加的，以身体运动为基本手段，以增进身心健康为主要目的的体育活动[①]，亦称群众体育和大众体育。入选论文中属于该主题的共21篇，列于表9-22，论文主题主要集中在休闲体育、城乡居民以及农民工体育，研究社会大众与体育的关系。根据表9-22，吕树庭发表的两篇论文为该主题，其中《社会结构分层视野下的体育大众化》被引次数在全部较有影响的论文中排名前五位，说明该作者在2007—2011年体育人文社会学研究中关于社会体育的研究具有重要影响。

表 9-22　　　　　　　　　社会体育相关的入选论文

序号	作者	标题	期刊	发表时间	被引次数
1	吕树庭	社会结构分层视野下的体育大众化	天津体育学院学报	2006	20
2	秦椿林	论中国群众体育的非均衡发展	北京体育大学学报	2004	12
3	胡小明	小康社会体育休闲娱乐理论的研究	体育科学	2004	12
4	江崇民	2007年中国城乡居民参加体育锻炼现状分析	体育科学	2009	11

① 瞿惠芳、朱唯唯：《我国体育学研究热点分析》，《体育文化导刊》2009年第3期。

续表

序号	作者	标题	期刊	发表时间	被引次数
5	于可红	从休闲的界定论休闲体育	中国体育科技	2003	10
6	罗湘林	对一个村落体育的考察与分析	体育科学	2006	10
7	鲁长芬	城市农民工参与全民健身的现状调查与分析	天津体育学院学报	2005	9
8	田慧	休闲、休闲体育及其在中国的发展趋势	体育科学	2006	9
9	田雨普	我国城乡群众体育统筹发展的战略	体育学刊	2008	9
10	陈玉忠	我国休闲体育发展的未来走向	上海体育学院学报	2007	7
11	卢锋	休闲体育概念的辨析	成都体育学院学报	2004	7
12	吕树庭	当代中国的社会分层与大众体育	成都体育学院学报	2005	7
13	田雨普	小康社会时期我国社会体育的城乡差异	体育科学	2005	7
14	王凯珍	新世纪中国城市社区体育的发展趋势	北京体育大学学报	2004	7
15	曾理	对中国农民体育的思考	中国体育科技	2003	6
16	裴立新	从社会学视角看我国农民工体育问题	体育文化导刊	2007	6
17	孙葆丽	我国群众体育发展的历史回顾	体育科学	2000	6
18	孙娟	对我国农民工体育问题的思考	体育文化导刊	2006	6
19	王广虎	"生活世界"与社会体育的生活化	成都体育学院学报	2000	6
20	杨文轩	体育与人的现代化	体育学刊	2003	6
21	宋杰	社区健身环境评价的若干理论问题探讨	上海体育学院学报	2006	6

（四）竞技体育

竞技体育亦称竞技运动，是体育的重要组成部分，它是以体育竞赛为主要特征，以创造优异运动成绩，夺取比赛优胜为主要目标的体育活动。[①] 入选的关于竞技体育的论文主要集中在竞技体育发展和竞技体育运动员两大内容，入选论文12篇，列于表9-23。论文4、10和12讨论职业体育的联盟和管理，说明在竞技体育的发展过程中，职业体育是一个重要部分。论文2、5、6、7、8和9研究竞技体育运动员的来源以及社会保障，作为竞技体育主体的运动员也是体育人文社会学与竞技体育相关领域的主要研究对象。

---

① 卢元镇：《社会体育学》，高等教育出版社2003年版，第7页。

表 9-23　　　　　　　　　　竞技体育相关的入选论文

序号	作者	标题	期刊	发表时间	被引次数
1	鲍明晓	竞技体育在两种经济体制下运行特点分析	体育科学	1998	11
2	陈林祥	我国优秀运动员退役安置的现状及对策研究	体育科学	2007	10
3	卢元镇	竞技体育的强化、异化与软化	体育文史	2001	9
4	凌平	美国职业体育管理体制初探	体育与科学	2003	8
5	陈林祥	建立与完善我国优秀运动员社会保障制度的必要性研究	天津体育学院学报	2003	7
6	陈希	普通高校高水平运动队运动员来源与构成模式研究	体育科学	2005	7
7	何世权	论我国运动员人力资本的形成和特征	北京体育大学学报	2004	7
8	俞继英	21世纪我国竞技体育人才资源可持续开发的思考	上海体育学院学报	2004	6
9	李红英	竞技运动员人力资本产权界定与"困境"的破解	山东体育学院学报	2006	6
10	王庆伟	我国职业体育联盟理论研究	体育科学	2005	6
11	熊晓正	我国竞技体育发展模式的形成、演变与重构的研究	体育科学	2007	6
12	尹海立	我国建立职业体育联盟的可行性分析	上海体育学院学报	2005	6

（五）体育赛事

入选论文关于体育赛事的研究主要集中在体育赛事的管理和影响分析，共12篇，列于表9-24。由于数据为2007—2011年的数据，国际性的体育赛事奥林匹克运动会2008年在北京召开，因此与奥林匹克运动相关的研究将对该阶段的研究具有影响，入选论文中5、6、9和12均为对奥运会的研究。此外，作者石岩发表的3篇关于球场观众暴力的论文入选，说明该作者在2007—2011年关于球场暴力研究中有一定影响。

表 9-24　　　　　　　　　　体育赛事相关的入选论文

序号	作者	标题	期刊	发表时间	被引次数
1	肖锋	举办国际体育大赛对大城市的经济、文化综合效应之研究	上海体育学院学报	2004	8
2	王子朴	体育赛事类型的分类及特征	上海体育学院学报	2005	8
3	石岩	球场观众暴力的发展趋势、研究进展与遏制策略	体育科学	2007	7

续表

序号	作者	标题	期刊	发表时间	被引次数
4	石岩	球场观众暴力的理论阐释和因素分析	西安体育学院学报	2007	7
5	杨桦	2008年北京奥运会对提升中国国际地位和声望的研究	体育科学	2006	7
6	周成林	北京奥运会对增强沈阳市民凝聚力心理因素的研究	体育科学	2006	6
7	卢文云	大型体育赛事的风险及风险管理	成都体育学院学报	2005	6
8	黄海燕	上海大型单项体育赛事运营中政府作用之研究	体育科学	2007	6
9	任海	奥林匹克运动的全球化与文化的多样性	体育文化导刊	2002	6
10	石岩	我国球场观众暴力遏制策略的研究	体育与科学	2003	6
11	武胜奇	体育赛事文化对城市文化核心竞争力的影响及提升路径选择	天津体育学院学报	2009	6
12	许传宝	生态体育：绿色奥运的核心理念	成都体育学院学报	2002	6

（六）民族传统体育

民族传统体育是中国体育活动的重要组成部分，与人文社会学有密切关系，入选论文中有8篇关于民族传统体育的论文，列于表9-25。论文主题主要集中在民族传统体育的保护与发展，其中论文4专门针对抢花炮这一民族传统体育进行了研究。

表 9-25　　　　　　　民族传统体育相关的入选论文

序号	作者	标题	期刊	发表时间	被引次数
1	倪依克	论民族传统体育文化遗产保护	体育科学	2006	13
2	白晋湘	民族传统体育的现代化与现代化中的民族传统体育	体育科学	2004	12
3	王晓	非物质文化遗产视野下民族传统体育保护的若干思考	上海体育学院学报	2007	11
4	李志清	当代乡土生活中的抢花炮——桂北侗族地区抢花炮变化特征的实地研究	体育科学	2005	9
5	白晋湘	弘扬中华民族传统体育，丰富世界现代体育宝库——民族传统体育研究述评	北京体育大学学报	2001	7
6	王岗	民族传统体育发展中的问题——文化模仿	体育科学	2007	7
7	倪依克	论中华民族传统体育的发展	体育科学	2004	6
8	陈红新	也谈民间体育、民族体育、传统体育、民俗体育概念及其关系——兼与涂传飞等同志商榷	体育学刊	2008	6

第三节 小结

本章以论文被引次数作为论文影响力评价的标准，选取了体育人文社会学较有影响的 190 篇论文进行分析，明确了入选论文的语种、时间、被引次数、作者以及期刊的分布情况。同时，对国内论文进行详细分析。由于入选的国内论文数量较多，将国内论文划分为法律相关、经济相关、教育相关和体育类四种类型，并对各类型入选论文进行详细分析，明确体育人文社会学影响较高的主题，以及各个主题中重要的论文以及学者。通过以上对于较有影响的论文的研究说明了 2007—2011 年间对于体育人文社会学影响较大的作者、期刊和研究主题，对已有研究的概况进行了分析，同时为进一步研究提供依据。

选取较有影响的论文时，本章直接采用论文的被引次数，并未结合其他的被引情况以及论文刊载的期刊进行影响力测定。由于只采用被引次数选取较有影响的论文，入选论文为该领域的研究热点，容易将具有创新影响力的论文排除在外。因此，进一步研究过程中需改进论文影响力测定的依据。此外，对高被引论文进行分析的过程中，本章主要是采用统计分析与内容分析相结合的方法，按照论文的中图法分类号和标题对论文进行人工划分，并结合论文内容对每种类型的入选论文进行分析。该方法主观性强，进一步研究中可结合论文的共被引情况以及论文的关键词共现情况对论文进行分类，结合可视化的方法，明确较有影响的论文主要集中的领域，提高研究的客观性。

第十章 体育人文社会学研究最有学术影响的图书

图书是科研产出表现形式之一,同时也是传承文明和信息交流的基本手段。[1]对较有影响的图书进行研究,能说明学科的发展状况以及对应领域学者主要使用的图书来源,可用于推荐图书、指导研究、补充馆藏从而促进学科发展。[2]对图书进行影响测评的依据包括图书的销售量、图书馆借阅量、读者调查、专家评价[3]以及图书被引次数。根据引文分析,被引频次是反映学术成果学术影响力的重要标志[4]。图书的被引次数能够说明图书在学科领域中的影响力,被引次数越高,则图书的影响力越大。[5]图书的被引次数反映了图书的学术影响作用,相比图书的销售量和借阅量,更能体现图书的学术影响力。同时,采用图书的被引次数进行图书影响力评价比进行读者调查和专家评价更为客观快速。正是基于这样一种认识,我们对体育人文社会学论文的引用文献进行了文献类型的分类,统计其中图书的被引次数,从而遴选出对中国体育人文社会学学术交流产生较大学术影响的图书以及

---

[1] 杨思洛、王皓、文庭孝:《基于引文分析的图书影响力研究——以图书情报领域为例》,《情报资料工作》2010年第1期。

[2] 苏新宁:《我国人文社会科学图书被引概况分析——基于CSSCI数据库》,《东岳论丛》2009年第7期。

[3] 杨思洛、王皓、文庭孝:《基于引文分析的图书影响力研究——以图书情报领域为例》,《情报资料工作》2010年第1期。

[4] 刘文娟、陈勇、崔建强:《体育期刊高被引频次论文学术影响力分析》,《首都体育学院学报》2013年第25期。

[5] 贾洁:《我国"图书馆、情报与文献学"图书学术影响力报告——基于CSSCI的分析》,《中国图书馆学报》2010年第2期。

著者。

通过对 CNKI 期刊全文数据库、万方学术期刊全文数据库以及维普中文期刊数据库的检索，均未查到专门针对体育人文社会学较有影响的图书或者高被引图书的研究。一些针对体育学图书学术影响力或者高被引图书的研究，涉及体育人文社会学。例如《中国人文社会科学学术影响力报告（2011年版）》[1]采用《中国社会科学引文索引》（CSSCI）2005—2006年收录的引文数据，根据被引次数，选取了88种图书作为体育学重要学术影响的图书，并对其出版时间、被引次数、主题以及出版社进行分析，体育人文社会学只是其中的一部分。此外，张燕蓟与何晓曦[2]采用 CSSCI 中 2000—2007年的数据，结合图书的被引次数以及图书的出版年，遴选了142种图书，并对其中125种国内、外图书进行了介绍，一些体育人文社会学图书包含其中。以上研究均以图书的被引次数为依据，选取了体育学较有影响的图书并进行分析，其中包括体育人文社会学的内容，但研究不够深入。本章结合以上图书选取与分析的方法，针对体育人文社会学，采用 CSSCI 中 2007—2011年的引文数据，根据被引次数选出141种对中国体育人文社会学较有影响的图书。同时，对入选图书的被引次数、著者、出版社以及主题进行详细分析，以揭示对中国体育人文社会学产生重要影响的图书、著者、出版社以及研究主题。

第一节 高被引图书概况分析

根据被引次数，我们选取了141种被引次数大于等于10的图书作为较有影响的图书，对入选图书的被引次数、著者、出版社以及类型进行分析，得到了一些重要信息。

---

[1] 苏新宁：《中国人文社会科学学术影响力报告（2001版）》，高等教育出版社2007年版。
[2] 张燕蓟、何晓曦：《体育学图书学术影响力分析》，《西南民族大学学报》2009年第10期。

一 被引次数分析

入选图书总被引次数为2522次，占获得数据中图书总被引次数的13.74%，以10次为间隔，入选图书的被引次数分布如图10-1。其中纵轴为入选图书数目，横轴为被引次数范围。

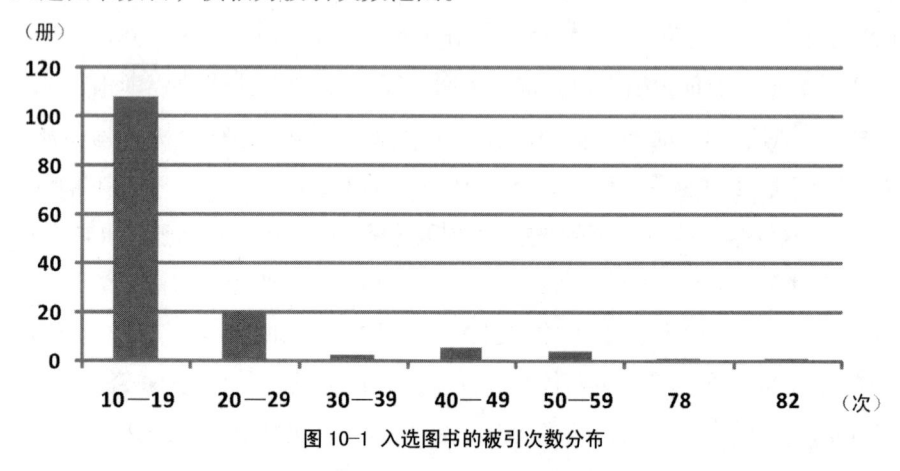

图10-1 入选图书的被引次数分布

根据图10-1，被引次数为10-19的图书最多，占全部入选图书的76.76%，其中被引次数为10的图书有29种，说明虽然均入选较有影响的图书，但被引次数存在差异，呈现为被引次数小的图书数目多于被引次数多的图书。其中被引次数最高的两种图书分别为人民出版社出版的《马克思恩格斯全集》（被引次数82次）和北京体育大学出版社出版的《中国群众体育现状调查与研究》（被引次数78次）。

二 著者分析

对入选图书的著者进行统计分析，共得到115位著者，其中有且仅有一种图书入选的著者有102位，占全部著者的88.7%。其中入选两种以上的图书的著者以及单位列于表10-1。马克思编著的《马克思恩格斯全集》、《马克思恩格斯选集》以及《资本论》三种图书入选，说明马克思主义对于2007—2011年体育人文社会学研究有着重要指导作用。为进一步对其他现代著者进行分析，本节对其他著者的出生年份、研究方向以及工作单位进行了考察。

表 10-1　　　　　　　　　　入选两种以上图书的著者

序号	著者	所在单位	入选图书数	序号	著者	所在单位	入选图书数
1	卢元镇	华南师范大学	7	7	张洪潭	华东师范大学	2
2	毛振明	北京师范大学	5	8	杨文轩	华南师范大学	2
3	胡小明	华南师范大学	4	9	任海	北京体育大学	2
4	鲍明晓	国家体育总局体科所	3	10	曲宗湖	首都体育学院	2
5	张文显	吉林大学	2	11	季浏	华东师范大学	2
6	张力为	北京体育大学	2	12	顾渊彦	南京师范大学	2

根据著者的出生年份的考察，著者的出生年份跨越了20世纪30年代到20世纪60年代，包括年富力强的中年学者以及一些年长学者。其中生于20世纪50年代的著者最多，为6位。为进一步对著者的出生年份进行分析，与有2篇及以上论文入选体育人文社会学较有影响的论文的27位作者的年龄分布进行比较，该论文的选出基于2007—2011年CSSCI收录的体育人文社会学的论文引文中论文的被引次数（另有撰文）。作者的年龄比较见图10-2，其中横轴为作者出生年代，纵轴为对应作者的百分比。由于为入选两篇论文和入选两种图书的作者，作者数目分别为27位与12位，数目较少，存在部分年代无作者的情况，但仍能反映出作者出生年代的分布情况的差异。根据图10-2，可以发现相比论文作者年龄分布，图书著者的年龄分布更为集中，而且无生于20世纪70年代和20世纪80年代的著者，说明入选图书的著者主要是中老年学者，无年轻学者。分析这一差异的原因，主要是因为中老年学者学术积累厚重，其出版著作的数目高于年轻学者。同时，中老年学者对于学科影响更大，其编著的图书有些为学科中的经典，学术认可程度要高，则被引次数较高。综合以上两点，由于中老年出版著作多且影响力大，则入选较有影响图书的著者主要集中于中老年。而年轻学者多为对某一主题深入或者创新的研究，学术成果主要是论文形式，因此难以入选较有影响的图书。

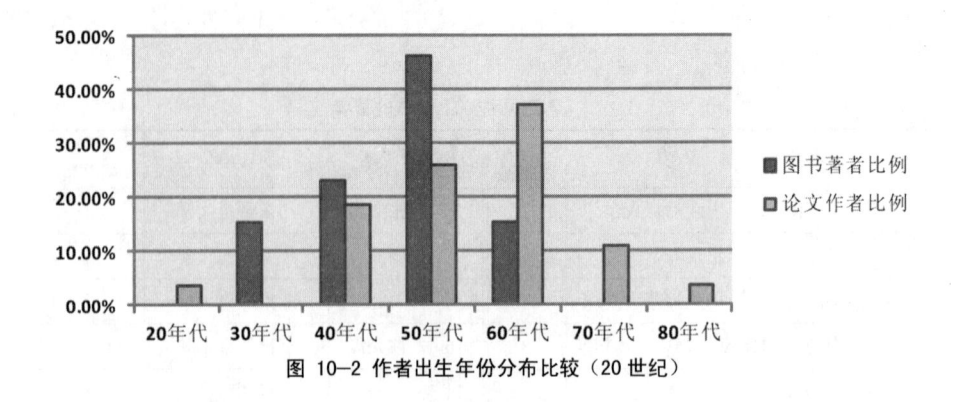

图 10-2 作者出生年份分布比较(20 世纪)

著者曲宗湖(1936—),已经耄耋之年,仍有两本图书《现代社会与学校体育》、《学校民族传统体育》入选,说明其对于 2007—2011 年体育人文社会学研究的重要影响。曲宗湖教授 1956 年毕业于中央体育学院(现北京体育大学),从事学校体育理论教学、科研和行政领导工作[1],为原国家教委体育卫生与艺术教育司司长、首都体育学院教授、博士生导师,研究方向为学校体育,为学校体育研究作出了重要贡献。

对入选著者的研究方向进行分析,研究方向除包括体育类的研究方向,如体育基本理论、学校体育、社会体育、体育经济学以及体育美学等,还包括法学。著者张文显则为法学专业学者,现任吉林省高级人民法院院长、党组书记,为吉林大学哲学社会科学资深教授(一级教授)、博士生导师,其编著的《法哲学范畴研究》与《法理学》均入选体育人文社会学较有影响的图书,说明法学研究对于体育人文社会学研究的重要影响,同时也说明张文显教授对法学研究的重要贡献。

根据表 10-1,作者的工作单位除包括体育类大学(北京体育大学与首都体育学院),还包括师范类大学、综合性大学以及科研院所。其中来自师范类大学的著者最多,包括 7 位,分别来自华南师范大学、华东师范大学、南京师范大学与北京师范大学,说明师范类大学的著者对于 2007—2011 年体育人文社会学研究的显著作用。

---

[1] 冯霞:《改革开放以来中国学校体育改革回顾》,《体育学刊》2007 年第 9 期。

三 出版社分析

为进行出版社的学术影响分析,我们首先对入选图书的出版社进行了处理与统计。由于存在同一种图书由多个出版社出版,但难以确定出版社的情况。例如入选图书《艺术哲学》,通过中国国家图书馆的检索可得到不同的出版社对该书进行了出版,共包括 12 个版本,而部分被引数据中未标明出版社,不能确定其出版社,将影响出版社统计。因此,在进行出版社统计时,本节仅对明确标出出版社或者仅有唯一出版社的 138 种图书对应的出版社进行了统计,得到 43 家出版社,其中仅有 1 种图书入选的出版社有 25 家,占全部出版社的 58.1%。入选 2 种及以上图书的出版社有 18 家,列于表 10-2。

表 10-2　　　　　　　　　　入选 2 种及以上图书的出版社

序号	出版社	所在地	入选图书数	被引次数	平均被引次数	序号	出版社	所在地	入选图书数	被引次数	平均被引次数
1	人民体育出版社	北京	27	2010	74.4	10	复旦大学出版社	上海	3	199	66.3
2	高等教育出版社	北京	20	1222	61.1	11	人民教育出版社	北京	3	159	53
3	北京体育大学出版社	北京	16	1181	73.8	12	社会科学文献出版社	北京	3	158	52.7
4	人民出版社	北京	7	411	58.7	13	清华大学出版社	北京	3	132	44
5	教育科学出版社	北京	6	478	79.7	14	中国政法大学出版社	北京	2	184	92
6	中国人民大学出版社	北京	5	284	56.8	15	中国书籍出版社	北京	2	145	72.5
7	法律出版社	北京	4	283	70.8	16	商务印书馆	北京	2	130	65
8	上海教育出版社	上海	3	271	90.3	17	华东师范大学出版社	上海	2	112	56
9	云南人民出版社	昆明	3	205	68.33	18	奥林匹克出版社	北京	2	58	29

人民体育出版社是中国唯一一家国家级的体育专业出版机构[①],共入选

---

① 人民体育出版社:《本社简介》(http://www.sportspublish.cn/rmcbs—0001—cbs/chubanshe.html.)。

图书 27 种，占全部入选图书的 19.01%，为入选图书最多的出版社。此外，高等教育出版社以 20 种图书位列第二。北京体育大学出版社是全国大学出版社中唯一一家体育专业出版社，本节调查的图书为体育人文社会学领域，与该出版社的出版方向一致。该出版社入选图书 16 种，位于全部出版社的第 3 位。以上三家出版社出版的图书占全部入选图书的 45% 左右，说明这三家出版社是 2007—2011 年体育人文社会学较有影响图书的主要来源，体现了这三家出版社在体育人文社会学的图书出版中的重要地位。

第二节 高被引图书类型分析

为便于分析，我们将入选图书划分为领袖著作、工具书、其他学科、体育与其他学科融合著作以及体育学著作五种类型进行分析。各种类型图书的种数以及被引次数信息见表 10-3。

表 10-3　　　　　　　　　　入选图书类型

图书类别 内容类别	领袖著作	工具书	其他学科	体育与其他学科融合	体育学
入选图书种数	7	6	38	47	43
入选图书被引次数	201	147	522	860	792
入选图书被引次数所占比例	7.97%	5.83%	20.70%	34.10%	31.40%
入选图书的平均被引次数	28.7	24.5	13.7	18.3	18.4

对各类型入选图书数目进行考察，其中工具书与领袖著作数目较少，由于研究主题为体育人文社会学研究而不是领袖著作与工具书的研究，则较有影响的图书应主要集中于专业图书。其他学科著作、体育学与其他学科融合的著作以及体育学著作，入选数目相当，说明影响中国体育人文社会学领域的图书不仅仅限于体育人文社会学和体育学，其他学科著作也影响着体育人文社会学的研究，充分体现了体育人文社会学的交叉学科属性。

从各类入选图书的平均被引次数来看，领袖著作与工具书虽然入选不多，但入选图书的平均被引次数较高,说明入选的领袖著作和工具书相对集中。专业图书的平均被引次数相对较低,尤其是其他学科的入选图书最低,只有13.7,这也说明了体育人文社会学论文引用其他学科图书的分散性。

一 领袖著作

本节将领袖著作[①]定义为马克思、恩格斯、列宁、斯大林以及中国国家领导人的著作。入选图书中,领袖著作有7种,占全部入选图书的4.92%,总被引次数201次,占入选图书被引次数的7.97%。详细数据列于表10-4。

表10-4　　　　　　　　　　领袖著作

序号	著者	书名	出版社	被引次数
1	马克思	马克思恩格斯全集	北京:人民出版社	82
2	马克思	马克思恩格斯选集	北京:人民出版社	54
3	邓小平	邓小平文选	北京:人民出版社	15
4	胡锦涛	高举中国特色社会主义伟大旗帜,为夺取全面建设小康社会新胜利而奋斗	北京:人民出版社	15
5	列宁	列宁全集	北京:人民出版社	14
6	马克思	资本论	北京:人民出版社	11
7	江泽民	全面建设小康社会开创中国特色社会主义事业新局面:在中国共产党第十六次全国代表大会上的报告	北京:人民出版社	10

根据已有关于领袖著作对中国人文社会科学影响的研究表明《马克思恩格斯全集》、《马克思恩格斯选集》、《毛泽东选集》和《邓小平文选》属于高被引领袖图书[②],入选图书中《马克思恩格斯全集》与《马克思恩格斯选集》被引次数排名均位于入选图书的前5位,同时《邓小平文选》入选与该研究结果一致,但本次入选图书中不包括《毛泽东选集》,体现了体育人文社会学对于领袖著作引用与人文社会学科整体的差异性。

---

① 苏新宁:《我国人文社会科学图书被引概况分析——基于CSSCI数据库》,《东岳论丛》2009年第7期。

② 张弛、王昊:《领袖著作对我国人文社会科学研究的影响分析》,《西南民族大学学报》(人文社科版)2012年第1期。

二 工具书

工具书对于人文社会科学的发展具有推进作用[1],体育人文社会学属于人文社会科学,工具书在该领域的研究中同样发挥着重要作用。入选较有影响图书中工具书有 6 种,列于表 10-5。由于工具书的出版次数较多,未列出具体的出版时间,不对工具书的出版时间进行分析。根据工具书的学科特性,将入选工具书分为通用工具书与专用工具书两类进行分析。

表 10-5　　　　　　　　　　　工具书

序号	著者	题名	出版社	被引次数
1	辞海编辑委员会	辞海	中华书局、上海辞书出版社	54
2	中国社会科学院语言研究所词典编辑室	现代汉语词典	北京:商务印书馆	42
3	中国体育科学学会	体育科学词典	北京:高等教育出版社	16
4	顾明远	教育大辞典	上海:上海教育出版社	12
5	任海	奥林匹克运动百科全书	北京:中国大百科全书出版社	12
6	张力为	体育科学常用心理量表评定手册	北京:北京体育大学出版社	11

(一)通用工具书

入选的通用工具书包括两种,即《辞海》与《现代汉语词典》。根据表 10-5,专用工具书的被引次数远低于通用工具书,说明在对体育人文社会学进行研究的过程中,对通用工具书的使用相对集中。

1. 辞海

《辞海》是以字带词、集字典、语文词典和百科辞典主要功能于一体的大型综合性辞书[2]。1936 年、1937 年由中华书局在上海出版。其后,经过多次改版,出版社经过中华书局、中华书局辞海编辑社的变化,目前的出版社为上海辞书出版社。自第二版以来,各版本已经累计发行 600 万套,各

---

[1] 路高飞、邓三鸿:《工具书对我国人文社会科学研究的影响分析》,《西南民族大学学报》(人文社科版)2012 年第 1 期。

[2] 夏征农主编:《辞海》,上海辞书出版社 1999 年版。

学科分册，发行上千万册，对学术研究与知识科普有较大作用。①

2. 现代汉语词典

《现代汉语词典》自 1978 年出版第一版以来，由于经济文化的发展，使用语言的变化，中国社会科学院语言研究所词典编辑室对其不断修订，现已发行第 6 版。② 由于《现代汉语词典》在选词以及释义方面的恰当准确，是开展学术研究的重要工具，其中的体育词汇对体育学及相关专业的学者的研究具有重要意义。③ 体育人文社会学作为体育学与其他人文社会学科的交叉学科，《现代汉语词典》在该领域的研究中也有重要作用，入选较有影响图书的第 8 位。

（二）专用工具书

入选图书中专用工具书有四种，分别为《体育科学词典》、《教育大辞典》、《体育科学常用心理量表评定手册》与《奥林匹克运动百科全书》，其中前三部分别为体育、教育学以及体育心理学专用工具书，第四部为针对奥林匹克这一重大体育赛事的百科全书。

1. 体育科学词典

《体育科学词典》由中国体育科学学会和香港体育学院合作编写，出版于 2000 年。该书是一部综合性体育科学专业工具书，为体育科研、教学、训练、健身和国际交流服务。④ 根据 CSSCI 的检索结果，该书在 2007—2011 年的总被引次数为 24 次，对应时间段的体育人文社会学论文的引用次数为 16 次，占全部被引次数的 66.67%，说明该词典在 2007—2011 年体育人文社会学研究中使用较多。

2. 教育大辞典

《教育大辞典》⑤ 12 卷本出版于 1992 年，是一部大型教育工具书，1998

---

① 巢峰、徐庆凯：《论〈辞海〉精神》，《编辑学刊》1992 年第 1 期。
② 中国社会科学院语言研究所词典编辑室：《现代汉语词典（第 6 版）》，商务印书馆 2012 年版。
③ 杨宇飞：《新版〈现代汉语词典〉体育词汇举凡》，《武汉体育学院学报》2001 年第 4 期。
④ 任海：《奥林匹克运动百科全书》，中国大百科全书出版社 2000 年版，第 5 页。
⑤ 顾明远：《教育大辞典：简编本》，上海教育出版社 1999 年版。

年出版了增订合编本，1999年出版了简编本。根据获得的数据，该辞典在2007—2011年体育人文社会学中的被引次数达12次。该书为教育学工具书，入选体育人文社会学较有影响的图书，说明该工具书在体育人文社会学研究领域也具有一定作用。

3. 体育科学常用心理量表评定手册

《体育科学常用心理量表评定手册》介绍了9类54种体育科学常用的量表，同时讨论心理测验的基础知识，对该书的引用主要集中在与体育相关的心理调查研究，涉及学校体育以及社会体育。

4. 奥林匹克运动百科全书

《奥林匹克运动百科全书》首次出版于2000年，再版于2008年。根据CSSCI的检索结果，该书在2007—2011年，总被引次数为24次，对应时间段的体育人文社会学的总被引次数为12次，占全部被引次数的50%，说明在体育人文社会学研究中该书使用较多。

三 其他学科著作

入选图书中非体育类专业图书有38种，学科分布如图10-3，其中社会学和教育学入选的图书最多，说明这两个学科对于体育人文社会学有着紧密的交叉渗透。本章将按照哲学与政治、社会学、文化、教育学、经济学和法律6个类别对入选图书进行主题分析。

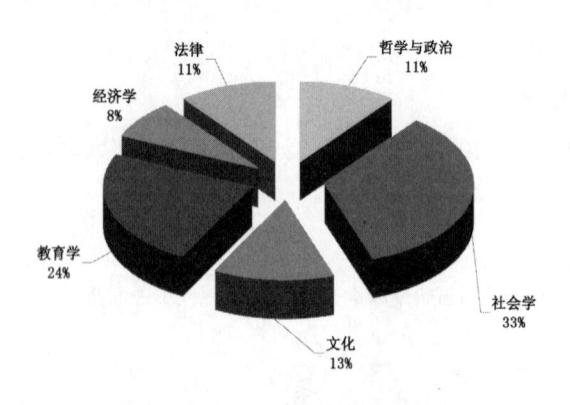

图 10-3 其他学科入选图书学科分布

（一）哲学与政治著作

入选图书中，哲学与政治学相关著作列于表10-6。由于入选图书的主题分散，本节将结合图书的主题和被引情况逐一对入选图书进行分析。

表 10-6　　　　　　　　　　　哲学与政治学图书

序号	著者	题名	出版社	出版时间	被引次数
1	丹纳	艺术哲学	北京：北京出版社	2004：2007	21
2	周爱光	竞技运动异化论	广东：广东高等教育出版社	1999	11
3	罗尔斯著，何怀宏译	正义论	北京：中国社会科学出版社	1988：2009	10
4	汪民安	后身体：文化、权力和生命政治学	长春：吉林人民出版社	2003	10

《艺术哲学》是法国著名文学家丹纳的著作，其中文译本由国内多家出版社多次出版，国家图书馆的检索平台可检索到12个版本。该书写于19世纪，从独特的哲学视角，阐述了艺术发展的主要潮流，探索了欣赏艺术品的规律[1]，书中多次谈及体育[2]，对该书的引用主要涉及体育文化的研究，体育美学以及体育审美等。

《正义论》由美国哲学家约翰·罗尔斯编著，出版于1971年。该书中文译本由中国社会科学出版社出版于1988年，2009年再版，获得的该书的被引数据均为该出版社出版。《正义论》继承西方契约论的传统，提出试图代替现行功利主义的、有关社会基本结构的正义理论。对相应的引文数据进行分析，对该书进行引用的论文主题分散，包括社会体育、经济体育、学校体育等的正义与公平。

《后身体：文化、权力和生命政治学》为吉林出版社出版的《人文译丛》丛书中的一本，收集了德勒兹、鲍德里亚、齐泽克、朱迪丝·巴特勒等人

---

[1]　丹纳：《艺术哲学》，曹园英译，陕西人民出版社2007版，第2页。
[2]　刘欣然、郑华、洪晓彬：《从丹纳〈艺术哲学〉中寻找古希腊体育运动的线索》，《武汉体育学院学报》2009年第6期。

的论文，对身体和它周围环境的关系进行探讨。[①]考察其被引情况，主要集中在与"身体"相关的体育研究中，包括竞技体育、体育教育、女性体育等。

《竞技运动异化论》，采用哲学概念异化，对以往竞技运动异化论的各种观点进行分析，从新的角度认识该问题，对竞技运动异化论添加新内容[②]。由于该书以哲学的观点对体育问题进行分析研究，且入选论文中无其他对体育哲学进行研究的图书，为便于分析，未将该书单独放入体育与哲学相结合的著作。对该书进行引用的论文，主要是对竞技运动异化问题进行探讨。

（二）社会学著作

入选的社会学图书列于表10-7，占入选图书中其他学科入选的34%，位居所有学科之首，说明社会学是体育人文社会学研究的重要引用学科。其中图书1与4为针对社会学的研究，图书7、9、12与13均为社会学研究方法的图书，说明社会学研究方法在体育人文社会学研究中具有重要意义。

表10-7　　　　　　　　　社会学图书

序号	著者	题名	出版社	出版时间	被引次数
1	郑杭生	社会学概论新修	北京：中国人民大学出版社	2009；2003；1998；1994	29
2	陆学艺	当代中国社会阶层研究报告	北京：社会科学文献出版社	2002	23
3	杰弗瑞·戈比	你生命中的休闲	昆明：云南人民出版社	2000	18
4	戴维·波普诺	社会学	北京：中国人民大学出版社	1999；2007	18
5	李培林	中国社会分层	北京：社会科学文献出版社	2004	15
6	托马斯·古德尔	人类思想史的休闲	昆明：云南人民出版社	2000	14
7	袁方	社会研究方法教程	北京：北京大学出版社	1997	14

---

① 汪民安、陈永国：《后身体：文化、权力和生命政治学》，吉林人民出版社2003年版，第1—19页。

② 周爱光：《竞技运动异化论》，广东高等教育出版社1999年版，第1—2页。

续表

序号	著者	题名	出版社	出版时间	被引次数
8	李仲广	基础休闲学	北京：社会科学文献出版社	2004	13
9	风笑天	社会学研究方法	北京：中国人民大学出版社	2001；2005；2009	13
10	马惠娣	休闲：人类美丽的精神家园	北京：中国经济出版社	2004	12
11	约翰·凯利	走向自由：休闲社会学新论	昆明：云南人民出版社	2000	11
12	侯杰泰	结构方程模型及其应用	北京：教育科学出版社	2004	11
13	陈向明	质的研究方法与社会科学研究	北京：教育科学出版社	2000	10

图书2与图书5均为中国社会阶层研究的图书。《当代中国社会阶层研究报告》[1]一书基于广泛调查，对中国社会阶层的基本结构与特征进行了概况分析，对其存在的问题进行了探究，并提出了解决思路与对策。《中国社会分层》[2]收录了1998年以后关于中国社会分层研究的较有代表性的论文，反映了学术界对于社会分层问题的思考。对该类图书进行引用的论文主要为对社会体育、体育消费以及体育利益划分进行研究的论文。

此外，其余入选图书均为休闲学，休闲学属于社会学的范畴，以人们的休闲行为和休闲现象为研究对象，对闲暇时间、休闲、个人休闲行为与社会的关系等进行研究[3]。考察对社会学图书进行引用的论文的主题，包括社会体育、学校体育等，论文主题分布较广，其中休闲学的图书主要被以休闲体育与体育休闲为主题的相关论文引用。

（三）文化著作

入选图书中包含文化学著作5种，列于表10-8，主题包括传播学、民俗学以及非物质文化，涉及图书主题并没有集中于文化下的某一类别，说明文化研究对体育人文社会学的影响较分散。考察图书的被引次数，最高

---

[1] 陆学艺：《当代中国社会阶层研究报告》，社会科学文献出版社2002年版，第3—4页。
[2] 李培林、李强、孙立平：《中国社会分层》，社会科学文献出版社2004年版，第521页。
[3] 李仲广、卢昌崇：《基础休闲学》，社会文献出版社2004年版，第21页。

的被引次数为 14 次，其中 3 种被引次数均为 10 次，说明文化著作整体对于 2007—2011 年体育人文社会学的影响较小。

表 10-8　　　　　　　　　　　文化学图书

序号	著者	题名	出版社	出版时间	被引次数
1	郭庆光	传播学教程	北京：中国人民大学出版社	1999	14
2	胡伊青加	人：游戏者——对文化中游戏因素的研究	贵阳：贵州人民出版社	1998；2007	11
3	钟敬文	民俗学概论	上海：上海文艺出版社	1998	10
4	张岱年	中国文化概论	北京：北京师范大学出版社	1994；2004	10
5	王文章	非物质文化遗产概论	北京：文化艺术出版社	2006	10

根据表 10-8，《传播学教程》是入选的文化著作中被引次数最高的图书，该书运用国内外传播学研究的最新成果对传播学的基本理论和框架进行描述。作为"九五"、"十五"、"十一五"国家级重点教材重印 22 次，共发行 50 多万册[①]，可见该书在传播学研究中的作用，入选较有影响的体育人文社会学图书，说明其在体育人文社会学与传播学相关研究中的重要意义。对该书进行引用的论文涉及体育电视媒体与网络媒体的研究、奥运会以及传统体育例如武术的传播研究。

（四）教育学著作

9 种教育著作入选较有影响的图书（见表 10-9），占全部入选其他学科图书的 24%，说明在体育人文社会学研究中对教育学图书引用较其他学科较多。入选图书的主题为课程与教学研究，被引次数 10—23 次，主要被体育课程与体育教学相关的论文引用。其中《课程理论：课程的基础、原理与问题》被引次数为 23 次，为入选教育学图书中被引次数最高的图书。该书对课程的心理学、社会学、哲学基础，课程编制的原理，课程探究的形式以及课程理论与研究进行了分析。对该书进行引用的论文主题为体育课程的设置与改革。

[①] 郭庆光：《传播学教程》，中国人民大学出版社 2011 年版，第 2 页。

表 10-9　　　　　　　　　　教育学图书

序号	著者	题名	出版社	出版时间	被引次数
1	施良方	课程理论：课程的基础、原理与问题	北京：教育科学出版社	1996	23
2	张华	课程与教学论	上海：上海教育出版社	2000	18
3	李秉德	教学论	北京：人民教育出版社	1991；2000	18
4	丛立新	课程论问题	北京：教育科学出版社	2000	15
5	冯建军	生命与教育	北京：教育科学出版社	2004	14
6	顾渊彦	体育课程的约束力和灵活性	北京：人民教育出版社	2002	11
7	钟启泉	现代课程论	上海：上海教育出版社	1989；1991；2005；2006	10
8	廖哲勋	课程新论	北京：教育科学出版社	2003	10
9	杨启亮	困惑与抉择	济南：山东教育出版社	1995	10

（五）经济学著作

入选图书中 3 种为经济学著作，列于表 10-10。《国家竞争优势》[①] 由哈佛大学商学院迈克尔·波特编著，阐述了如何才能造就并保持可持续的相对优势，对该书的引用包括华夏出版社与中信出版社出版的版本。此外，其他两种入选图书分别为产业经济学与制度经济学，说明经济学下的这两个研究领域与体育人文社会学的研究关系密切。

表 10-10　　　　　　　　　　经济学图书

序号	著者	题名	出版社	出版时间	被引次数
1	迈克尔·波特	国家竞争优势	北京：华夏出版社/北京：中信出版社	2002；2007	13
2	苏东水	产业经济学	北京：高等教育出版社	2000；2010；2005	12
3	柯武刚	制度经济学：社会秩序与公共政策	北京：商务印书馆	2000	10

（六）法律著作

入选的法律图书为 4 种，见表 10-11，其中 3 种为法学研究，1 种为专门的法律研究。其中包括张文显教授的两种图书，根据表张文显教授为唯

---

① 维基百科：《国家竞争优势》（http://zh.wikipedia.org/wiki/%E5%9B%BD%E5%AE%B6%E7%AB%9E%E4%BA%89%E4%BC%98%E5%8A%BF.）。

一入选两种图书的非体育学学者，说明在体育人文社会学与法律相关的研究中，对该作者的引用较多。

表10-11　　　　　　　　　　法律图书

序号	著者	题名	出版社	出版时间	被引次数
1	埃德加·博登海默	法理学：法律哲学与法律方法	北京：中国政法大学出版社	1999	17
2	张文显	法理学	北京：高等教育出版社	2007；2003；1999	13
3	姜明安	行政法与行政诉讼法	北京：北京大学出版社	1999	10
4	张文显	法哲学范畴研究	北京：中国政法大学出版社	2001	10

四　体育与其他学科融合著作

入选图书中体育与其他学科融合的著作共47种，涉及体育社会学、体育文化学、体育人类学、体育教育学、体育经济学、体育法学、体育管理学以及体育心理学，各类入选图书比例如图10-4。其中体育教育学与体育经济学入选图书最多，而根据图10-3在其他学科入选图书中社会学和教育学入选图书最多。通过比较说明体育人文社会学中，教育相关的研究中教育学和体育教育学图书均是重要的参考来源，经济相关的研究中采用体育经济图书多于使用经济学专著，而与社会学相关的研究中对社会学图书的引用多于体育社会学图书。由于教育学、经济学与社会学入选图书多于其他学科，以上三学科均为与体育人文社会学相关的主要学科。本章以体育

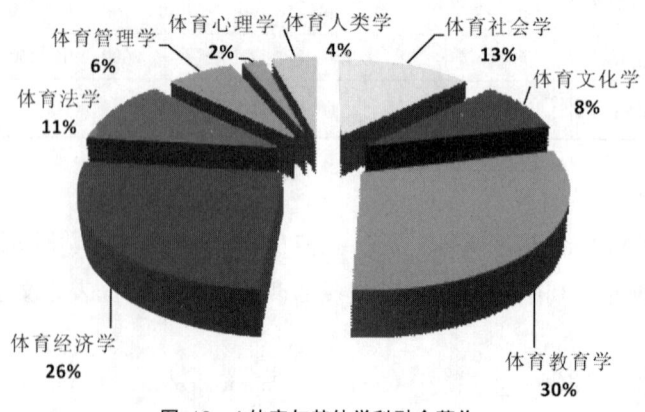

图10—4　体育与其他学科融合著作

- 体育管理学 6%
- 体育心理学 2%
- 体育人类学 4%
- 体育社会学 13%
- 体育文化学 8%
- 体育法学 11%
- 体育经济学 26%
- 体育教育学 30%

社会学、体育文化与人类学、体育教育与心理学、体育经济与管理学以及体育法学 5 个类别对入选图书进行主题分析。

(一) 体育社会学

体育社会学是一门把体育看作社会文化现象的社会科学[①]，入选的体育社会学图书列于表 10-12，其中图书 1、2 与 3 均为入选图书被引次数排名的前 10 位。卢元镇教授关于体育社会学的 4 种图书均入选，说明卢元镇教授为体育社会学研究中重要的学者。为进一步分析入选图书的被引情况，本节考察了对图书 1 与 2 进行引用的论文的关键词，其中体育文化为 5 年均出现的高频关键词，说明体育文化与体育社会学有着密切联系。

表 10-12　　　　　　　　体育社会学图书

序号	著者	题名	出版社	出版时间	被引次数
1	卢元镇	体育社会学	北京:高等教育出版社	2001;2006;2010	57
2	卢元镇	中国体育社会学	北京:北京体育大学出版社	2000;1996	43
3	杰·科克利	体育社会学:议题与争议	北京:清华大学出版社	2003	40
4	卢元镇	中国体育社会学评说	北京:北京体育大学出版社	2003	14
5	吕树庭	体育社会学教程	北京:高等教育出版社	1995	14
6	卢元镇	体育的社会文化审视	北京:北京体育大学出版社	1998	13

(二) 体育文化与人类学

体育文化的入选图书包括对体育文化研究（图书 2、3、4）与体育美学（图书 6），体育美学属于体育文化的分支，因此将图书 6 归为体育文化。《体育文化学》一书被引次数为 22 次，该书在 2007—2011 年 CSSCI 收录论文中的被引次数为 32 次，说明体育人文社会学研究中对该书使用较多。《人文体育——体育演绎的文化》是关于体育文化学的专著，该书对体育文化的起源、本质、特征、形态、构成、发展、传播以及体育文化与其他学科的关系进行了阐述。该书的被引次数达 21 次，说明其对 2007—2011 年体育

---

① 卢元镇:《体育社会学》，高等教育出版社 2001 年版，第 3 页。

文化研究的重要性。

表 10-13　　　　　　　　体育文化与体育人类学图书

序号	著者	题名	出版社	出版时间	被引次数
1	胡小明	体育人类学	广州：广东人民出版社	2005；1999	22
2	易剑东	体育文化学	北京：北京体育大学出版社	2006	22
3	童昭岗	人文体育——体育演绎的文化	北京：中国海关出版社	2002	21
4	卢元镇	中国体育文化纵横谈	北京：北京体育大学出版社	2005	16
5	胡小明	体育人类学	北京：高等教育出版社	2005	11
6	胡小明	体育美学	成都：四川教育出版社	1987	10

图书1与图书5为入选的体育人类学图书。体育人类学是从20世纪80年代兴起的学科，学科目的是揭示和分析人类体质和文化中与体育相关的内容，其研究对象包括体育原理、民族体育以及竞技体育。[①] 入选图书均为胡小明编著，说明该著者是体育人类学研究中的重要作者。由于出版社不同，在本章的统计过程中将图书1与2记为不同图书。对引用图书1与2的论文进行分析，除对体育人类学进行研究外，包括14篇是对民族传统体育的研究，说明目前对民族传统体育的研究中采用体育人类学的观点较多。

（三）体育教育与心理学

入选的体育教育著作的主题包括学校体育和体育教学等（见表10-14）。图书的被引次数位于10—30之间，且入选图书相对较多，说明对于2007—2011年体育教育较有影响的图书较为分散。表10-14中列出的图书包括由毛振明教授编著的5种图书，为其全部入选图书，该教授研究方向为学校体育学，5种图书入选说明其在体育教育方面的研究对于2007—2011年体育人文社会学与教育相关的研究中的重要影响。入选图书中只有一种体育心理学图书，说明在体育人文社会学研究中体育心理研究较少。

[①] 参阅胡小明：《体育人类学概论》，《体育与科学》2000年第2期；胡小明：《体育人类学进展》，《北京体育大学学报》2004年第3期。

表 10-14　　体育教育与体育心理学著作

序号	著者	题名	出版社	出版时间	被引次数
1	季浏	体育教育展望	上海:华东师范大学出版社	2001	29
2	毛振明	体育教学论	北京:高等教育出版社	2005	24
3	季浏	体育与健康课程与教学论	杭州:浙江教育出版社	2003	22
4	毛振明	体育教学改革新视野	北京:北京体育大学出版社	2003;2004	21
5	宋继新	竞技教育学	北京:人民体育出版社	2003	17
6	周登嵩	学校体育学	北京:人民体育出版社	2004	15
7	吴志超	现代教学论与体育教学	北京:人民体育出版社	1993	14
8	毛振明	体育教学科学化探索	北京:高等教育出版社	1999	13
9	张洪潭	技术健身教学论	上海:华东师范大学出版社	2000	12
10	曲宗湖	现代社会与学校体育	北京:人民体育出版社	1999	11
11	马启伟	体育心理学	北京:高等教育出版社	1996	11
12	毛振明	解读中国体育课程与教学改革	北京:北京体育大学出版社	2006	10
13	毛振明	探索成功的体育教学	北京:北京体育大学出版社	2001	10
14	邹玉玲	体育课程导论	北京:人民体育出版社	2005	10
15	顾渊彦	域外体育传真	北京:人民体育出版社	1999	10

（四）体育经济与管理学

12 种体育经济学图书内容涵盖了体育经济研究、体育产业、体育市场与体育赛事经济。体育产业有 4 本图书入选,《体育产业：新的经济增长点》被引频次达 59,位列全部入选图书被引频次排名的第三位,说明体育产业对 2007—2011 年体育人文社会学研究具有重要意义,也说明了该书在体育人文社会学研究中重要的学术价值。《体育产业：新的经济增长点》由人民体育出版社出版于 2000 年,对体育产业的概念、国内外体育产业以及体育消费、体育赞助等体育产业的具体研究内容进行了阐述。该书作者鲍明晓有 3 种图书入选体育经济图书,说明其对 2007—2011 年体育经济领域的研究具有重要影响。

表 10-15　　　　　　　　体育经济与体育管理学著作

序号	著者	题名	出版社	出版时间	被引次数
1	鲍明晓	体育产业：新的经济增长点	北京：人民体育出版社	2000	59
2	鲍明晓	中国体育产业发展报告	北京：人民体育出版社	2006	29
3	刘淇	北京奥运经济研究	北京：北京出版社	2003	21
4	丛湖平	体育经济学	北京：高等教育出版社	2004	20
5	迈克尔·利兹	体育经济学	北京：清华大学出版社	2003	18
6	李南筑	体育赛事经济学	上海：复旦大学出版社	2006	16
7	钟天朗	体育经济学概论	上海：复旦大学出版社	2004	16
8	蔡俊五	体育赞助：双赢之策	北京：人民体育出版社	2001	15
9	吴超林	体育产业经济学	北京：高等教育出版社	2004	14
10	伯尼·帕克豪斯	体育管理学：基础与应用	北京：清华大学出版社	2003	13
11	孙汉超	体育管理学	北京：人民体育出版社	1999	12
12	曹可强	体育产业概论	上海：复旦大学出版社	2004	11
13	闵健	公共体育管理概论	北京：北京体育大学出版社	2005	10
14	鲍明晓	体育市场：新的投资热点	北京：人民体育出版社	2004	10
15	耿力中	体育市场——策略与管理	北京：人民体育出版社	2002	10

（五）体育法学

体育法学图书有 5 种，其中 3 种为体育法学专门的研究，其他 2 种分别为体育纠纷与体育仲裁著作。其中，《体育纠纷的多元化救济机制探讨：比较法与国际法的视野》为入选的体育法学图书中被引次数最高的图书，该书是在作者的博士论文的基础上修改而成的，从体育与法律的一般法理关系出发，对体育纠纷分析，并在欧、美实践经验基础上提出了中国多元化体育纠纷救济机制的设想[①]，对该书的引用主要集中在体育仲裁的研究。此外，图书 3 为专门的体育仲裁研究的图书，说明体育人文社会学与法律相关的研究中体育仲裁是一个重要的研究领域。

---

① 郭树理：《体育纠纷的多元化救济机制探讨》，法律出版社 2004 年版。

表 10—16　　　　　　　　　体育法学著作

序号	著者	题名	出版社	出版时间	被引次数
1	郭树理	体育纠纷的多元化救济机制探讨：比较法与国际法的视野	北京：法律出版社	2004	31
2	董小龙	体育法学	北京：法律出版社	2006	12
3	刘想树	中国涉外仲裁裁决制度与学理研究	北京：法律出版社	2001	11
4	韩勇	体育法的理论与实践	北京：北京体育大学出版社	2009	10
5	张厚福	体育法理	北京：人民体育出版社	2001	10

五　体育学专门著作

入选图书中共有 43 种体育学专门著作，其中 8 种为体育理论图书，与其他学科不存在交叉。此外，35 种图书以体育学的研究对象为主题，包括体育事业、体育史、社会体育、竞技体育、民族传统体育以及奥林匹克运动研究，涉及多个学科，为便于分析，本节将以上主题的图书以及体育理论研究的图书均归为体育学专门著作进行分析。

（一）体育理论

"体育理论"一词在 1998 年之后被"体育人文社会学"取代了，但事实上，在实际操作过程中体育人文社会学并不能涵盖体育理论，而体育理论则渗透于体育的方方面面。① 入选的体育理论研究的图书有 8 种，列于表 10—17，图书主要为对体育学的原理、基本理论以及研究方法的探讨。其中由卢元镇教授编著的《体育人文社会科学概论高级教程》为唯一入选的关于体育人文社会学学科研究的图书，被引次数位于全部体育理论研究图书的第一位，说明其在 2007—2011 年体育人文社会学研究中的重要作用。《体育人文社会科学概论高级教程》为体育专业研究生教学用书，对体育人文社会学进行了概述，并从体育人文学科和体育社会学科两个角度对体育人文社会学下的各个研究主题结合国内外研究现状进行了分析。

---

① 董红刚：《中外体育社会学研究热点的对比分析》，《首都体育学院学报》2009 年第 5 期。

表 10-17　　　　　　　　　　　　体育理论图书

序号	著者	题名	出版社	出版时间	被引次数
1	卢元镇	体育人文社会科学概论高级教程	北京：高等教育出版社	2003	26
2	杨文轩	体育原理	北京：高等教育出版社	2004	16
3	周西宽	体育基本理论教程	北京：人民体育出版社	2004	16
4	张洪潭	体育基本理论研究——修订与拓展	桂林：广西师范大学出版社	2004；2007	14
5	张力为	体育科学研究方法	北京：高等教育出版社	2002	14
6	杨文轩	体育概论	北京：高等教育出版社	2005	14
7	苗大培	论体育生活方式	北京：北京体育大学出版社	2004	10
8	吴蕴瑞	体育原理	上海：上海勤奋书局	1935	10

（二）体育史

关于体育史的入选图书有11种（见表10-18），图书涉及的主题主要为中国各时期的体育史，此外图书5是对中国武术史的专门研究。其中，伍绍祖主编的《中华人民共和国体育史》，被引次数达49次，位列全部入选图书被引次数排名的第七位。《中华人民共和国体育史（1949—1998）（综合卷）》为伍绍祖担任国家体育总局局长期间，组织专家学者编写而成。该书阐述了1949—1998年，50年间中国体育发展历程，对50年间中国体育的经验教训进行了总结，对中国体育的进一步发展有较强的指导作用。[①] 此外，《体育史》一书的被引次数为40次，位列全部入选图书被引次数排名的第10位。该书为普通高等教育"十五"国家级规划教材，以文艺复兴和第二次世界大战的结束为标志，把整个体育的形成与发展分为三个大的历史阶段，即"古代体育"、"现代体育"和"当代体育"，并根据这三个阶段对世界体育史进行了阐述。

---

① 伍绍祖：《中华人民共和国体育史（1949—1998）（综合卷）》，中国书籍出版社1999年版，第1页。

表 10-18　　　　　　　　　体育史图书

序号	著者	题名	出版社	出版时间	被引次数
1	伍绍祖	中华人民共和国体育史（1949—1998）（综合卷）	北京：中国书籍出版社	1999	49
2	谭华	体育史	北京：高等教育出版社	2005；2009	40
3	国家体育总局	改革开放30年的中国体育	北京：人民教育出版社	2008	25
4	李力研	野蛮的文明	北京：中国社会出版社	1998	20
5	国家体委武术研究院	中国武术史	北京：人民体育出版社	1997	18
6	颜绍泸	体育运动史	北京：人民体育出版社	1990	15
7	谷世权	中国体育史	北京：北京体育大学出版社	1981；1997	13
8	乔治·维加雷洛	从古老的游戏到体育表演：一个神话的诞生	北京：中国人民大学出版社	2007	12
9	崔乐泉	中国近代体育史话	北京：中华书局	1998	11
10	体育史教材编写组	体育史	北京：高等教育出版社	1996	11
11	王以欣	神话与竞技	天津：天津人民出版社	2008	10

（三）体育事业

入选的体育事业相关图书列于表10-19，入选图书包括体育社团与举国体制的研究，说明在2007—2011年体育人文社会学关于体育事业的研究中体育社团与举国体制是重要的研究内容。体育社团是公民自愿组成，自主管理，为实现会员共同意愿，按照其章程以体育运动（或活动）为目的的非营利性社会组织[1]，体育社团是发展体育事业的一项重要内容。举国体制是中国特定历史时期所实施的特殊体育体制[2]，该体制对中国的体育事业发展有重要影响。此外，图书2为文件选编，入选对体育人文社会学较有影响的图书，说明在体育人文社会学关于体育事业的研究中政府文件具有重要的指导作用。

---

[1] 黄亚玲:《论中国体育社团：国家与社会关系转变下的体育社团改革》，北京体育大学出版社2004年版，第53页。

[2] 郝勤:《论中国体育"举国体制"的概念、特点与功能》，《成都体育学院学报》2004年第1期。

表 10—19　　　　　　　　　　体育事业图书

序号	著者	题名	出版社	出版时间	被引次数
1	黄亚玲	论中国体育社团：国家与社会关系转变下的体育社团改革	北京：北京体育大学出版社	2004	27
2	国家体委政策研究室	体育运动文件选编	北京：人民体育出版社	1982；1989	13
3	梁晓龙	举国体制	北京：人民体育出版社	2006	13

（四）社会体育

社会体育由群众体育发展而来，是与学校体育、竞技体育对应的概念，是以全社会为参与特征，以丰富人们的文化生活、提高适应社会的能力、保持与增进健康为目的的体育活动。①入选图书中，涉及社会体育的图书列于表 10-20，其中《中国群众体育现状调查与研究》被引次数达 78 次，位于全部入选图书的第 2 位。《中国群众体育现状调查与研究》基于中国群众体育现状调查课题组在 1997 年和 2001 年对中国群众体育现状的调查，由北京体育大学出版社分别出版于 1998 年与 2005 年。《中国群众体育现状调查与研究》②阐明了中国群众体育的发展现状，为各级体育部门制定群众体育政策提供科学依据，有利于贯彻落实《全民健身计划纲要》。对于该书进行引用的论文，主要为各地区各群体的群众体育研究，此外还涉及公共体育服务以及体育休闲的研究。

表 10—20　　　　　　　　　　社会体育图书

序号	著者	题名	出版社	出版时间	被引次数
1	中国群众体育现状调查课题组	中国群众体育现状调查与研究	北京：北京体育大学出版社	1998；2005	78
2	卢锋	休闲体育学	北京：人民体育出版社	2005	18
3	卢元镇	社会体育导论	北京：高等教育出版社	2004；2001	18

---

① 吕树庭、饶纪乐、王旭光：《社会体育概念管窥》，《天津体育学院学报》1996 年第 10 期。

② 中国群众体育现状调查课题组：《中国群众体育现状调查与研究》，北京体育大学出版社 1998 年版，第 4 页。

续表

序号	著者	题名	出版社	出版时间	被引次数
4	李建国	社会体育	北京：人民体育出版社	2004	12
5	胡小明	体育休闲娱乐理论与实践	北京：高等教育出版社	2004	11

（五）竞技体育

竞技体育是体育的重要组成部分，共有3种竞技体育图书入选体育人文社会学较有影响的图书（见表10-21）。运动训练学是竞技体育的重要组成部分[①]，1种与此相关的图书入选（图书1）。体育俱乐部为参与竞技体育的一种主体形式，图书2对其运行机制进行了分析。《中国竞技体育制度创新》为体育制度与竞技运动结合，阐述了中国竞技体育发展过程中制度的创新。

表 10-21 竞技体育图书

序号	著者	题名	出版社	出版时间	被引次数
1	田麦久	运动训练学	北京：人民体育出版社	2000；2006；2012	19
2	张林	职业体育俱乐部运行机制	北京：人民体育出版社	2001	18
3	许永刚	中国竞技体育制度创新	北京：人民体育出版社	2006	10

（六）民族传统体育

入选图书中有4种与民族传统体育相关（见表10-22），民族传统体育是一种具体的体育形式，由于其文化内涵丰富，是体育人文社会学研究的重要对象之一。入选图书阐述了民族传统体育的概况、发展以及历史，但并不包括对具体某种民族传统体育进行分析的图书。

表 10-22 民族传统体育图书

序号	著者	题名	出版社	出版时间	被引次数
1	周伟良	中华民族传统体育概论高级教程	北京：高等教育出版社	2003	19
2	曲宗湖	学校民族传统体育	北京：人民体育出版社	2002	13

---

① 田麦久：《运动训练学》，高等教育出版社2006年版，第10页。

续表

序号	著者	题名	出版社	出版时间	被引次数
3	中国体育博物馆	中华民族传统体育志	南宁：广西民族出版社	1990	12
4	王岗	民族传统体育发展的文化审视	北京：北京体育出版社	2005	10

（七）奥林匹克运动

入选图书中，9种与奥林匹克运动相关，列于表10-23。由于数据为2007—2011年的数据，国际性的体育赛事奥林匹克运动会2008年在北京召开，因此与奥林匹克运动相关图书对该阶段的体育人文社会学研究具有重要影响。其中，由国际奥林匹克委员会编写的《奥林匹克宪章》被引次数为所有入选图书中最高，说明《奥林匹克宪章》对于奥林匹克运动研究的重要指导意义。《奥林匹克宪章》(Olympic Charter)是国际奥林匹克委员会为发展奥林匹克运动制定的最高法律文件，宪章对奥林匹克运动的组织、宗旨、原则、成员资格、机构及其各自的职权范围和奥林匹克各种活动的基本程序等作了明确规定①。

表 10-23　　　　　　　　　　　奥林匹克图书

序号	著者	题名	出版社	出版时间	被引次数
1	国际奥林匹克委员会	奥林匹克宪章	北京：奥林匹克出版社	1993；1991	37
2	瓦洛耶克，徐家顺译	奥林匹克运动会的起源及古希腊罗马的体育运动	天津：百花文艺出版社	2006	21
3	任海	奥林匹克运动	北京：人民体育出版社	2005	20
4	顾拜旦，詹汝琮译	奥林匹克理想：顾拜旦文选	北京：奥林匹克出版社	1993	17
5	黄世席	奥林匹克赛事争议与仲裁	北京：法律出版社	2005	13
6	孔繁敏	奥林匹克文化研究	北京：人民体育出版社	2005	13
7	全国体育学院教材委员会	奥林匹克运动	北京：人民体育出版社	1993	12
8	谢亚龙	奥林匹克研究	北京：北京体育大学出版社	1994	12
9	胡安·安东尼奥·萨马兰奇	奥林匹克回忆	北京：世界知识出版社	2003	12

---

① 维基百科：《奥林匹克宪章》(http://zh.wikipedia.org/wiki/%E5%A5%A5%E6%9E%97%E5%8C%B9%E5%85%8B%E5%AE%AA%E7%AB%A0.)。

第三节 小结

本章以图书被引次数作为图书影响力评价的标准，选取了体育人文社会学较有影响的141种图书进行分析，明确了入选图书的被引次数、著者、出版社以及类型的分布情况。同时，对工具书、领袖著作、其他学科著作、体育与其他学科融合著作以及体育学专门著作五种类型的入选图书进行了详细的主题分析，明确体育人文社会学影响较大的主题，以及各个主题重要的图书以及学者。通过以上对于较有影响的图书的研究，说明了2007—2011年间对于体育人文社会学影响较大的著者、出版社和研究主题。

选取较有影响的图书时，本章直接采用图书的被引次数，并未结合其他的被引情况以及图书的销售量、图书馆借阅量、读者调查和专家评价进行影响力测定，进一步研究过程中需改进图书影响力测定的依据。此外，对高频被引图书进行分析的过程中，本章主要是采用统计分析与内容分析相结合的方法，按照图书的中图法分类号、标题和关键词对图书进行人工划分，并结合图书内容对每种类型的入选图书进行分析。该方法主观性强，进一步研究中可结合图书的共被引情况以及图书的关键词共现情况对图书进行分类，结合可视化的方法，明确较有影响的图书主要集中的领域，提高研究的客观性。

第十一章 体育经济学研究概况分析

本部分研究内容可以说是对上述体育人文社会学科发展研究的一个案例，即通过相关研究方法和研究结论、观点，具体地对体育人文社会学科中的一个发展较快的新兴学科——体育经济学研究状况进行的一个具体分析。本章针对 CSSCI 数据库中的 780 篇体育经济学相关文献进行文献计量分析，从数量、来源、基金、文献、关键词、热点等方面，梳理体育经济学相关发展情况，将其中隐含的大量体育经济学热点信息分析出来。通过这些详细的分析，可以找出体育经济学的发展脉络、研究热点所在以及未来的研究趋势。形成体育经济学研究范式的基础，以帮助更多的初学者或者研究者在研究体育经济学时，能更好地把握住研究方向。

第一节 体育经济学研究特征分析

研究特征分析主要从发文情况出发，分析发文数量、发文期刊情况、数量年度变化等情况。在数据采集时，所键入的关键词包括：体育经济、体育产业、体育营销、体育消费、体育市场、体育赞助、体育用品等。初期数据分析暂不考虑体育经济学的具体学科属性争议问题，这样能够更广泛地查询到与体育经济学相关的文献。

一 发文数量

2000—2011 年共查询到文献数据 780 篇。这 780 篇文献所涉及的期刊有 71 种，见表 11-1。2000—2011 年共有 780 篇研究体育经济学方面的文献。其中 2000 年 30 篇、2001 年 47 篇、2002 年 60 篇、2003 年 69 篇、2004 年 73 篇、2005 年 84 篇、2006 年 111 篇、2007 年 54 篇、2008 年 66 篇、2009 年 73 篇、

2010年63篇、2011年40篇。最多的为2006年111篇，最少的为2000年30篇，呈现出先增长后下降的趋势，说明体育经济学研究进展在出现高峰期后，速度呈现减弱阶段，原因有可能与研究细化的出现和研究争议的不断有关系，如图11-1所示。

二 发文期刊

780篇文献在期刊种类分布上呈现出非体育期刊多于体育期刊的特点，其中非体育期刊有61种，体育期刊有10种，但在发文数量上，体育期刊远远超过非体育期刊，有122篇文章发表在非体育期刊上，有658篇文章发表在体育期刊上，如图11-2所示，这说明：（1）虽然体育期刊种类所占比例少，但大部分作者发文还是选择体育期刊，说明体育经济学研究者不论是内部或外部原因，发文范围、深度受到一定限制。（2）虽然入选CSSCI的期刊有一定评价标准，但在非体育期刊出现的种类上，也表明开始有部分研究者将体育经济学研究成果带入其他期刊领域，以期扩大体育经济学的影响力、阅读范围等。并且，在非体育期刊发表文章数量经统计也呈现出递增状态，在2009年的时候，达到17篇。

表11-1　　　　　　　　　　71种期刊名称

期刊名称	
西北大学学报（哲社版）	中央财经大学学报
北京工商大学学报（社会科学版）	学位与研究生教育
云南民族学院学报（哲社版）	中国体育科技
浙江大学学报（人文社科版）	社会科学辑刊
华南师范大学学报（社科版）	体育科学
广西民族大学学报（哲学社会版）	北京体育大学学报
西安交通大学学报（哲社版）	外国经济与管理
山西大学学报（哲社版）	上海体育学院学报
安徽大学学报（哲社版）	武汉体育学院学报
河南师范大学学报（哲学社会版）	新疆社会科学
湖南大学学报（社会科学版）	思想战线
西北师大学报（社科版）	江西社会科学
宁夏大学学报（人文社科版）	法学
福州大学学报（哲社版）	中州学刊
现代传播：中国传媒大学学报	理论与改革
财经科学	中国广播电视学刊
中国国情国力	成都体育学院学报

续表

期刊名称	
经济纵横	中国记者
未来与发展	经济管理
开发研究	中国投资
财经理论与实践	科技进步与对策
当代财经	现代法学
电视研究	生产力研究
江汉论坛	统计与决策
高等教育研究	广东社会科学
浙江社会科学	消费经济
东南学术	体育学刊
新闻界	中国流通经济
河北学刊	当代财经
华东经济管理	山东社会科学
天津体育学院学报	社会科学家
体育与科学	山东社会科学
西安体育学院学报	理论前沿
中国流通经济	中国金融
现代财经：天津财经学院学报	学术交流
东岳论丛	

注：排名不分先后

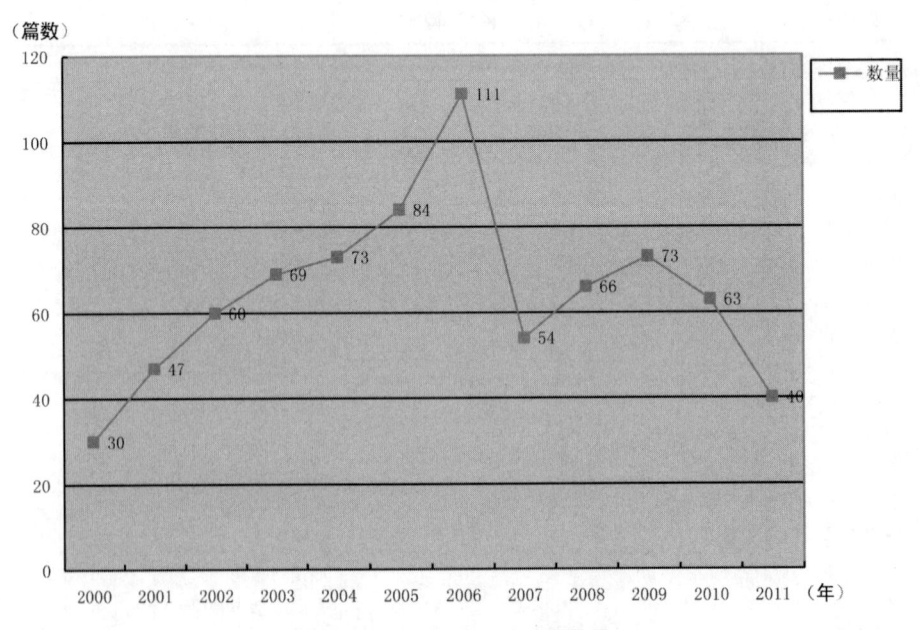

图 11-1　2000—2011 年文献数量

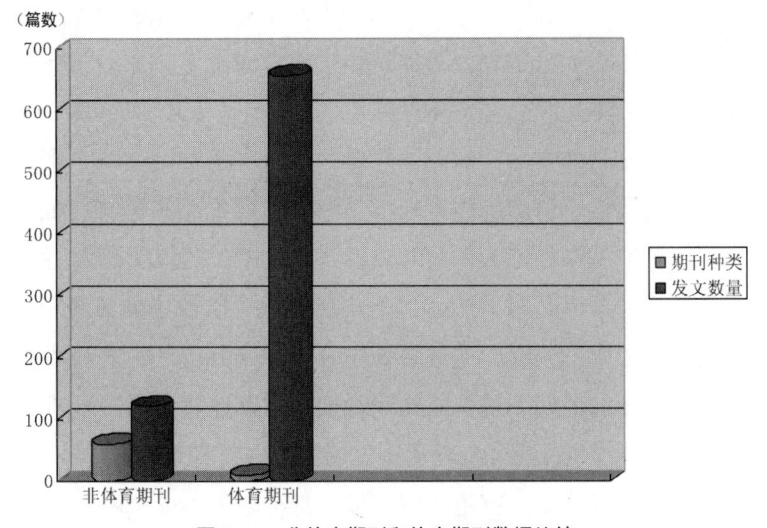

图 11-2　非体育期刊和体育期刊数据比较

第二节　体育经济学学术资源分析

体育经济学的学术资源分析主要从 780 篇文献的学科分类和基金资助情况来看。学科分类不仅能体现出研究者对体育经济学所属学科属性的理解，也能体现出体育经济学与其他学科交叉、跨学科合作研究的情况。而基金项目资助分析能够反映出体育经济学目前发展的被重视程度和研究方向。

一　学科分类

780 篇文献中，划分为体育学的有 690 篇、经济学 30 篇、教育学 4 篇、体育学与经济学交叉 23 篇、体育学与管理学交叉 1 篇、体育学与教育学交叉 10 篇、文化学 1 篇、图书馆情报与文献学/体育学交叉 1 篇、社会学 1 篇、体育学与社会学交叉 2 篇、民族学 1 篇、管理学 5 篇、新闻与传播学 3 篇、新闻与传播学/体育学交叉 5 篇、法学 2 篇、其他学科 1 篇。可以看出，体育经济学与 10 多个学科有交叉关系，其中最为密切的是体育学，经济学其次，如图 11-3 所示。通过文献数据的分析来看，体育经济学并不是仅和体育学和经济学有交叉关系，其还和教育学、管理学、社会学等学科有交叉关系，目前所统计的数据仅为11年，并且有可能存在数据缺漏等问题，这也可证明单纯地将体育经济学划分为体育学科或者经济学科是不准确的，不仅忽略了体育经济学要成为独立学科的要求，也忽略其与其他学科之间的关系。体育经济学建立时间非常短，成熟度较低，所以在其发展过程中要分阶段看待其所属的学科属性。目前，体育经济学尚在发展不成熟阶段，而大部分研究成果都将体育经济学划归为体育学或经济学之中，这说明研究共同体的成员都有一个共识，或者是被共识，那么不妨在这个阶段将体育经济学置于2个学科共同背景中进行研究，通过各种体育事件来分析其中的经济问题，逐渐通过未来呈现出的问题，就可以明确地知道放在体育学科中来研究体育经济学是否正确，或者是放在经济学科中发展是否更有利于体育经济学的发展，这也可以说是体育经济学研究范式转移的一部分。但不能忽略的是，即便是将体育经济学放在体育学科和经济学科中共同进行研究，也不能缺少与其有较多交叉关系学科的支持和联系，无论是理论支持、研究方法支持，还是实际操作的支持，尤其是管理学、社会学、新闻学等学科。

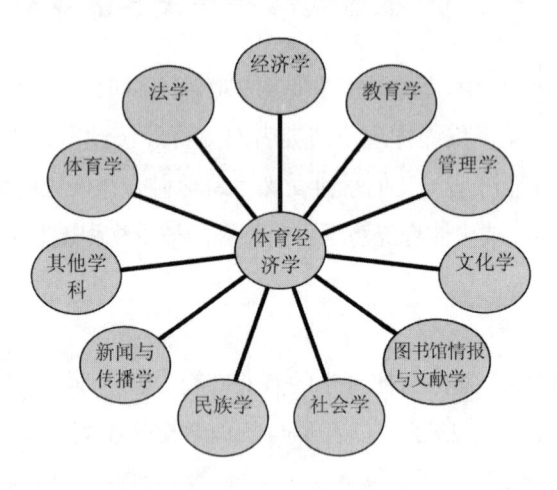

图 11-3 体育经济学与其他学科的关系

二 基金项目

根据基金级别的不同，可以看出国家对于体育经济学发展所持有的态度，以及研究者对体育经济学发展的研究思路。在780篇文献数据中，有

349篇文章获得了不同级别的基金资助。本研究将基金类别分为4类，分别为国家级基金项目、部委级基金项目、省市级基金项目和其他基金项目（包括高校、各类机构等）。

很多研究成果存在以下2种现象：1）1种基金产出多篇研究成果；2）1种研究成果得到多种基金的资助。这一方面说明体育经济学的研究成果开始多产，不局限于一种基金项目只产生一种研究成果，朝着更为广泛的方向发展，研究的思路开始拓宽，研究范围和精准度也在不断地提升，即由点到面地发展。另一方面也说明体育经济学的发展得到更多的重视，发展开始多元化。这也提示我们，体育经济学已经不能用原来固有的理论和方法来限制研究者的研究，在今后得到更多的资助后，研究者的研究思维将更加具有发散性，不论是研究深度、广度，还是学科的交叉复杂性将会有很大程度的提高。体育经济学的属性和自己的研究方法将清晰地浮现出来，未来体育经济学的发展轨迹和趋势将逐渐改变。体育经济学研究发展正在从精准小范围研究向精准大规模研究发展。

本研究也从年份方面，对文献基金资助进行了详细的分析。从图11-4中可以看出，从2005年开始，得到不同基金资助的研究成果较2005年之前

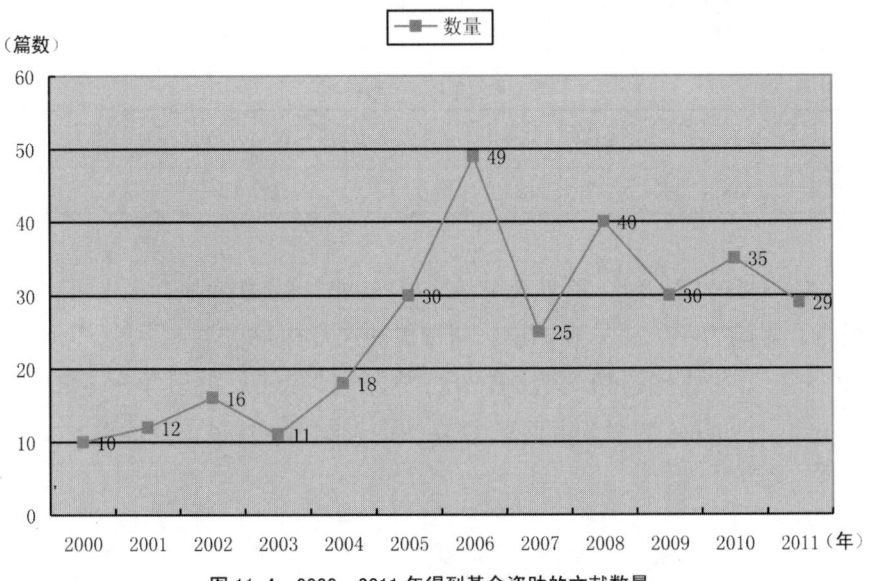

图11-4 2000—2011年得到基金资助的文献数量

的要增加很多，体育经济学的研究开始走向规范化和规模化，国家和地方，以及高等院校都在不断提高对体育经济学研究的重视程度，研究者和研究机构开始在一定范围的规范中进行研究，使体育经济学的研究具有明确目标、范围、方向等，并且开始形成国家、地方、机构3种研究规模，使研究者能够在整个团体中进行研究，有助于集中解决体育经济学发展中出现的问题。

第三节 体育经济学研究成果的学术影响分析

被引频次是文献计量学研究中对于已发表论文进行的统计，它只能反映一个"过去时"，不能对研究作出任何预期，但不可以说这种研究没有价值，因为它反映了在过去一段时间内的文献的一些特征[①]，可以从中找到过去一阶段体育经济学研究的热点所在，并在此基础上找出有可能的学科创新点。在780篇文献中，共有754篇文献可以明确查到被引情况，剩余26篇文章无法查到被引情况，存在文献数据收录缺失等原因。在分析被引情况时，以10篇为一个界限，分成11个档，见表11-2。

表11-2　　　　　　　　被引篇数、次数统计

被引次数	0—10	11—20	21—30	31—40	41—50	51—60	61—70	71—80	81—90	91—100	100以上
篇数	438	166	73	29	14	10	8	3	5	2	6

体育经济学的研究成果不论是学科内的自引，还是学科之间的引用都很少，影响力不大，见表11-3。高被引的文章篇数占754篇文章的4.6%，这35篇文章总被引频次为2727次，占所有文献总被引频次8479次的32.16%，即4.6%的文章占据了32.16%的影响力。此外，高被引的文章都

---

① 李军：《我国13种体育类核心期刊高被引学术论文及选题特色》，《上海体育学院学报》2009年第5期。

集中在 2006 年之前，发表时间较早，而较新的研究成果很少被引用，说明近一段时期内体育经济学的研究成果影响力不大，没有快速地展示出来，这与被引影响力滞后有一定关系。从高被引文献的研究内容来看，包括以下 4 种：体育消费、体育产业、体育健身娱乐市场、体育赞助，其中研究体育消费的文献占多数，说明体育经济学的研究方向更偏重于社会实际经济问题的研究，尤其是关乎群众实际生活的方面，对其他体育经济学领域的研究关注度较低，研究方向过于集中。

表 11-3　　　　　　　　　被引次数在 50 次以上的文献

作者	篇名	来源期刊	年份	被引频次
于振峰等	北京市居民体育消费现状调查研究	体育科学	2001	155
孙汉超等	我国居民体育消费行为研究	武汉体育学院学报	2001	141
林显鹏等	我国体育产业发展现状及对策研究	体育科学	2006	125
蔡军等	我国六城市居民体育消费现状及发展对策的研究	成都体育学院学报	2000	112
林建君等	我国体育消费研究综述	体育与科学	2001	111
左新荣等	大学生体育意识与体育消费结构的研究	成都体育学院学报	2001	105
王岳洲	我国体育健身娱乐市场的现状与存在的问题	北京体育大学学报	2004	99
岑传理等	电视传媒的发展对体育产业的影响	北京体育大学学报	2002	94
孔文清等	我国城市居民体育消费水平的调查研究	北京体育大学学报	2002	90
黄柯	论体育赞助	成都体育学院学报	2001	89
田克敉	我国体育产业的发展及其可行性分析等	北京体育大学学报	2000	88
马渝等	我国居民体育消费水平的现状调查与分析	武汉体育学院学报	2002	83
张西平等	影响我国体育消费的供求变动因素研究	体育科学	2001	81
常乃军	山西中型城市居民体育意识与体育消费现状研究	体育科学	2001	76
陈永军	对我国居民休闲体育消费的分析	武汉体育学院学报	2001	75
陈林祥	我国体育产业结构与产业布局政策选择的研究	体育科学	2007	71
车建平	大众体育消费行为的社会学管窥	体育与科学	2000	70
钟天朗	上海市民家庭体育消费的现状及对策	上海体育学院学报	2001	68
胡春旺等	城市休闲体育消费调查及发展对策分析	成都体育学院学报	2003	64

续表

作者	篇名	来源期刊	年份	被引频次
肖沛雄	论体育市场和大众传播	体育科学	2001	64
胡效芳	体育产业关联效应的测量方法探讨	体育科学	2002	63
孙彦等	论我国体育产业的现状、问题与对策	北京体育大学学报	2003	63
戴俭慧等	江苏省城市居民体育消费行为现状分析	上海体育学院学报	2003	62
张林等	我国体育产业未来5年发展构想与展望	体育科学	2006	61
冯蕴中等	我国体育产业发展战略研究	体育与科学	2003	60
肖飒	我国体育消费的影响因素分析	武汉体育学院学报	2003	59
骆秉全等	对我国体育市场发展中一些问题的探讨	体育与科学	2001	59
胡汩等	体育市场中大众健美操的发展趋势	武汉体育学院学报	2003	58
郭立平	城镇居民家庭体育消费现状的调查研究	北京体育大学学报	2006	57
林显鹏	关于建立我国体育产业统计指标体系的研究	体育科学	2000	57
王爱丰等	江苏省城镇居民体育消费现状的研究	体育与科学	2001	56
赵书祥	北京市海淀区城市居民家庭体育消费结构的研究	北京体育大学学报	2001	55
徐本力	对我国体育产业理论研究中几个问题的调查与研究	北京体育大学学报	2002	54
赵清波等	发达国家体育产业发展的特点及模式带来的启示	北京体育大学学报	2003	52
胡春旺	我国城市休闲体育市场的消费阶层分析及发展对策	北京体育大学学报	2004	50
合计	35篇			2727

第四节 体育经济学研究对体育学科的促进分析

体育经济学研究共同体成员在近些年更加注重知识的交叉性，高度关注已有文献成果，一方面，更多地通过学习其他研究成果、研究领域、研究机构来丰富自己所研究的体育经济学问题，同时避免重复问题的研究；另一方面，参考文献的互相借鉴，能够将体育经济学的研究成果传播得更远。从2006年开始引用英文参考文献的篇数和总数都在相应地增加，并且在2011年总数达到了100篇以上，见表11-4，说明中国体育经济学研究共同体开始更多地关注国外的体育经济学研究成果,希望通过研究成果的互相借鉴与引用,使中国的体育经济学发展更长远、更成熟。

表11-4　　　　　　　　　　　英文参考文献统计

年份	英文参考文献篇数	英文文献数量
2000	3	16
2001	1	1
2002	0	0
2003	1	1
2004	5	11
2005	6	30
2006	12	52
2007	10	39
2008	16	54
2009	18	61
2010	11	59
2011	13	156

第五节 体育经济学的研究趋势分析

首先,从整体2000—2011年来看,如表11-5所示,体育产业是标注最多的关键词,每年出现的频率要高于其他关键词;其次,体育消费也是仅次于体育产业之后被标注较为频繁的关键词;最后,通过对3个标注最频繁的关键词年度变化来看,3个关键词所代表的研究趋势逐年开始更细化、更深入。分别是体育产业、体育消费、体育市场。此外,除了上述3个出现比较频繁的关键词外,从剩余的关键词可以看出近些年体育经济学研究的趋势所在。有关体育赞助、体育营销和体育经济学的研究成果逐渐增多。

表 11-5　　　　　　　　　　　　关键词频统计

排序	关键词	词频	排序	关键词	词频
1	体育产业	361	19	体育经济政策	3
2	体育消费	152	20	体育服务业	3
3	体育市场	130	21	体育产权	3
4	体育经济	53	22	体育劳务	2
5	体育产业化	31	23	体育保险	2
6	体育赞助	27	24	体育价格	1
7	体育营销	20	25	体育经营	1
8	体育经济学	17	26	体育基金	1
9	体育市场化	8	27	体育广告	1
10	体育品牌	7	28	体育商务	1
11	体育产品	7	29	体育资产	1
12	体育用品	7	30	体育中介	1
13	体育商品	6	31	体育公关	1
14	体育旅游	4	32	体育资金	1
15	体育彩票	4	33	体育投资	1
16	体育俱乐部	4	34	体育经费	1
17	体育产业政策	4	35	体育无形资产	1
18	体育经纪人	3	36	体育经济法律	1

如表 11-6 所示，体育经济学研究成果所使用的研究方法和方法论涉及很多学科和领域，大部分研究方法和方法论属于经济学科领域，加之使用一些学科间可以通用的方法和理论，说明在近一段发展时间，研究方法和方法论的选择更多地要从经济学科中找寻规律，利用经济学科成熟的体系来逐渐发展本学科特有的研究方法或者方法论。体育经济学科很大程度上是随着社会经济的变动来发展的，其数据、指标等有可能无法用明确的数字或者文字来说明，利用这些关联分析、动态演变分析才能够说明其中的规律，或者趋势。这也告诉我们盲目地将大量的经济学方法移植到体育经济学中，这并不是体育经济学应该具有的研究方法，对于体育经济学规范

性研究还是太少，尤其是利用数学方法来研究体育经济学是最大的误区，很多学科都可以利用数学的方法来做研究，随便进行一个数据统计，就可以形成一个理论依据。不是说不能用数理方法，是没有必要一定必须使用这种方法。研究方法在科学中是通用的，但体育经济学应该是更加注重理论研究。

表 11-6　　　　　　　　　研究方法关键词统计

关键词	范畴
统计指标	统计学科
关联结构	统计分析
基数效用论	经济学科
序数效用论	经济学科
恩格尔系数	经济学科
消费异化论	经济学科
计量经济模型	经济学科
经济计量模型法	经济学科
供求规律	经济学科
微笑曲线理论	经济学科
统计指标体系	经济学科
要素禀赋理论	经济学科
价值链分析法	经济学科
线性支出分析法	经济学科
区位论	经济地理学、空间经济学
SWOT分析法	经济学科、管理学科
集聚效应	经济学科（现象）
判别分析	气候、土地、农业
Copular函数	金融、保险
回归分析	数据统计分析方法
PEST分析	企业分析
产业关联效应	产业分析
判别分析	自然科学、社会学、经济管理学科

续表

关键词	范畴
灰色系统理论	动态历程分析
混沌理论	量化分析方法
灰色理论	应用数学学科
心理测量	心理学科
比较优势理论	机会成本分析
灰色关联分析方法	关联程度分析

第六节 小结

通过对780篇文章的分析，我们可以得知：1）体育经济学研究的特征有：研究成果呈现出增长—高潮—下降的特征，研究速度放慢，可能与研究细化的出现和研究争议的不断出现有关系。在非体育期刊上发表体育经济学研究的成果呈现出增长态势，体育经济学研究的影响力和阅读范围在逐渐扩大。2）体育经济学研究的学术资源特征：体育经济学与众多学科有交叉关系，近一段时期关注体育学和经济学之间的关系，突出展现其要成为一门独立学科的特点。基金资助逐渐增多，且一种基金资助开始多产文章，一种研究获得多种基金资助，研究呈现出由小到大、由点到面发展的特点。研究的思路开始拓宽，研究范围、精准度和交叉复杂性也在不断提升，开始形成国家、地方、机构3种研究规模，使研究者能够在整个团体中进行研究，有助于集中解决体育经济学发展中出现的问题。3）体育经济学研究学术影响特征：4.6%的高被引文章占据了32.16%的影响力，部分成果影响力具有一定滞后性，影响力不大，研究方向更偏重于社会实际经济问题的研究，研究论题过于集中。中英文参考文献引用数量呈现逐年递增态势，表明学界开始更多地关注中外知识交叉问题。4）体育经济学研究的热点：体育产业研究将是未来体育经济学研究的重点，作为宏观角度来把握整体发展,在此基础上的研究需要更为细化和深入。5)体育经济学研究的趋势:体育经济学研究成果所使用的方法涉及很多学科和领域,大部分研究方法属于经济学科领域,加之使用一些学科间可以通用的方法和理论,未来发展中将更多地关注关联分析、演变趋势分析、变量相关性分析等研究方法和方法论。

参考文献

1. 托马斯·库恩:《必要的张力》,范岱年等译,北京大学出版社2004年版。
2. 托马斯·库恩:《科学革命的结构》,金吾伦等译,北京大学出版社2003年版。
3. 李蓉:《论库恩科学哲学的社会学转向》,武汉大学硕士论文,2010年。
4. 史阿娜:《库恩"范式"理论应用于社会科学的合理性解析》,北京化工大学硕士论文,2010年。
5. 陈永花:《范式与建构:科学稳定性的张力》,苏州大学硕士论文,2007年。
6. 骆秉全:《体育经济学概论》,中国人民大学出版社2006年版。
7. 钟天朗:《体育经济学概论》,复旦大学出版社2010年版。
8. 王子朴:《体育经济学》,中国人事出版社2006年版。
9. 丛湖平:《体育经济学》,高等教育出版社2004年版。
10. 黄晓灵:《体育经济学》,西南师范大学出版社2005年版。
11. 曹缔训:《体育经济学》,武汉体育学院1985年版。
12. 张玉峰、王跃:《体育经济学》,华东理工大学出版社2007年版。
13. 韩文星:《体育经济学》北京体育大学出版社2008年版。
14. 张尚权、张岩:《体育经济学概论》,吉林人民出版社1990年版。
15. 苏义民:《体育经济学教程》,湖北人民出版社2003年版。
16. 鲍明晓:《体育产业:新的经济增长点》,人民体育出版社2000年版。
17. 柳伯力、陶宇平:《体育旅游导论》,人民体育出版社2003年版。
18. 中国标准出版社:《GB/T13745-2009,学科分类与代码》,中国标准出版社2009年版。
19. 瞿振元、李小云、王秀清:《中国社会主义新农村建设研究》,社会科学文献出版社 2006 年版。

20. 卢元镇:《社会体育学》,高等教育出版社 2003 年版。

21. 张尚权:《建立和发展我国的体育经济学》,《福建体育科技》1987 年第 4 期。

22. 江广金、邓超:《对我国体育经济学发展的研究》,《商场现代化》,2005 年第 23 期。

23. 韩官准、黄捷荣、张悦华:《论体育经济学的对象和任务》,《福建体育科技》1985 年第 1 期。

24. 顾海兵、石红艳:《体育经济学建设与发展的思考》,《浙江社会科学》2005 年第 3 期。

25. 陈峰:《试论体育经济学学科属性、特征和范围》,《山东体育学院学报》2010 年第 9 期。

26. 张岩:《体育经济学概论》,《成都体育学院学报》1986 年第 2 期。

27. 任翔、田生湖:《范式、研究范式与方法论:教育技术学学科的视角》,《现代教育技术》2012 年第 1 期。

28. 孙晓东:《法律因果关系的研究范式分析》,《河南大学学报:社会科学版》2012 年第 2 期。

29. 吴丽君:《浅析库恩"范式"》,《中国—东盟博览》2012 年第 5 期。

30. 代刚、仇军:《体育消费的研究范式、内容分析及特征启示》,《天津体育学院学报》2009 年第 6 期。

31. 郭智颖、严沛军:《非线性科学对心理学研究的启示》,《中山大学学报论丛》2006 年第 6 期。

32. 部义峰、刘丹:《足球运动员的体能研究范式与体能训练研究》,《体育科学》2012 年第 8 期。

33. 钱玲飞、杨建林、张莉:《基于关键词分析的学科创新力比较:以情报学图书馆学为例》,《情报理论与实践》2011 年第 1 期。

34. 李军:《我国 13 种体育类核心期刊高被引学术论文及选题特色》,《上海体育学院学报》2009 年第 5 期。

35. 赵志颖:《信息技术应用对社会科学文献检索利用的发展影响》,《贵图学刊》2007年第2期。
36. 周建波：《中西思维范式差别与中国管理情境问题：和谐管理理论与信息经济学理论研究范式的比较》，《管理学报》2011年第7期。
37. 李双金：《经济学研究范式的演进与马克思主义经济学的创新发展》，《上海经济研究》2011年第7期。
38. 邹璇：《空间经济学研究范式分析》，《西部论坛》2011年第4期。
39. 李仲生：《主流经济学的研究范式及其对中国的启示：基于获诺贝尔经济学奖的美国经济学界成就》，《首都经贸大学学报》2011年第2期。
40. 马涛、龚海林：《演化经济学与主流经济学研究范式的比较与互补》，《福建论坛·人文社会科学版》2012年第1期。
41. 龚六堂、崔小勇、严成梁：《现代经济学研究范式与中国现实经济问题探讨：第十一届中国青年经济学者论坛综述》，《经济研究》2011年第2期。
42. 易颖俐、杨红娟：《教育经济学研究范式的发展轨迹》，《文学教育》2011年第6期。
43. 马涛、王宏磊：《历史学派与奥地利学派经济学方法论的"范式"之争》，《财经研究》2011年第7期。
44. 黄寅跃：《马克思主义经济学范式与西方主流经济学范式比较：以斯密悖论为例》，《重庆科技学院学报·社会科学版》2011年第24期。
45. 孙正聿：《三组基本范畴与三种研究范式：当代中国马克思主义哲学研究的历史与逻辑》，《社会科学战线》2011年第3期。
46. 王海滨：《清理与前瞻：面向"中国问题"的马克思主义哲学研究范式》，《学习与探索》2011年第5期。
47. 丁峰：《马克思主义哲学中国化的研究范式与路径选择》，《南京政治学院学报》2010年第5期。
48. 史巍、韩秋红：《西方哲学史的研究范式及其历史转换》，《东南学术》2012年第1期。
49. 张红霞：《全球化背景下教育研究范式转变带来的挑战》，《北京大学教育评论》2011年第3期。
50. 邓猛、苏慧：《质的研究范式与特殊教育研究：基于方法论的反思与倡议》,《中国特殊教育》2011 年第 10 期。
51. 周钧:《西方比较教育研究范式述评》,《比较教育研究》2011 年第 2 期。
52. 陈成文、刘馨瑜:《人文主义与科学主义的融合:思想政治教育学科的研究范式》,《甘肃社会科学》2011 年第 6 期。
53. 徐红:《我国高等教育研究范式的回溯与前瞻》,《中国高教研究》2011 年第 9 期。
54. 任翔、田生湖:《范式、研究范式与方法论:教育技术学学科的视角》,《现代教育技术》2012 年第 1 期。
55. 张志欣、赵伟:《关于职业技术教育研究范式的思考》,《职业技术教育》2012 年第 10 期。
56. 刘秀峰、廖其发:《新时期我国农村教育研究范式的回眸与展望》,《教育学术月刊》2011 年第 9 期。
57. 杨雄:《教育研究范式的重新审视:从迷失到回归》,《兰州教育学院学报》2011 年第 2 期。
58. 么加利:《西方教育研究范式的后现代转换》,《全球教育展望》2012 年第 10 期。
59. 李朝红、展素贤:《基于设计的研究范式在外语教师教育中的应用》,《天津大学学报:社会科学版》2012 年第 2 期。
60. 黄友安:《教学方法的研究范式》,《教育科学论坛》2012 年第 8 期。
61. 闫飞龙:《课程研究范式及其发展趋势》,《教育与考试》2011 年第 4 期。
62. 杨铁黎、唐晋军:《对我国体育经济类研究成果的回顾与展望》,《中国体育科技》2007 年第 5 期。
63. 邱均平:《信息计量学(九):文献信息引证规律和引文分析法》,《情报理论与实践》2001 年第 3 期。
64. 席玉宝、刘应、金涛:《我国体育用品产业集群的现状与发展研究》,《体育科学》2005 年第 6 期。
65. 蔡宝家:《区域体育用品产业集群实证研究》,《上海体育学院学报》2006 年第 1 期。
66. 陈善平、李树茁、闫振龙:《体育消费认知决策模型的研究》,《体育科学》2006 年第 10 期。

67. 虞重干、张军献：《"体教结合"与高校高水平运动队建设》，《体育科学》2006 年第 6 期。

68. 陈会林、王宏江：《体教结合培养竞技体育后备人才的制度审视》，《首都体育学院学报》2012 年第 4 期。

69. 郝勤：《论中国体育"举国体制"的概念、特点与功能》，《成都体育学院学报》2004 年第 1 期。

70. 徐本力：《体育强国、竞技体育强国、大众体育强国内涵的诠释与评析》，《天津体育学院学报》2009 年第 2 期。

71. 百度百科：《规则》（http://baike.baidu.com/view/603255.htm.）。

72. 百度百科：中文社会科学引文索引（http://baike.baidu.com/view/3564784.htm?fromId=267257.）。

73. 百度百科："混沌理论"（http://baike.baidu.com/view/38935.htm.）。

74. 百度百科：竞技体育（http://baike.baidu.com/view/949272.htm.）。

75. 百度百科：体育人文社会学（http://baike.baidu.com/view/1547999.htm.）。

76. 百度百科：体育事业（http://baike.baidu.com/view/2231536.htm.）。

后记：又是有关十年的话题

在本课题以及书稿完成过程中，实话实说，并没有太在意本书题文中"十年"的字样，感觉不过是研究内容中数据统计分析过程中的一个区间范围而已。书稿完成后，掩卷所思那一瞬，"十年"的字样分外醒目，仿佛哪里被触动了一般。

十年一觉编辑梦

十年了，从2004年突然接手学报编辑部主任工作至今，尽然真得有十年了。从刚开始，摸着石头过河般地就事论事开始，到逐步豁然其中的奥妙；从具体的文字编辑一字一句，到对学科高度层面的热点把握。发现，一个学术期刊管理者的工作原来很有意思，至少有意思到：轻则通过一个平台展现和反映学界成果，当然指得是有价值的成果；高则作为一个学术导向即某种程度能够引领学科发展，起码是个风向标。

慢慢地悟出了本职工作的实质后，意外地发现所辖两刊（《首都体育学院学报》、《体育教学》）也很快有了惊喜——短短四年时间，学报很快进入了北京大学图书馆研制的"中文核心期刊要目总览"，俗称北大核心期刊。当然这也要得益于北京奥运周期的大势，但起码我们自己的努力使之乘上了这个大势；而且在又一轮的周期中继续保持着核心的地位；特别是，钟情已久的南大CSSCI来源刊的入选，更是扪心自慰。

而另一本面向全国中小学学校体育工作者的，几乎界定为科普类的准学术期刊《体育教学》，更是在无为而治中，受益于自身定位的准确上，收之于辛勤努力回报的桑榆中。在全国中小学学校体育业内，也逐渐成为广大体育教师的案头毕本，影响力愈发显现。话回到"十年"，诚如《体育教学》2010年第一期以"十年"为题亲自捉刀的卷首中写道：

> 不知何时起，开始喜欢用阶段性的年轮来总结一个周期。比如前面提到的祖国60周年甲子大庆，改革开放30周年回顾，即便我们业内也有着扬州会议30周年纪念一说，毛泽东"体育之研究"发表80周年等等。如果说这些都具有某种历史性纪念意味在里面的话，十年的总结和展望更具有客观性。客观在于按照公历纪元的不大不小之节点划分，客观还在于某种程度和我国社会经济建设的五年计划之节奏几近合拍。当然，按照上述划时代论的认识观点，这样划分还是学校体育的十年。
>
> 十年固然成就斐然，十年当然值得总结。于是，不可否认的便是这十年还有许多未圆之梦。课改伴随着教育改革早已有之，但这十年的体育课改之声势却可谓历史上少见，所以用如火如荼之词并不为过，然而，其中目标达成、政策实施、内容教材、体系评价等等仍待完善。更让我们揪心的当然是青少年体质，这可是国家强盛的起点，如果说一定寄希望于过去的十年里有所改观，我倒认可这十年国家自上而下面对该问题的勇气和解决此问题的决心。
>
> 十年一觉，有人成名也有人未嫁。成名的可以尽情追忆过去的十年，未嫁的也可豪迈地展望下一个十年。晚唐诗人罗隐醉别十年之后的金陵，又见依然楚腰纤细的云英未嫁，感概十年的不如意。但我们相信即将开始的未来十年里，一定会有更多更好的故事让我们期待，也一定还会创造更辉煌的成就但仍需努力，但我们寄希望的其实还是那些具体的待嫁闺阁有一个美好的结果。课改年年有，今年早见效；少年体质梦，从此强国盛。还是那句开场的白话，过去十年的努力一定不会付之东流，更在于未来又一个十年的明确目标。（王子朴，十年，《体育教学》2010年1月，卷首）

所以一提到"十年"，经常浮现在我脑海里的几句词便是杜牧的"十年一觉扬州梦"了，其实较之他的"赢得青楼薄幸名"，晚唐罗隐的"可能俱是不如人"更让人叹伶仃！所以这篇《体育教学》卷首中借用了他的"云英"，只是格调稍微拔高些罢了。这个罗隐的"赠妓罗英"又借用了杜牧《遣怀》里的"楚腰纤细掌中轻"，其中"醉别钟陵十余春，重见云英掌上身。我未成名君未嫁，可能俱是不如人。"让后人对他落魄的一生多了些敬重。能有如此感悟，倒也不枉来此一生！于是，从业期刊管理的"十年"感悟，借用了杜牧的"十年一梦"；似有所获而又未圆之梦的体育科研事业，借用了未嫁的"云英"。

当然了，这里面无论是当前体育人文社会科学十年的发展历程反思与总结，还是与之有着大同的编辑管理工作、期刊发展的十年历程，乃至更深远地反映着更长久的一段学科史，同样也小异着收获和不足。这也带来了下面的通过"十年"CSSCI文献计量分析更长久一段学科发展史和学科发展趋势的话题。

十年管窥学科史

诚如本书引论中开篇谈到，作为这个学科的教授、研究生导师，经常被问及何为体育人文社会学、体育人文社会学发展状况怎样等之流的话题，除了所谓聪明和经验的答复外，没有什么客观的数据和事实来有力地支撑。除此之外，作为一个学术期刊的责任人，和一位对于本学科专业领域的一些研究热点有影响力的学者，自然也应该有所了解，但实际上如同一些所谓的专家一样，提到研究热点和趋势，也不过主观感觉而已，距离实际上的客观数据大相径庭、相去甚远。

之所以如此，还是因为没有客观数据来支持。一个学科成熟与否的标志之一，应该就是这个学科的史学研究是否完善，起码有无与否。即便没有相当的时间发展史，起码的学科史也是应该有的。这个学科史是可以通过学术成果的统计分析得到的。一篇成果文献自然看不出什么，有限数量的文献也不一定能够反映出来什么，但足够多的文献成果集中起来，一定会有相应的反映，这就是文献计量学研究方法的基本目的和价值。而文献计量学的基本原理，说白了就是"二八定律"，通过一定数量的文献成果管窥整个学科的状况。虽然体育人文社会学的发展持续升温是近些年的现象，但实际上它是伴随着体育学的产生而产生、发展而不断发展着，历史不算短暂。究其学科的数十年发展阶段进行一个系统的梳理，可以说人力、物力、财力都不容许，也不太现实，当然也没必要。所以究其少量却能够反应主要发展状况的文献成果即可。于是，也就有了本研究资料中所谓的基于 CSSCI（2002—2011）的数据分析。

由此，所谓十年管窥学科发展态势，其实不是一个哲学问题，而真真切切是一个统计学、文献计量学上的一个方法学问题。所以说，仅从一段时间内体育人文社会学发文情况，特别是引文分析等，足可以洞察体育人文社会学近几十年乃至更长远的区间。这也许就是文献计量研究的价值使然吧。即便上升到黄仁宇先生"大历史观"的角度来看到这样的思维方式也不为过（黄仁宇，万历十五年，三联书店 2006 年 8 月版），他主张"从技术的角度看历史"。他的"大历史观"或者所谓的"技术角度"限于时代因素，只能从时间的维度上来探究历史，而今天足可以借助研究文献的广度和深度来探究学科史，这就是本研究的一个基本思路——"十年管窥学科史"了。只不过，选择这十年（2002—2011）而非其他十年，道理也很简单，简单到研究时限恰此时；简单到这十年周期又恰与中国体育最大事件的奥运周期相吻合；当然，还巧合到与南大 CSSCI 发展阶段的重要时期相重合。貌似简单的背后，实际上也暗合着不简单的道理，无论体育人文社会学进入新世纪以来的发展迅速，还是天时地利人和的北京奥运、南大 CSSCI，总之，不管有没有道理，这十年就在这里。

说完十年的话题，还要说的就是感谢的话了。这部成果的完成，很难用一个"谢"字表达！但是这其中需要致谢的老师、同事、甚至学生，还有许多不曾谋面的中国社会科学出版社的工作人员，都为此付出了大量的工作和心血，不能不提，不能不谢！

因为学报工作关系，接触到了南京大学中文社会科学评价中心的苏新宁老师和他的团队，就相关课题研究的原理和具体数据分析展开了合作，严格来讲，本书中的具体章节内容中所涉及的研究内容应该说都是他们这个团队的研究成果，在此要表示诚挚的感谢！也正是基于此，基于他们的数据分析工作，基于他们长期从事学科发展研究的经验，为我们体育人文社会学科的研究现状和发展提供了一个客观的依据。感谢他们工作的同时，更感动他们的低调、谦逊，原本设计这部成果以研究报告、集体编撰的形式署名，如顾问苏新宁老师、编委包括参与整个数据分析、报告撰写的全体成员。但与苏老师沟通过程中，他却婉言推却，直言他们只是起到帮助和辅助的作用，还是以我这个课题组负责人的名义出版专著。但还是不能不提到这些人的名字：白云、王越、王昊、邓三鸿、朱惠、杨佳佳、吴志祥、周美汐、姜霖、韩杰冰等（按姓氏笔画顺序）。

当然，自始至终参与该课题研究工作中我的同事王晓虹，我的学生董梦也都为此付出了巨大的心血。小到一些具体数据的统计，大到研究报告的完善，甚至董梦以此为题的硕士论文还获得了首都体育学院2013届优秀硕士毕业论文。谨此，感谢她们！当然，还有许许多多其他研究生们的参与，都要感谢！

最后，要说的是，本研究只是开创了一个定量研究学科发展史的探索，仅从方法学角度也许更值得借鉴。然而，就该学科本身的发展现状及趋势，也许又步入了定量研究中由于定性不足的另一个误区，如文中有关学科研究主题的界定等，这可能真的是一个仁者见仁智者见智的事情，难免有悖天下之势，在所难免，敬请指正、批判！

二〇一四年五一期间于文津坊